中國學術思想 研究輯刊

九 編

林 慶 彰 主編

第6冊

先秦漢魏以來音律卦氣占學史觀

江 弘 遠 著

花木蘭文化出版社

國家圖書館出版品預行編目資料

先秦漢魏以來音律卦氣占學史觀／江弘遠 著 — 初版 — 台北
縣永和市：花木蘭文化出版社，2010〔民99〕
序 2+ 目 4+210 面；19×26 公分
（中國學術思想研究輯刊 九編；第 6 冊）
ISBN：978-986-254-270-5（精裝）
1. 易經　2. 易占　3. 研究考訂
121.17　　　　　　　　　　　　　　　　99014262

ISBN - 978-986-254-270-5

9 789862 542705

中國學術思想研究輯刊
九 編 第 六 冊　　　　　　ISBN：978-986-254-270-5

先秦漢魏以來音律卦氣占學史觀

作　　者	江弘遠
主　　編	林慶彰
總 編 輯	杜潔祥
出　　版	花木蘭文化出版社
發 行 所	花木蘭文化出版社
發 行 人	高小娟
聯絡地址	台北縣永和市中正路五九五號七樓之三
	電話：02-2923-1455 ／傳真：02-2923-1452
網　　址	http://www.huamulan.tw 信箱 sut81518@ms59.hinet.net
印　　刷	普羅文化出版廣告事業
封面設計	劉開工作室
初　　版	2010 年 9 月
定　　價	九編 20 冊（精裝）新台幣 33,000 元

先秦漢魏以來音律卦氣占學史觀

江弘遠　著

作者簡介

江弘遠，1962 年生於台北市，1988 年以黃慶萱教授指導論文《惠棟易例研究》獲得台師大國研所碩士學位，今列入大陸清代學術史研究書目。2006 年以王葆玹教授所指導論文《京氏易學研究》，獲得北京中國社科院哲學博士學位，2006 年更名為《京房易學流變考》在臺出版，2007年獲得副教授升等資格。發表於《中台學報》有〈戰國秦漢之《周易》象數學概況〉、〈構築當代《易》學研究方法之反思——以惠棟對京氏《易》之誤解為例〉、〈漢代兩京房《易》術考〉、〈管輅玄理化《易》學研究〉、〈晉代干寶為京房《易》後學之辨正〉、〈《易傳》聖人意象思維之通解〉、〈漢代《易緯》大義通解〉。

提　　要

　　律卦占淵遠流長，戰國秦簡《日書》已有相似內容，十二階段天道形式源於當時。取代京房律法的納音法，配入的納甲八宮消息卦及世游八宮卦，均發展自《說卦》八卦。兩漢之際，京氏律卦占挾官學之勢盛行許久，卻因費氏後學的反擊而博士被廢。東漢時費氏後學紛作《易》傳注，加上京律蕪雜，已無師可傳而徒有其書。是以魏朝管輅自習京氏律卦，頗有中興之勢，奈何一介平民只被視為術士。其情勢遂由掃象數獨抒義理的王弼所掩，而王弼用費《易》本，孔《正義》又採王弼注做為藍本，於是蔚為風潮，京氏律占終難回天。京房六十律卦，晉代更易為六十干支配五音，京律又被簡易的「五音六屬」之納音所取代。漢末荀爽八宮世爻占學乃承費直《易》，虞翻納甲占學變自《參同契》「月體納甲」而依附八宮世爻，干寶則集大成以釋《易》，皆應排除在京房後學行列之外。而北宋《京氏易傳》當上溯干寶、虞翻、荀爽、費直這一系統，理當承接武帝時前京房以至子夏，而回歸至孔門的筮占之流。元帝時後京房則屬陰陽災異卦氣之流，襲取焦延壽、孟喜之學。由此觀之，孟喜詐言得自田何的《易》家候陰陽災變書，也可視做戰國秦簡《日忌書》之繩緒。

自　序

　　2003 年在不被同儕看好聲中首次踏進香港，參加中國社會科學院研究生院博士班港澳台生考試，還好皇天不負苦心人，放榜的捷報傳來，我考上了。三年期間，一直受到王峰學長的鼓勵，而努力以赴。雖然博導王葆玹教授的研究方法水平極高，在王教授要求下的疾言厲色，也讓我這駑鈍之材在精神和體力上吃盡苦頭。但渺小井蛙也因此而開了眼界，求教了道學專長的胡孚琛老師，和中國哲學專長的蒙培元老師。王峰學長認真地花三年光景就畢業，我也懷著阿甘精神唸了三個寒暑，2006 年感謝初審評委北師大的周桂鈿老師，北大哲學所的李中華老師同意通過。李中華老師還稱讚審核的 24 份論文當中有兩本最得他的欣賞，我的《京氏易傳研究》便是其中之一。另外感謝口考的評委也全部同意通過，有本院哲學所的李存山老師、鄭萬耕老師、劉豐老師，歷史所的鄒昌林老師、汪學群老師，北師大哲學所的強昱老師，以及北京戲曲學院的趙建偉老師。

　　我在中臺科技大學任教，雖然尙不屬於哲學專業領域，卻有幸在「生命關懷」與同學討論生命思維及死亡意識，開辦「電影與人生」課程也常額滿。中文領域的「文學與人生」課程，一起和同學上友古人，或咀嚼詩中滋味。「人文學概論」課程，也屢屢在同學心領神會中而使之眼界大開。

　　令人慶幸，由黃慶萱教授指導的碩論《惠棟易例研究》一書，早已被社科院列入清代學術史目錄，今年由花木蘭出版社新版發行。博士論文 2006 年更名爲《京房易學流變考》，除了成功升等副教授之外，書名、綱要和敝姓名又被維基網採納於《易經》歷史欄位裡，一直被學人轉貼著。這種情形，雖然沒有司馬遷所說「藏諸名山」，也倒是有做到「傳乎其人」。

　　研究管輅時，當瞭解他被史評為術士而沒置之於儒者之列，頗為之叫屈。事實上術士或者是儒者，其實界線還蠻模糊的。管輅雖然被評為術士，卻不失有德之儒者風範，尤其他若不具清朗虛己的胸懷，又怎能說出「得數者妙，得神者靈」的智語？雖然先祖江騰輝、先父江玉麟、叔父江勝利以至家兄江弘毅，均具有術數家學之背景，奈何駑鈍不材的我無法參透其中玄奧之處。但有幸在杏壇裡，相繼在黃師門中學習義理，在王師翼下學習史學玄學，本人大概也只能蒞臨廊廡，還無法一窺堂奧。

　　如今這本《先秦漢魏晉代音律卦氣占學史觀》，是《京房易學流變考》的延伸著作。從戰國《日忌書》、《月諱曆》的十二辰階段形式，《說卦》八卦氣形式以及出土音律卦記載，做為音律卦氣占的起始基點。漢代題材則對兩京房占學做解析，並從《易緯》找到隱藏著卦氣形式的轉折點，和八宮納甲法晚出的證據。在魏晉史錄中，讓大家不僅可看到替代京房六十卦氣的新形式，也可一窺依附於八宮的納甲納音形式和理論。其中還對取代京房占學的關鍵人物費直，成為京房律卦占學強力註腳的管輅，以及被學界誤解為京房後學的荀爽、虞翻和干寶，也一一邀請入黃金屋，重新還以原色而讓世人對他們刮目相看。

引　論

　　《周易》若無《易傳》十翼，僅只於占卜之用而已。《易傳》行世，則聖人創造三才之《易》道，井然而分明。聖人仰觀俯察，方圓之間，天、地判然之於二分，是三才之道者，著之德圓而神，以表時也；卦之德方以智，以表位也。以今語敘之，則前者象徵時間概念，後者象徵空間概念。時間概念之特性爲周而復始、循環反復，聖人以陰陽思維推而衍之，所以產生日夜、四時、八節氣、十二消息、二十四節氣、七十二候等時間階段；空間概念之特性爲平面區塊、周圍界面，以五行思維推而衍之，故產生中央、四方（四正）、五位（中央加四方）、四維（四隅）、八方、八宮、九宮（中央加八宮）等空間區域。天道概念以視覺之二元來呈現動態現象，故人虛居其中而以陰陽之理推衍之，是日月相推、寒暑相替者，即時間變化之道。地道概念以觸覺之二元來呈現靜態事物，故人實居其中而以剛柔之理推衍之，即五行配位之道。

　　然而無論天道星辰、地道物質如何變化，在吾人視覺之光線、影像及聲音上，均形成有規律的運動狀態。光線感覺之規律的運動，今稱爲光波；影像冷熱感覺之規律的運動，古稱爲消息；聲音感覺之規律的運動，則稱爲聲律或音律。推而衍之，一切事物之變化，在吾人感官接觸下，皆可能理出其光線、影像及聲音之規律特性。反觀吾人身心與環境互動之進退取捨，也具有行爲上之慣性，現今科學界稱之爲制約反應。〔註1〕中國遠自戰國老祖先，

〔註1〕 制約是心理學與動物行爲學中的一種現象，可分爲：古典制約：巴甫洛夫提出的行爲改變模式，又稱經典條件反射，使個體產生原先非自願的行爲的作用。操作制約：操作制約是作用於原先已經自願進行的行爲，使其增強。（取

就具有這樣的體會，於是利用卦象來模擬光線和影像的規律變化，利用音律來模擬規律運動所發出的聲響。戰國時既有十二律，相傳爲黃帝的樂官伶倫，利用竹筒長短造成發音高低不同的原理，而定出的聲律準則。換言之，凡物體會隨其物性產生特定聲響，此即「五音」的原理所在。物體之於吾人感覺所顯現光線、影像的規律運動，其所發出的聲響必然也呈現規律狀態，此即「十二律」的原理所在。

而荀子說「君子理天地」，他認爲聖賢是以天地法則，來做爲人世的準則。是以《繫辭·上》云：「聖人有以見天下之動，而觀其會通，以行其典禮。」其天地之理的連續變化，便是道的展現，是以《說卦》言：「昔者聖人之作易也，將以順性命之理。是以立天之道，曰陰與陽；立地之道，曰柔與剛；立人之道，曰仁與義。」所謂「陰陽」、「剛柔」、「仁義」之間，以卦象來講，是爻的正反相變；在聲律上說，是波的起伏迭宕。於是遠祖在卦象、聲律之理的基礎上，藉由卦象、聲律的變化之軌跡，即可貫通天、人、地三才之道。

然則何謂卦氣？所謂「氣」，以位之空間概念來說，即天候所含的溼度、溫度，引起風或聲音的傳遞，維持在某種特定之波動狀態，這種特性足以反應在人事的影響上。以時之階段概念來說，日夜所含的溼度、溫度相異，故差別時段有不同律動狀態的氣，對人事的影響也明顯有差別。以一年的節氣爲例，最粗略分之是爲四季，即指一年有四個階段不同律動的氣，寒暖暑涼對於人的作息也有不同的影響。《說卦》第五章的「兌，正秋也」，更明顯說明了八卦是能夠與節氣結合的。

按照《易》家不同之理解，其創制模式的時間階段各有不同，長則一卦值半年期，或一卦值一月期，短則一卦值六日期或一日期。以卦配合天道節氣，更可凸顯出地道形式各階段性人事物之相異狀態，此即稱之爲「卦氣」。〔註2〕當然，這些都是遠祖們仰觀俯察，藉由感覺理天地而得之。戰國《周易·

自維基網 http://zh.wikipedia.org/zh-tw/%E5%88%B6%E7%B4%84）

〔註2〕 《漢書·列傳卷七十五·眭兩夏侯京翼李傳》注一引孟康曰：「房以消息卦爲辟。辟，君也。息卦曰太陰，消卦曰太陽，其餘卦曰少陰少陽，謂臣下也。并力雜卦氣干消息也。」注三引孟康曰：「諸卦氣以寒溫不效後九十一日爲還風。還風，暴風也。風爲教令，言正令還也。」《漢書·列傳卷八十五·谷永杜鄴傳》：「王者躬行道德，承順天地，博愛仁恕，恩及行葦，籍稅取民不過常法，宮室車服不踰制度，事節財足，黎庶和睦，則卦氣理效，五徵時序，百姓壽考，庶眾蕃滋，符瑞並降，以昭保右。……峻刑重賦，百姓愁怨，則卦氣悖亂，咎徵著郵，上天震怒，災異婁降。」

說卦傳》的作者，在第五章以八卦賦予具有連續性質的八階段，每階段均含有特定狀態及人事規律，這便是八卦氣的最初起源。

　　從史料上看，由於各《易》家對天地的理解不同，其呈現道體的實務面也各有其相異之處。是漢初魏相獻《說卦傳》之後，按照五行之位改造八卦，將坤艮置於中土位，保留坎、離、震、兌四卦，各配以水、火、木、金，是一卦代表一個季節階段之氣，這是四正卦說的起源。費直遺文繼承戰國《說卦》八卦氣及日忌書、月諱曆的十二階段星辰分野之氣。至孟喜將十二階段形式，配以復至乾六陽卦、姤至坤六陰卦，一卦代表一個月階段之氣，稱為十二月卦；一爻代表一候約五日階段之氣，共七十二候。焦延壽之分卦值日，除坎、離、震、兌四卦各代表一日之氣，餘六十卦則一爻各代表一日之氣。京房將坎、離、震、兌以方位統領四時稱四方伯，其餘六十卦則各卦代表六又八十分之七日之氣，其中十二消息卦為辟卦，各領四卦為雜卦。至《易緯‧乾鑿度》則以乾坤各值半年之氣，一爻代表一個月階段之氣，稱為爻辰。

　　孟喜《易》是以十二階段之月卦消息做為卦氣形式，京房亦繼承之而以十二消息辟卦為主軸的卦氣形式，兩者皆為天道概念中陰陽二元擴展開來之模式。〔註3〕稍前於孟、京的魏相則將八卦配以五行之位，於是兩漢之際盛行屬於地道概念之太一行九宮卦說，又隱含著天道發生的時序。而在漢末由太一行九宮卦說所衍生之八宮卦占，又似乎與消息時序相連繫。故無論九宮卦或八宮卦，雖不離地道五行之範疇，最終也混合入天道範疇，符合了卦氣形式的條件。而魏晉所盛行之八宮卦納音占學，更有變自京房六十卦音律形式，而以干支五行相配而代之的趨勢。因此之故，在研究音律卦氣占學之前，必須針對陰陽五行的原委做個概括地瞭解。是以在第壹章「戰國秦漢之《周易》象數學概況」，乃就史學角度來談《周易》與陰陽五行的演進關係。

　　以《易》的階段性任務來說，有創作者、闡述者之別。依照《易傳》所言，可標示出「聖人設卦的原由及條件」與「繼承者所具備的資質」兩大綱目。以律卦形式占學見長的京房、管輅，既然隸屬於作《易》者之後的繼承者，他們所談論的卦氣宇宙論述，按照《易傳》所述及者，當然也隸屬於三才的範疇。然而屬於三才範疇的天、地之道，是如何在聖人君子之性命中顯現？聖人之性和意，與反應在此世界之理、道、象，其間的關係又是為何？

〔註3〕若以陰陽二元來建構地道概念，則必定如《說卦》第三章「天地定位，山澤通氣，雷風相薄，水火（不）相射」之模式。

身為繼承者，他們到底須具備哪些能力和操守？這正是第貳章「《易傳》聖人意象思維之通解」寫作之本旨。

將音律卦氣占學推至極致者莫過於西漢的兩京，但由於歷史記載西漢有兩位京房，而且均擅長卦占。是以第參章「漢代兩京房《易》占學考」，藉文中的探討，用來釐清何者隸屬於傳統筮占之流，何者為高舉師門所斥之異說。並求證北宋出現之《京氏易傳》，其源頭當歸屬於前京房，或者是後京房。

今世講義理《易》學，均首推其功於掃象數的魏代王弼。然而另一位對京房《易》學無師自通的管輅，在魏代玄理化風潮之下，猶深闇音律卦氣占學之功力。然而王弼傳費直《易》本，唐代孔穎達亦採王弼本為經典，遂使管輅占學黯然而不彰，學界甚至將其排除於儒者行列之外，而歸之於陰陽術士當中。是以第肆章「管輅玄理化《易》學研究」，本章將探討其音律占的原理所在，及其《易》學的義理特色和象數特色。其性與天道的整合思維是如何呈現？其品德教誨是否足以納入的儒者行列之中？文中內容均有所討論。

費直《易》占學為《易傳》古文本的嫡系繼承者，《繫辭》三才之道及《說卦》第五章時位整合之初始卦氣說，費直似有所承接而更使後學有發揚光大的機會。是以第伍章「費直時位形式《易》占學概說」。依史錄記載，他的《易》學未曾立為博士，京氏《易》博士卻旋又被廢，是否為費氏後學所為？就其後學承傳《周易分野》遺文，初步來看，有以「時」統攝「位」而用之於分野的跡象，所以首先要探討的，是此遺文內容和戰國《日忌書》、《月諱曆》之天道十二時辰形式之間的關係。至於地道方面，費直《易》也承接《說卦》的八卦氣形式，後學在宋代供出〈八卦分野圖〉，然而這套圖說和後學荀爽發展出八宮世爻說，兩者的關聯性如何？又在怎樣的形勢之下，提供了魏代納甲法、晉代納音法配入八宮世爻的機緣？它是如何取代京房六十律卦的？這些議題都是值得研究的。

由於京房音律卦氣占繁瑣不堪，在漢代末葉遂面臨無師可傳的窘境，源自《易傳》、費直《易》這一脈之八宮卦氣系統，遂在後漢興起而逐漸取代之，兩卦氣系統形勢之消長關鍵，似可在《易緯》裡看出痕跡。《易緯》是否也能做為證明八宮納甲系統尚未成熟的證據？是以有第陸章「漢代《易緯》大義通解」的探討。

打從南宋《易》學巨擘朱熹，謂《火珠林》為京房占學，今世學界於是認為北宋出現之《京氏易傳》為京房之作，因而與《京氏易傳》內容相關之

《易》學者，例如談宮世說之漢末荀爽、舉納甲說之三國虞翻、集大成之晉代干寶，皆成爲京房之後學。是以第柒章「京房《易》後學之辨正──以荀爽、虞翻和干寶爲例」，其內容提出眞正京房後學──風角、星算之占學特徵，而予以對照、辨正此三人之說，探究此三人是否應該回歸於傳統筮占流派當中。

第捌章「《易》納音占流變史觀」，則以史學角度來看納音占流變情況。音律占最早起源自戰國秦簡《日書》，其後被西漢京房、魏代管輅所擅，然而京房律法無師可傳，致使六十卦氣於隋唐之際，雖號稱納音而徒具形式。是京房音律卦氣如何演變成六十卦納音？魏晉之間另一套音律卦占，又如何衍生而附著於漢末八宮卦氣系統中？這是值得研究的議題。

是首章、貳章來探究《易傳》所言聖人創作三才思維意象之意，足以瞭解孟、京卦氣天道化結構之象。由第肆章來探究管輅性與天道相合的玄理，也足以做爲詮釋孟、京卦氣在義理思維方面的註腳。而本文以史學角度瞻往察來，第伍章欲以探究費直在義理象數（即意象）雙方面的影響，以及第陸章裡討論《易緯》六十卦氣及八卦氣形式並陳之內容。希望能夠在第參章獲知漢代京房音律卦氣占眞正面貌之外，在第柒章則辨正費氏系統後學，還其正確路線。並藉第捌章來探索納音流變之情況，經由兩漢之際《易緯》、式盤占學，乃至於魏晉時期八宮卦納音系統，瞭解京氏律卦系統被取代的關鍵所在。

以章目的安排來講，本文大致分三大部份：第一部份上篇分兩章，第壹章是討論與音律卦氣占有關的象數學之時代背景，以三才思維、陰陽五行等在戰國、秦、漢期間產生的原委爲議題，放在首章「戰國秦漢之《周易》象數學概況」來討論。另一方面，由於音律卦氣占的產出與三才中的天道思維有絕對關聯性，而三才思維義理的發揮，其功莫過於《易傳》所描寫聖人意象思維的內容。因此有第貳章「《易傳》聖人意象思維之通解」的討論。

第二部份中篇分兩章，內容是從正面來看律卦占的人物及其學說。研究兩位音律卦氣占大家，一位是漢代律卦占學創始者京房，另一位是魏代律卦占的繼承者兼理論家管輅。由於有關京房《易》學在博論《京房易學流變考》已有大致上完整的介紹，但仍有遺珠之憾，就是未曾辨明西漢兩京房占術的區別所在，晚出北宋的《京氏易傳》，研究是否應該回歸武時前京房，故放在第參章「漢代兩京房《易》占學考」來討論。管輅，除了辨正其象數、義理

雙料價值之外，又合儒道玄三家思想於一，其律卦理論又爲漢代京房最佳駐腳，故置於第肆章「管輅玄理化《易》學研究」來討論。

第三部份下篇分四章，內容是從反面來看取代律卦占的人物、作品及學術內容。其中第伍章「費直時位形式《易》占學概說」，就人物範疇談京氏《易》博士被廢，引發京氏《易》衰敗、京房律卦轉變成納音的關鍵人物——費直及《易》學。第陸章「漢代《易緯》大義通解」，就作品範疇談《易緯》裡京氏律卦被八宮系統取代的痕跡，並舉出八宮系統世應等條例晚出於京房的證據，以做爲柒、捌兩章的伏筆。第柒章「京房《易》後學之辨正——以荀爽、虞翻和干寶爲例」，就人物範疇辨正世人對荀爽、虞翻和干寶《易》的誤解，還原他們的《易》學路線，並提出他們對於結合八宮卦世爻、納甲、納音的居中關鍵所在，並梳理其脈絡。第捌章「《易》納音占流變史觀」，就史錄軼文範疇來看取代律卦占的納音占，其間轉變關鍵點及歷史流變情況。

上　篇
律卦占的時代背景和源起思維

第壹章　戰國秦漢之《周易》象數學概況

　　從象數方面來看，「卦象」的來源，第一層是卦象模擬物象，第二層是卦象模擬情意，卦爻與問卜者有內在分別意識上之連結。庖犧取象，也經過人之主體意識的需要為標準來衡量，其所呈現的概念都是二元的。

　　在《易傳》裡，天與地的相對性乃是一切相對性的根源，所以天地之間或乾坤的交替變化，表達出事物的統攝性。此交替變化產生了「次序」，相加產生了「累計」，於是有「數」。「時」的概念也是具「次序」、「累計」之條件，是從「數」發展而來。而陰陽二元源自視覺觸覺的對半剖分，如此一來就與天道銜接上了。在《易傳》思想看來，空間的「位」必然與「時」相應，顯現在卦爻的「象」也必然與某「數」相契合。

　　從陰陽五行方面來看，今本卦象、卦名在春秋時代應該皆已具備。卦名是從卦象成騁其想像而得之，其既然已完備，卦象當然也是從奇偶符號而來。足見最晚到孔子春秋時期，六十四卦已經是如同今本《周易》的陰陽符號形式。五行說的構成，最初是從「民並用之」的生活經驗而來。此五種概括參數，是屬於人與環境之經驗構築的地道範疇。這與陰陽原義，在視覺上明暗對比而衍生之天道範疇，以概念發生的在起點來看，兩者是不一樣的。

　　《易傳》以「萬物出乎震」八卦方位來解釋「帝出乎震」，為了證明此段並不出現在戰國時期，其「時」與「位」的概念，在當時也未和五行說相配。將八卦配以五行當是承襲《乾鑿度》之說而來。今本《說卦傳》所說相同的八卦方位與五行整合，當是源自魏相（？～前 59 年）這套系統。

壹、《易傳》所說象數的來源及含義

一、卦象是源於聖人之觀物象

　　《易傳》對於「卦象」的來源有說明：

古者包犧氏之王天下也，仰則觀象於天，俯則觀法於地。觀鳥獸之文與地之宜，近取諸身，遠取諸物，於是始作八卦。

見乃謂之象。

天地之道，貞觀者也。

觀乎天文，以察時變。觀乎人文，以化成天下。

觀天之神道，而四時不忒。

爻也者，效此者也；象也者，像此者也。

君子居則觀其象而玩其辭，動則觀其變而玩其占。〔註1〕

依照印順（1906 年 3 月 12 日～2005 年 6 月 4 日）其說法，吾人可得知第一層是卦象模擬物象：卦象的創作是源自包犧氏觀察天地、鳥獸、諸身諸物的象而來，所以卦象概念的產生是從視覺開始的。然而「見乃謂之象」的物象，與卦爻表達的象有所差別。眼睛「觀」、「見」的是實象，而卦爻的功能在仿傚物象，是以符號來表達的抽象。此抽象符號轉向涉入內在的「意」。所以第二層是卦象模擬情意，《易傳》是這樣說的：〔註2〕

子曰：聖人立象以盡意，設卦以盡情偽。

八卦以象告，爻象以情言，剛柔雜居，而吉凶可見矣。變動以利言，
吉凶以情遷，是故愛惡相攻而吉凶生，遠近相取而悔吝生，情偽相
感而利害生。凡《易》之情，近而不相得則凶。〔註3〕

卦象的變動因為心理的欲「利」，吉凶、悔吝、利害、得失的二元顯現都根基於情感的變化，而個人表現出真實或虛偽以及動作之取捨，也都是「意」所呈現的分別心態。這說明卦爻與問卜者人有必然的內在分別意識上之連結。

有關於第一層模擬物象，「觀」、「見」決定在「意」，概念產生於物象視覺及意識結構上。《繫辭》首章說：

〔註1〕 分別引自《繫辭・下》第二章、《繫辭・上》第十一章、《繫辭・下》第一章、《賁象》、《觀象》、《繫辭・下》第一章、《繫辭・上》第二章。根據三民書局1986 年版《新譯易經讀本》（包括卦辭、爻辭、文言、彖傳、象傳、繫辭、說卦、序卦、雜卦）。以下各篇皆同。

〔註2〕 按印順（1998）所著《佛法概論》一書的說法，人面對物象「六塵」，憑藉「六根」產生「六識」：眼識、耳識、鼻識、舌識、身識、意識，然後經口說或文字反應出來，其實一剎那之間。此說可印證《繫辭》伏羲觀象創卦的身心反應之原義。「六」識」按今日用語，即視覺、聽覺、嗅覺、味覺、觸覺、思考。

〔註3〕 分別引自《繫辭・上》第十二章、《繫辭・下》第十二章。

　　　　天尊地卑，乾坤定矣；卑高以陳，貴賤位矣；動靜有常，剛柔斷矣；

　　　　方以類聚，物以群分，吉凶生矣。

據李光地（1642 年～1718 年）《周易折中》引蘇軾（1037 年 1 月 8 日～1101
年 8 月 24 日）說：「人見其上下，直以爲兩矣，豈知其未嘗不一耶？」是天
地在自然實爲整合體，人「觀」、「見」之以爲二，故產生天爲尊上、地爲卑
下的概念，寓之人事則產生尊上者爲貴、地爲賤的分別意識，用乾坤兩概念
來範圍這分別意識。「觀」、「見」物象的動靜，遂以剛柔兩概念來範圍這分別
意識。「觀」、「見」物象外形功能之異而產生分門別類，人與物彼此愛與惡相
攻、情與僞相感而有利與害、得與失，遂以吉凶兩概念來範圍這分別意識。

　　《易傳》許多地方顯示這種分別意識：

　　　　昔者聖人之作《易》也，……，觀變於陰陽而立卦，發揮於剛柔而

　　　　生爻。

　　　　法象莫大乎天地，……崇高莫大乎富貴。

　　　　崇效天，卑法地，天地設位而《易》行乎其中矣。

　　　　《易》與天地準，故能彌綸天地之道，仰以觀於天文，俯以察於地

　　　　理，是知幽明之故。（《繫辭》）

　　　　昔者聖人之作《易》，也將以順性命之理，是以立天之道，曰陰與陽；

　　　　立地之道曰，柔與剛；立人之道，曰仁與義。兼三才而兩之，故《易》

　　　　六畫而成卦，分陰分陽，迭用柔剛，故《易》六位而成章。〔註4〕

　　　　（《說卦》）

根據李零（1948 年 6 月 12 日～）、高亨（1900 年～1986 年）的說法，得知聖
人陰陽二元、剛柔二元來範疇視覺及意識的分別型態，所以呈現在卦象上也
是二元的。數字的「二」是對分和兩極的概念，在《易傳》裡，天與地的相
對相關性乃是一切其他相對相關性的根源。對於《易傳》天與地的二元思想，
「天尊地卑，乾坤定矣」所寓含的乾坤概念，乃根源於將天地之「象」分做
「尊」、「卑」二分的視覺感受及分別意識上。又按視覺感受及分別意識分出
的「陰陽」，放在天道範疇裡；按照觸覺等感受及分別意識分出的「剛柔」，
放在地道範疇裡。「陰陽」由原始的明暗意義，發展到《易傳》卦爻的「陰陽」，

───────────

〔註4〕　分別見《說卦》第一章、《繫辭》第十一章、《繫辭》第七章、《繫辭》第四章、
　　　　《說卦》第二章。

則由天道陰陽加以擴大，是一切二元化傾向和矛盾對立概念（如剛柔、上下、日月、仁義等）的象徵。〔註5〕而根據李德順（1945年9月～）的說法，得知一切相對相關性的現象都是在主客統一之下，歸結起來乃按照人的本性擁有的意識所判斷出來的。〔註6〕老子《道德經》也證實了這一點：「天下皆知美之唯美，斯惡矣；皆知善之唯善，斯不善矣。故有無相生，難易相成，高下相傾，前後相隨。」《繫辭・上》所說的「定」、「位」、「斷」、「分」、「生」所產生的對立面，都是屬於人的「判斷」的結果，其終究仍是基於主客統一的關係狀態。所以包犧氏遠取天地鳥獸諸物諸身之「象」，經過人之主體意識的需要和能力爲標準來衡量，所呈現的概念都是二元的，包括天與地、陰與陽、剛與柔等等，所以卦象都是用陰陽二爻來統攝物象。

二、陰陽爻互變肇因於事物的變

根據李德順的說法，得知人面對宇宙萬物是以主體爲尺度的主客相合之狀態，它並不代表任何事物固有不變的屬性。事物的客體相對於吾人之主體，其屬性並非固定的，型態也不是永恆的，既然非固定永恆的，則客體相對於吾人之主體就會感覺產生了「變」的現象。〔註7〕

《易傳》闡述爻象與變化的關係：

> 在天成象，在地成形，變化見矣。是故剛柔相摩，八卦相盪。
>
> 天地變化，聖人效之。
>
> 剛柔相推而生變化。……變化者，進退之象也。
>
> 剛柔相推，變在其中矣。……爻象動乎內，吉凶見乎外，功業見乎變。

〔註5〕 李零先生在《中國方術續考》裡說：「『一』是起本體作用的概念。……《繫辭》稱之爲太極。『二』是對分和兩極的概念。……是僅次於太極的大概念。『陰陽』則是一切二元化傾向和矛盾對立概念（如剛柔、上下、日月等）的象徵。對於《周易》天與地的二元思想，唐力權先生在《周易與懷海德》一書中論述說：「天與地的相對相關性乃是一切其他相對相關性的根源。」高亨在《周易大傳今注》說：「人有異類，各以其類相聚。物有異群，各以其群相分。異類異群矛盾對立，於是吉凶生。」陰陽的原義及演變，參見第二節（二）「陰陽思想起源及發展」這一段。

〔註6〕 李德順在〈價值與價值觀〉一文說：「善惡不是屬性，人的本性當中無所謂善惡，而一切善惡都是人的本性所判斷出來的。」

〔註7〕 李德順先生說：「這個價值是以主體爲尺度的主客統一的一種狀態，它並不是任何事物固有不變的屬性。」（見同前注）

爻者，言乎變者也。

《易》之爲書也不可遠，爲道也屢遷，變動不居，周流六虛，上下無常，剛柔相易。不可爲典要，唯變所適。……道有變動，故曰爻。〔註8〕

天地是最大的法象，卻非固定不變的。天有陰陽明暗的變化，地有質性剛柔的變化。其現象變化可以歸結成二元狀態，所以聖人觀察後效法之而創立由陰陽二元組合之卦象，又以八卦、六爻的陰陽變動來比擬事物的「剛柔相摩」。聖人據爻象之變化以得知人事吉凶及功業的興衰，吉則進而取之，凶則退而捨之。卦爻的變化不居，乃在模擬事物的變化無常。

三、物象變化則有數，而後有卦之象

針對物象、卦象與感官之間的關係，《易傳》說：

離也者，明也，萬物皆相見。

離，麗也。

離爲目。

縣象著明莫大乎日月。

日月運行，一寒一暑。（《繫辭》）〔註9〕

從《說卦》對〈離〉卦及《繫辭》的描述，得知依照正常視覺之下（離爲目），有了日月光源的照射（縣象著明莫大乎日月）（離也者，明也），物象得以顯現吾人的眼前（萬物皆相見），呈現色彩（離，麗也）及「明暗」兩面。聖人將它規範在「天道陰陽」裡。除了明暗交替變化之外，依照觸覺也有「寒暑」的交替變化，聖人規範在「地道剛柔」裡。

在《易傳》裡，天與地的相對相關性，乃是一切其他相對相關性的根源。它說：

天一、地二、天三、地四、天五、地六、天七、地八、天九、地十。……

闔戶謂之坤，闢戶謂之乾，一闔一闢謂之變，往來不窮謂之通。

天數五，地數五。……天數二十有五，地數三十。〔註10〕

所以這裡天地之間或乾闢坤闔的交替變化，表達出一種事物的統攝性。此交

〔註8〕　分別見《繫辭》上第一章、上第十一章、上第二章、下第一章、上第三章、下第十章。

〔註9〕　分別見《說卦》第五章、第七章、第九章、《繫辭》上第十一章、上第一章。

〔註10〕　分別見《繫辭》上第十一章、上第九章。

替變化從一到十產生了「次序」，相加產生了「累計」，於是有了「數」的概念。

人的認知是二元的，根據朱伯崑（1923年～2007年）的說法，這裡將天稱爲參、地稱爲兩，因爲參代表奇數而兩代表偶數。有了奇偶之數的二元概念，方有陰陽二元符號的卦象。故《易傳》云：

> 參天兩地而倚數，觀變於陰陽而立卦，發揮於剛柔而生爻。
>
> 參伍以變，錯綜其數。通其變，遂成天下之文；極其數，遂定天下
> 之象。〔註11〕

我們可以得知，物象變化原先呈現的如同「剛柔」，其「參兩」或「奇偶」也是二元的。「天一、地二、天三、地四、天五、地六、天七、地八、天九、地十」就是表示天地事物一闔一闢及往來不窮的變通現象。二進位「參兩」或「奇偶」的延續，則足以形成「天一、地二、天三、地四、天五、地六、天七、地八、天九、地十」的十進位。「天一、地二、天三、地四、天五、地六、天七、地八、天九、地十」十進位加以對立化也就成二進位。所以就物象觀察及分別意識是二元的，而倚其數則可成十進位。無論是二進位或十進位，都是人按其主體意識去改造的。就《易傳》義理思想的解釋，在「象」方面，陰陽爻是直接從「剛柔」二元思想承接來的；在「數」方面，「大衍之數」的天地十數與陰陽爻必然有某層關係。究其極，每個「象」背後都有個「數」。〔註12〕故《易傳》云：

> 極數知來之謂占。
>
> 數往者順，知來者逆，是故，《易》，逆數也。〔註13〕

天地物象變化而有「數」，陰陽爻二進位與天地十數又有連結，則藉由卦爻也可以推算其未來的「數」，由「數」得其「象」，故云「極數知來之謂占」。

四、時依於數

依照李零先生在《中國方術續考》裡所說在面對天地的變化，古人按其

〔註11〕分別見《說卦》第一章、《繫辭》上第十章。

〔註12〕朱伯崑先生在其《易學哲學史》中說：「其稱天爲參，以參代表奇數。……有了奇偶之數，方有陰陽卦象。這種解釋，就成卦的過程說，是符合筮法原意的。由此導出一個哲學觀點，認爲天下事物不僅有象，而且有數，提出象數範疇，說明筮法和事物的變化。」《禮記·郊特牲》：「鼎俎奇，籩豆偶，陰陽之義也。」用奇偶區分祭品，並且配以陰陽，可印證朱伯崑先生說法。

〔註13〕分別見《繫辭》上第五章、《說卦》第三章。

主體意識去改造，創作了許多「數」的概念。「一」是起本體作用的概念。「二」是對分和兩極的概念，是僅次於太極的大概念。「陰陽」則是一切二元化傾向和矛盾對立概念（如剛柔、上下、日月等）的象徵。古代曆術有大小時，大時四分（如春夏秋冬），小時十二分（如十二月、十二時辰），四分是基礎，這是四分的時制。由此看來，無論是陰陽、四象、四季、八卦、十天干、十二地支，或二十四節氣，都是從源自對半剖分而來的數字代號，而三才、五行、九宮等空間概念則是在對半剖分中加上「中央」而來。由此可證，「時」的概念必然也是遵守「次序」、「累計」兩個條件，是從「數」的概念發展而來。而對半剖分說明了源自陰陽二元，這樣就與天道銜接上了。〔註14〕

《易傳》又說：

變通者，趣時者也。

變通配四時，陰陽之義配日月。

日往則月來，月往則日來，日月相推而明生焉；寒往則暑來，暑往則寒　來，寒暑相推而歲成焉。

夫大人者與天地合其德，與日月合其明，與四時合其序。〔註15〕

物象變化則有「數」，日往則月來，月往則日來，寒往則暑來，暑往則寒來，視覺、觸覺意識之變化彼此不曾間斷稱「相推」，這道理和「剛柔相推而生變

〔註14〕李零先生在《中國方術續考》裡說：「中國古代占卜方法的數字化，是以十位數字的數位變化為核心。……在術數之學中，這類遊戲玩法很多。」他說：「『一』是起本體作用的概念。……《繫辭》稱之為太極。『二』是對分和兩極的概念。……是僅次於太極的大概念。『陰陽』則是一切二元化傾向和矛盾對立概念（如剛柔、上下、日月等）的象徵。『三』是兩極加中央的概念。……中國古代創世說是以天、地、人『三才』。『四』是兩兩剖分和兩兩對稱的概念。古代曆術有大小時，大時四分，小時十二分，四分是基礎（春夏秋冬），這是四分的時制。『五』有兩種理解，一種是以『四方』加中央為『五位』，用於配五行，一種是合兩個『三位』為『五位』。『六』是從『三』變化而出。……如《易》卦六爻便是合兩個三爻而成。……『八』是合二『四』而成。其空間表現是由『四方』加『四隅』，《繫辭上》『是故《易》有太極，是生兩儀，兩儀生四象，四象生八卦』，『八』與『二』、『四』一樣，都屬於可以對半剖分的概念。『九』是由三『三』或『八』加『一』而構成。其空間表現是『九宮』，它包括『四正』、『四隅』和『中央』。『十』是合二『五』而成。它和空間表現的關係不太明顯，但和用十干表現的記旬有密切關係。『十二』，其重要性主要在於它與『十二辰』（十二地支）相配。『二十四』，古代時令有二十四節氣，是與四時相配，半分十二月，每個節氣十五日。」

〔註15〕分別見《繫辭》下第一章、上第六章、下第五章。

化」完全一樣，是合乎數之「次序」「累計」的基本條件。所以無論屬於大數的「春夏秋冬」，或天干之甲至癸、地支之子至亥，或二十四節氣，都是由「數」構成的時間概念，而且都是由陰陽二元推演開來的。「時」有各種名稱，然其本質仍然是「數」。

五、卦爻為時與位、數與象的合和體

《易傳》裡特重時與位，它們是與象數有緊密相連之關係。書中云：

六位時成，時乘六龍以御天。

列貴賤者存乎位，齊小大者存乎卦。

天地設位而《易》行乎其中矣。

震，東方也。……巽，東南也。離……南方之卦也。乾，西北之卦也。坎者正北方之卦也。……艮，東北之卦也。

君子進德脩業，欲及時也。……見龍在田，時舍也。……終日乾乾，與時偕行。……亢龍有悔，與時偕極。……乾乾因其時而惕，雖危無咎矣。

含章可貞，以時發也。

蒙，蒙亨，以亨行，時中也。

大有，……應乎天而時行。

故日月不過，而四時不忒，……豫之時義大矣哉。

天下隨時，隨時之義大矣哉。〔註16〕

陰陽二元的延伸可以推演出由「數」構成時間概念，而本質爲「數」的空間概念之「六爻」、「八卦」等，也可以構成本質爲「數」的時間概念來。李零先生說：「儒門傳《易》有《易傳》，推陰陽以言天道，……它的特點是用空間表示時間，合時間、空間於一，數字是整合的關鍵，作用最大。它不僅在此類占卜中是時空對應、時空轉換的中介面和關鍵。」《繫辭》說：「變通者，趣時者也。」卦與爻都是可以變化的，所以六爻的各爻代表一個「位」，八卦或六十四卦的每卦也各代表一個「位」。依照班固（建武八年 32 年～永元四年 92 年）《漢書》記載《左傳》：「時，事之徵也」，在《易傳》思想看來，一

〔註16〕分別見《乾象》、《繫辭》上第三章、上第七章、《說卦》第五章、《乾文言》、《坤六二象》、《蒙象》、《大有象》、《豫象》、《隨象》。

個空間的「位」必然與一個「時」相應，顯現在卦爻的「象」必然與某「數」相契合。〔註17〕

可以說《易傳》三才的天道乃基於「時」的概念而產生，故「蓍之德圓而神」；地道乃基於「位」的概念而產生，故「卦之德方以知」。聖人筮占時依賴無形的妙神與有界的知識，去運作時位變化。是以後代《易》占學繼承者，莫出於天道、地道這兩種模式。

六、《周易》的象數價值乃在建構天人關係而為民所用

從「變動不居，周流六虛，上下無常，剛柔相易。」的思想來看，宇宙裡時位是沒有固定的，不論是六十四卦、八卦或六爻，《易傳》所要表達的是，聖人面對宇宙，從「數」中整合了「象」、「時」、「位」等去描摩天地之道，而事物化簡馭繁，只不過是陰陽二元的流轉，對宇宙本身來講仍是一整體的太極。是以《易傳》說：

> 夫《易》，何為者也？夫《易》，開物成務，冒天下之道，如斯而已者也。是故，聖人以通天下之志，以定天下之業，以斷天下之疑。……
> 是故《易》有太極，是生兩儀，兩儀生四象，四象生八卦，八卦定吉凶，吉凶生大業。〔註18〕

由此看來，根據李德順的見解，無論是太極到八卦，或天一到地十，《易傳》認為《周易》在「冒天下之道」，企圖由人類的主體尺度來建構這世界，其結果是世界對人更符合更接近。摹擬天地人「三才」之道，其價值在運用象數來「定吉凶，生大業」、「開物成務」，「以通天下之志，以定天下之業，以斷天下之疑」，最終的目的在解決民生迫切的問題。《漢書‧藝文志》卷三十說到：〔註19〕

〔註17〕《漢書‧五行志中之上》引《左傳》狐突預言太子申生凶兆，狐突說：「時，事之徵也。……」指出時間含有事情的徵象。從史料上看，在先秦戰國「五行」思想已和干支有了時空整合，並之間已有相生相勝的思想。而在西漢時代「五行」思想與《周易》卦爻進一步整合，這並不違背《易傳》的「時」「位」、「象」「數」整合的理路。

〔註18〕見《繫辭》上第十一章。

〔註19〕李德順先生在〈價值與價值觀〉一文說：「我們用好壞這兩個字來表述，來判斷，包括利弊、是非，……。凡是這一類的詞，就不是描述事物本身的存在和它的屬性，而是反應事物的存在及其屬性與人的、主體的關係。這種關係又是以主體的需要和能力為標準來衡量的，叫做以主體尺度為尺度的。價值是一種以尺度為尺度的主客統一的關係狀態。」又說：「人並沒有違背自然的

陰陽家者流，蓋出於羲和之官，歷象日月星辰，敬受民時，此其所
長也。及拘者為之，則牽於禁忌，泥於小數，舍人事而任鬼神。

由此得知：（一）羲和之官掌握的對象是「歷象日月星辰」，由「數」得「時」，
循「天數」以知「時節」變化，以符合民用。後代所謂「陰陽家」也是有同
樣的職務。（二）、「陰陽」觀念由觀察天道變化而來。以上所分析《易傳》思
想的特點，和《藝文志》所言陰陽家特點不謀而合。可以證明《易傳》受陰
陽家的影響，顧頡剛先生認為《周易》在戰國後期，受騶衍一派陰陽五行影
響的儒者所提倡，《周易》纔在六藝中佔得一個地位，這說法有其正確性。

貳、從出土史籍資料討論若干戰國秦漢之象數問題

由以上得知，《易傳》象數學說是通過《周易》的筮法、卦象或卦爻辭之
解釋而發展出來的。而從出土資料戰國秦漢之象數則有另一番解釋，其一是
卦爻生成問題，有所謂的今本陰陽爻形式乃源自「數字卦」之說。另外《漢
書・藝文志第十》記載：「數術者，皆明堂、羲和、史、卜之職也。」明堂講
方位、羲和講天文曆法、卜講占筮，其職掌都是屬於數術。研究與其有關的
陰陽及五行兩大思想系統的分合史況，就顯得異常重要。以下分段討論：

一、「數字卦」初探

李零先生在《中國方術續考》則說：「從考古發現，可以追到商代，最初是
用『十位數字卦』，後來發展出『兩位數字卦』。它雖然講『象』，卦象定吉凶，
但主要是一種數占，即以策數定卦象，象生於卦，卦生於數，主要還是取於數』。
古代占卜發展到這一步，才比較明顯地有了推算形式和邏輯形式。」他說的「象
生於卦，卦生於數，主要還是取於『數』指的是成卦的過程，這和朱伯崑先生
在《易學哲學史》對《易傳》的闡述則相同。另外，李零先生認為用陰陽爻代
表爻象變化，是從十位數簡化成奇偶而來的，此說與《易傳》「立天之道，曰陰
與陽」義理說法顯然不同，李零先生之見是否合乎歷史現象？

李零先生在《中國方術考》說：「中國早期的《易》筮，從商代、西周到
春秋戰國，一直是以一、五、六、七、八、九 6 個數字來表示，由於二、三、
四是故意省略，十是下一進位的一，所以可以認為它們代表的乃是十進制的

規律，人把自己的需要作為一種尺度，運用自己的能力去改造世界。改造的
結果是世界對人更符合更接近。這種主客體統一的方向，它的實質就是一種
價值關係。」

數位組合。」李零先生又比較「馬王堆帛書《周易》」及「雙古堆漢簡《周易》」，說：「雙古堆漢簡《周易》的陰爻比馬王堆帛書《周易》更明顯是用『八』自表示。也就是說陽爻是源於『一』，陰爻是源於『八』。」「用一、八表示的卦爻，即今本《周易》卦爻的前身，只是到西漢初年才形成。」然而李零先生又在《中國方術續考》「戰國楚簡《周易》的發現」這一節說；「它說明《周易》一書至少在戰國中期就已定型，具有和今本相似的面貌。《周易》從戰國到西漢一脈相承，都是採取『一』、『八』字樣。」那麼，陰陽爻形式到底是「西漢初年才形成」，或者是「在戰國中期就已定型」？

我們現在用排除法，得以明白李零先生這兩個結論都值得存疑。

(一) 戴璉璋先生（1932 年 5 月 14 日～）在《易傳之形成及其思想》說：「數字卦大概只能有斷占辭，因為人們一方面受筮法的限制，另一方面在數字組合上也發展不出什麼思。奇偶符號就不同了，筮者可以從卦形上逞其想像，以豐富卦的內涵。如今本《周易》中的〈噬嗑〉，卦形像頤中有物；〈頤〉，卦形像口頤；〈鼎〉，像鼎；〈小過〉，像飛鳥。」

(二) 《國語・晉語四》記載〈屯〉、〈豫〉兩卦，《左傳》也記載〈觀〉、〈否〉（莊公二十二年），〈大有〉、〈睽〉（僖公二十五年），〈乾〉、〈姤〉、〈坤〉（昭公二十九年），〈屯〉、〈比〉（昭公七年），〈師〉、〈臨〉（宣公十二年）等六爻卦的記載，其中又有用內外三爻卦之卦象來解說的。

(三) 論語裡孔子已引用恆九三爻辭：「不恆其德，或承之羞。」

(四) 《易傳》除《序卦》、《雜卦》外，其餘《象傳》、《象傳》、《文言》、《說卦》、《繫辭》都用「陰陽」陳說。它們都符合戰國當時環境的「陰陽」觀念，用來指天地之氣或兩種相對性質及功能。（見下一節）據學者認定最早出現的《象傳》，其「時、位、乘、承、應、中」等思想應該藉著陰陽符號而才興起的思想。

孔子已引用恆九三爻辭，《國語》、《左傳》所載卦名也都與今本相同。可見今本卦象及卦名在春秋時代皆已具備。卦名從卦象騁其想像而得，卦名既然已完備，卦象當然是從奇偶符號而來。足見最晚到春秋時期，六十四卦已是如同今本《周易》的陰陽符號形式，並不是如李零所說「戰國中期就定型」或「西漢初年才形成」。或許李零先生說「數字卦」是真有其物，只不過它們

是以「筮數」形式刻劃在甲骨鐘鼎上，而當時另存有以奇偶符號的「卦畫」形式寫在書冊上，二者並行不悖。

二、陰陽思想起源及發展

（一）「陰陽」二字本義

參照戴璉璋之說，得知：按「陰陽」的偏旁「会」，《說文・卷十一下・雲部》：「雲覆日也。從雲，今聲。会，古文或省」「昜」，《說文・卷九・勿部》：「開也，從日一勿。……」段注：「此陰陽正字也。陰陽行而会昜廢矣。」王筠《說文釋例》：「竊謂從一者，地也。勿，非字，祇象昜氣鬱勃湊地而出之形。」按此，「会」「昜」兩字都與日光有關。被日光照射為「昜」，日光被遮蔽為「会」。《說文・卷十四・阜部》：「陰，闇也。水之南，山之北也。從阜，会聲。陽，高明也。從阜，昜聲。」按此，中原地區居北回歸線以北，水之南、山之北，日光不易照射到，所以是「陰」；水之北、山之南，日光容易照射到，所以是「陽」。按《易傳》三才之說，衡之常理，天道遠而地道卑，人的最初感覺開始也當從近處的實體上開始。此「陰陽」原義乃人面對世界，依照人的視覺產生的現象描述。〔註20〕參照印順、康德（1724年4月22日～1804年2月12日）的看法，可推知「陰陽」後來發展成接近形上義理思想，被理解為現象的總原理，其根基還是始於感官經驗的。〔註21〕

（二）古籍裡「陰陽」的含義

1. 與《說文》釋義相近，限於感官經驗的

今察《詩經》「陰」字出現十處，如：「習習谷風，以陰以雨。」等六處指天氣暗。或指方位，或指庇蔭指陰暗。「陽」字出現十處，或指日光，或指明朗，或指溫暖，或形容舒展的樣子。有十三次，如「殷其靁，在南山之陽」（《召南・殷其靁》）皆指受光的方位。

今本《周易》卦爻辭沒有用到「陽」字，「陰」字則只一次出現在〈中孚〉

〔註20〕 參見第壹節一、二小節。
〔註21〕 康德所著《自然科學的形上基礎》，鄧曉芒序：「通過給經驗的自然科學提供先驗形而上學的基礎，康德也使經驗自然科學成了他自己的『一般的形而上學』的直觀例證。……實際上，自然科學的形而上學基礎就在於人的先天認識能力。」康德說：「自然還被按質料上的含義來看待，不是作為性狀，而是作為一切事物的總體，只要它們能夠成為我們感官的對象，因而也能成為經驗的對象，所以它被理解為一切現象的總和，即除一切非感性的對象之外的感性世界。」

九二爻辭:「鳴鶴在陰,其子和之。」高亨《周易大傳今注》:「陰借爲蔭,樹蔭也。」再循序檢視其他經書,《尚書》、《春秋》、《儀禮》、《論語》、《墨經》、《孟子》、《孫子》、《吳子》、《司馬法》等都無陰陽之說。參照李漢三之說,當時陰陽兩字的主要涵義是指日光能否照射的地區。《左傳》昭公元年:「天有六氣,降生五味,發爲五色,徵爲五聲,淫生六疾。六氣曰:陰、陽、風、雨、晦、明也。分爲四時,序爲五節,過則爲菑。陰淫寒疾,陽淫熱疾,風淫末疾,雨淫腹疾,晦淫惑疾,明淫心疾。」《左傳》此文中的「陰陽」則爲六種氣象之二種,指陰寒和溫暖的天氣。〔註22〕

由此觀之,不論指的是光線明暗、日照方位,或天氣的寒溫,「陰陽」含義都離不開人自身主體感官經驗的範疇。

2. 升至普遍性及象徵性意義

《國語·周語》伯陽父曰:

> 夫天地之氣不失其序,若過其序,民亂之也。陽伏而不能出,陰迫而不能烝,於是有地震。今三川實震,是陽失其所而鎮陰。陽失而在陰,川源必塞,源塞國必亡。

很明顯地,此「陰陽」較之《左傳》六氣說更獨立出來成爲「天地之氣」,可以影響河川、土地等;陰陽與人事關係緊密,人事混亂將導致陰陽失序,而陰陽失序又造成世間災難。《左傳》之陰陽主要針對天氣影響人的主體感官經驗;而《周語》的陰陽擴大到影響地理環境與社會環境。

較之《周語》將陰陽範疇更加提升的是《國語·越語下》范蠡的一段話:

> 臣聞古之善用兵者,贏縮以爲常,四時以爲紀,無過天極,究數而止。天道皇皇,日月以爲常,明者以爲法,微者則是行。陽至而陰,陰至而陽;日困而還,月盈而匡。古之善用兵者,因天地之常,與之俱行。後則用陰,先則用陽;近則用柔,遠則用剛。後無陰蔽,先無陽察,用人無藝,往從其所。剛彊以禦,陽節不盡,不死其野。

〔註22〕李漢三先生在《陰陽五行說探源》說:「1、《詩》《書》《易》無陰陽說,……其中陰陽之涵義,與後世所謂陰陽,乃風牛馬不相及。……2、《春秋》《儀禮》《論語》亦無陰陽說。……3、《墨經》《孟子》《吳子》《司馬法》仍無陰陽說。而定論《易·十翼》始以陰陽說《易》。戴璉璋先生也說:「《詩》《書》《易》三部經典,陰陽兩字的用法,大體與《說文》的解釋吻合,多取陰(會)陽(易)兩字的本義,此外也有一些引伸義。綜合地說,從西周到東周初期,陰陽兩字的主要涵義是指日光能否照射的地區。」

> 彼來從我，固守勿與。若將與之，必因天地之災，又觀其民之饑飽
> 勞逸以參之。盡其陽節、盈吾陰節而奪之。宜爲人客，剛彊而力疾；
> 陽節不盡，輕而不可取。宜爲人主，安徐而重固；陰節不盡，柔而
> 不可迫。

觀察天象的「贏縮以爲常，四時以爲紀」，以效法天道四時爲規律；「陽至而陰，陰至而陽；日困而還，月盈而匡」即顯現循環規律，「無過天極，究數而止」是說天道循環有它的極限之數，陰陽消長、極則必反。用兵之道也須遵守這規律，不可逾越。范蠡進一步將「陰陽」從「天地之氣」往上擴大，以之爲兩種相對、互依關係，又具有彼此循環、消長的功能。自此「陰陽」已帶有普遍性及象徵性的原理意義，任何兩種相對性質及功能的事物狀態，都可以納入其「陰陽」範疇。

戰國時期「陰陽」思想，一方面延續先期的本義、引申義，另一方面順著范蠡的思路更加大層面。

> 長城之陽，魯也；長城之陰，齊也。（《管子·輕重乙》）

此「陰陽」用來表示方位。

> 至陰肅肅，至陽赫赫。肅肅出乎天，赫赫出乎地，兩者交通成和，
> 而物生焉。（《莊子·田子方》）
> 春者陽氣始上，故萬物生，……秋者陰氣始下，故萬物收。（《管子·
> 形勢解》）

此二例「陰陽」都表示天地之氣。

> 大師掌六律、六同，以合陰陽之聲。陽聲：黃鍾、……無射；陰聲：
> 大呂、……夾鍾。（《周禮·春官·大師》）

此例「陰陽」代表樂聲。

> 鼎俎奇，而籩豆偶，陰陽之義也。（《禮記·郊特牲》）

此例「陰陽」配以奇偶數，用來區分祭器及祭品。〔註23〕

（三）《易傳》裡陰陽的義理含義及淵源

從以上可知，東周初期以前經典裡「陰陽」兩字多用其明暗本義，及引申出的方位等義，是接近感官經驗的。往後「陰陽」字義發展漸趨抽象哲理化，其範疇也由感官經驗擴大到現象的總原理。《易傳》的「陰陽」思想與道

〔註23〕此節參考戴璉璋先生《易傳之形成及其思想》之說。

家老子有關聯，其含義已由感官經驗上升到現象的總原理的範疇。由多位學者的看法，《易傳》思想是有受到老子影響的。〔註24〕

　　《易傳》爲儒家的作品，傳統認爲是孔子所作，然而經過戴璉璋先生等證明不是他親手之作。但是裡面有許多「子曰」之語，則必然在孔子思想上有所承襲。《老子》將「陰陽」視做「氣」並以之爲現象的總原理，而孔子問教老子是既定的史實，則《易傳》的「陰陽」思想與老子有關，是合理的。按照前一節「陰陽思想起源及發展」所討論，《老子》的「陰陽」思想已成熟且具有總原理的意義，其作品爲東周時代的產物，並無可非議之處。《論語》裡孔子提到：「左丘明恥之，丘亦恥之」，《史記・太史公自序》說：「左丘失明，厥有《國語》。」而一般學界也認爲除了《國語》外，《左傳》也是左丘明所作。孔子見過老子，則《老子》一書成書時期與《國語》、《左傳》相去不遠。由上一節得知《左傳》是解《春秋》的書，其「陰陽」指的是天氣，保留《春秋》的原始意義。《國語》的「陰陽」已進入普遍性原理的意義。於

〔註24〕歸納學者們所持的理由約有四點：1、余培林先生察證老子與孔子相會是事實，並且至少有兩次。余培林先生在《老子讀本》書中談「老子與孔子的關係」，舉《禮記》《莊子》《史記・仲尼弟子列傳》〈曾子問〉等六項理由，而說「我們不僅相信孔老相會是事實，並且認爲他們相會至少有兩次。」李零先生在《郭店處簡校讀記》附錄二「老子與老萊子」文中認爲楚文字「李、萊」二字皆從「來」，讀音相同、語法相近，而說「老李子和老萊子或許同是一人」，並舉七項證據，肯定老萊子是孔子問教對象，而其舌齒之譬也正合老聃貴柔之說。2、顧文炳先生主張《易》、《老》同源，《易經》爲儒道兩家的哲學文化的泉源。顧文炳先生在《易道新論》書中認爲，《老子》一書汲取《周易古經》的辨證思想的內函，老子的「沖氣」說，也被以後的《易》學家們發展爲卦氣說，而直言《易》《老》同源。陳炎先生在其《易經對儒道兩系的影響》文中則將《易經》獨立，其以「陰陽」爲代表的世界觀成爲儒道兩家的哲學文化的泉源。3、陳鼓應先生主張認爲《象傳》作者受道家影響，思維方式出於道家。在〈象傳的道家思維方式〉一文中，認爲道家典籍中，提出兩氣相感而生物之說最早見於《老子》四十二章：「萬物負陰而抱陽，沖氣以爲和。」而認爲《象傳》藉乾坤二元「由天道推衍人事，乃道家獨特的思維方式」。李鏡池《周易探源》也認爲《象傳》作者受過道家影響。4、曾春海先生主張《繫辭》思想與《老子》有相契合之處。《易經的哲學原理》書中也認爲「《易》中天地、乾坤、動靜……等語辭，普遍的言及現象界，物物之間，呈現對待相稱及互動往來的總特徵。構作及運行萬物的陰陽，在屬性上是彼此相對待且互作用的。《易・繫辭》謂『變化者，進退之象』、『一闔一闢謂之變』這類對待往來，相反相成，迭轉變化的常規常律。與《老子》『有無相生，難易相成』『道生一，一生二，……萬物負陰而抱陽，沖氣以爲和』有相契合以達成共識處。在價值原理上，和諧平衡的亦爲兩書所崇尚。」

春秋時代，孔子罕言性與天道而專就人道倫理來發揮，《老子》的「陰陽」卻擴展到宇宙運作規律的天道層面及個人本體思維層面，《老子》思想與《國語》的「陰陽」比較則更有形上意味，足以成為《易傳》天道思想的泉源。《易傳》晚於《老子》而受其影響，是可以成立的。

《繫辭傳》有許多「子曰」之語，而陸賈的《新語・辨惑》、韓嬰的《韓詩外傳》、司馬談的《論六家要旨》、司馬遷的《太史公自序》都引過《繫辭傳》的文字，稱《易》或《易大傳》。帛書《周易》寫於漢文帝初年，所附《繫辭》與今本大致相同，證明《繫辭傳》是完成於西漢以前的戰國時作品。《象傳》、《彖傳》有押韻情況，一般認為早於《繫辭傳》。孔老曾相見過，《老子》與《國語》、《左傳》相去不遠，則《老子》思想影響到《象傳》、《彖傳》等，也是合理的。〔註25〕

《易傳》除《序卦》、《雜卦》外，其餘都符合當時環境的「陰陽」觀念而用之來陳說。「陰陽」當時已用來指天地之氣或兩種相對性質及功能。《易傳》藉卦爻以陳述其思想，而卦爻在春秋時代已發展為陰陽符號。所以「陰陽」這名詞當有比老子更早的源頭，那就是《漢書・藝文志》所提及的「陰陽家」。按多位學者之見，《易傳》乃受到陰陽家的洗禮。〔註26〕足見，儒家與陰陽家和道家之間的互動影響，是存在的。

〔註25〕 余培林先生就諸子所引《老子》及《老子》文體，而認為「《道德經》的成書在戰國初期或更早，當無疑問。」按古代將學術分成數「家」，始於司馬談的《論六家要旨》。以先秦當時情況來講，並未有明顯的「儒家」「道家」等概念。而所謂「儒」「道」大多由後學自稱的名號轉化來的，史籍及學術界區分「儒家」「道家」等，也是為了劃分清楚學術思想承襲。但現今我們往往用這方法認定先秦當時就已經蔚成「儒家」「道家」等學派，而模糊了當時創始者其實以個人思想表現為主，並不分「某家」。如「孔子思想」、「老子思想」和以後的「儒家思想」「道家思想」要區分開來，不可混為一談。

〔註26〕 除了顧文炳先生主張《易》、《老》同源，《易經》為儒道兩家的哲學文化的泉源。陳鼓應先生說《彖傳》思維方式出於道家，曾春海先生主張《繫辭》思想與《老子》有相契合之處。吳小強先生也在《秦簡日書集釋》書中說：「李零先生對通過考古資料與文獻的縝密研究，得出的結論是：『中國文化始終存在著兩條基本線索，不可偏一而廢。』秦漢以後即儒家文化和道教文化。『而道教文化是以數術方技之學為知識體系，陰陽家和道家為哲學表達，民間信仰為社會基礎；結合三者而形成，在民間有莫大的勢力。』顧頡剛先生（1893年～1980年）在《中國上古史研究講義》說：『《周易》這部書，以前的儒家是不大過問的。……它原來只是一部占卜的書，沒有聖人的大道理在內。自從戰國後期給儒者表彰了（這表彰的儒者我以為是騶衍一派提倡陰陽五行的人），纔在六藝中佔得一個地位。』」

三、五行滲入《周易》象數的領域

（一）「五行」本義

據阮元（1764 年～1849 年）校刻十三經注疏本，《尚書・周書・洪範》：「箕子乃言曰：『我聞在昔，鯀陻洪水，汩陳其『五行』，帝乃震怒，……五行，一曰水，二曰火，三曰木，四曰金，五曰土。水曰潤下，火曰炎上，木曰曲直，金曰從革，土爰稼穡。潤下作鹹，炎上作苦，曲直作酸，從革作辛，稼穡作甘。」李漢三先生《陰陽五行說探源》一書說：「按自『鯀陻洪水，汩陳其『五行』，帝乃震怒』觀之，則本篇之五行，蓋視爲《左傳》『民並用之』之『天生五材』」。屈萬里《尚書釋義》說：「關於五行之文獻，更無早於本篇者。」李漢三先生說：「『關於五行之文獻，更無早於本篇者』，則獨具隻眼。蓋本篇詳五行名稱、順序，與性能，雖未發展爲五行說（配合時方等），然與日後所謂五行目次性能。固無不大體相合也。」則「五行」一詞最早出現於《洪範》。

而「五行」說的構成，乃從「民並用之」生活經驗來。從「潤濕、炎熱」等感覺屬於觸覺經驗，「下上」、「曲直」等屬於視覺對比經驗，「鹹、苦、酸、辛、甘」屬於味覺經驗，以及「從革、稼穡」等屬於生活經驗，這些原先是「民並用之」的「天生五材」，將這「五材」與其他相關經驗結合，便成爲往後原理性的五種概括，屬於人與環境實物之間經驗構築的「地道」範疇。《謙彖》說：

> 天道下濟而光明，地道卑而上行。

這與「陰陽」原義從日光照射成視覺上明暗對比而衍生之「天道」範疇，其概念發生的在起點是不一樣的。

李零先生在《中國方術續考》裡說：「中國古代占卜方法的數字化，是以十位數字的數位變化爲核心。……在術數之學中，這類遊戲玩法很多。」他說：「『一』是起本體作用的概念。……『五』有兩種理解，一種是以『四方』加中央爲『五位』，用於配五行。」李零先生又在《從占卜方法的數字化看陰陽五行說的起源》一書說：「『五行』，也叫『五材』（《左傳》襄公二十七年），本來是對天地萬物的一種概括，引而申之，則是萬在物的生剋和流轉，它是後一個系統的象徵。它們都是時空整合數字化的一種表現，其實是數字符號的作用。」從戰國楚《帛書》看來還只有四方觀念，到戰國末秦代之際秦簡看來，方位與五行已經締結起來。

前面由李零先生之語，得知四方乃由兩次對半剖分加中央而來，猶如「天

地」二分加上中央的「人」形成三才之道的觀念一樣，都是二元意識加上與個人主體相對狀態所形成的。所以四方加中央不必從五行方位得來，反而是五行結合方位，是在五方位之後產生的概念，同樣的，八宮卦也是在九方位、九宮位之後產生的概念。它的概括既然從相對意識而來，又有固定順序，便是一組「數字符號」，但其間又含有「性能」，周春才（1957 年～）先生在《中醫養生圖典》一書說：「五材被賦予了相生相克的有機聯繫，於是這種關係被用來闡述事物間的相互聯繫，認為任何事物都不是孤立的、靜止的，而是在不斷地相生、相克中維持著協調平衡的。」所以我們得知「五方」由「四」加「一」而得之，此「一」是代表人中央主體，人和宇宙事物是分割對立；然而其後方位結合了「五行」，擁有相生、相克的協調平衡作用，正是在維持的宇宙本體不分彼此的大「一」。

（二）《說卦傳》所見五行卦位說疑議

《易傳》十翼大部份都不見有五行思想，只有《說卦傳》被學者懷疑與『五行』有關。按《說卦傳》前三章已出現在《帛書繫辭傳》裡頭，而參照今本《說卦傳》「參天兩地而倚數，觀變於陰陽而立卦，發揮於剛柔而生爻。」及「兼三才而兩之，故《易》六畫而成卦，分陰分陽，迭用柔剛。」等文義看，這部份發揮三才思想，其思想是從「陰陽」來而非從五行來，與今本《繫辭傳》思想吻合，是與《繫辭傳》同時的作品。

《說卦傳》第三章提到的卦位：

> 天地定位，山澤通氣，雷風相薄，水火不相射，八卦相錯。

分析之有以下特徵：

1. 它的卦序符合「《易》有太極，是生兩儀，兩儀生四象，四象生八卦。」的生成原則。
2. 其「天地定位」符合《繫辭傳》「天尊地卑，乾坤定矣」的感官及意識之二元思維。
3. 八卦兩兩相錯，符合「立天之道，曰陰與陽；立地之道，曰柔與剛」之相對的思維。兩兩卦之間的「通氣」、「相薄」、「相射」（「不」字疑為衍文）又符合《繫辭傳》「剛柔相推而生變化」之互動互依的思維。
4. 依照八卦的上爻往下數到初爻，又從坤、艮、坎、巽、震、離、兌、乾的次序逆而數之，它符合對半剖分、陰陽相變的二進位概念。
5. 依照《繫辭傳》「天一、地二、天三、地四……」，「剛柔相推，變在其

中矣」及「寒暑相推而歲成焉」等陰陽相變之延續原則，可以構成天道思維中「數」及「時」的條件。

茲列《說卦傳》第五章整段：

> 帝出乎震，齊乎巽，相見乎離，致役乎坤，說言乎兌，戰乎乾，勞乎坎，成言乎艮。萬物出乎震，震，東方也。齊乎巽，巽，東南也。齊也者，言萬物之絜齊也。離也者，明也，萬物皆相見，南方之卦也。聖人南面而聽天下，嚮明而治，蓋取諸此也。坤也者，地也，萬物皆致養焉，故曰致役乎坤。兌，正秋也，萬物之所說也，故曰說言乎兌。戰乎乾，乾，西北之卦也，言陰陽相薄也。坎者，水也，正北方之卦也，勞卦也，萬物之所歸也，故曰勞乎坎。艮，東北之卦也。萬物之所成終而所成始也，故曰成言乎艮。〔註37〕

另第十章有所謂「父母六子」的排序：

> 乾，天也，故稱乎父。坤，地也，故稱乎母。震一索而得男，故謂之長男。巽一索而得女，故謂之長女。坎再索而得男，故謂之中男。離再索而得女，故謂之中女。艮三索而得男，故謂之少男。兌三索而得女，故謂之少女。

這兩段有以下幾點值得討論：

1. 此卦位也是符合《繫辭傳》「陽卦多陰，陰卦多陽」的原則，按時序可將「乾、艮、坎、震」和「坤、兌、離、巽」對分爲陽卦及陰卦兩組，屬於超越感官意識的對比總原理，爲進入《說卦傳》第十章人道思維模式的前奏。

2. 它的卦位顯然經過整理，與漢代費直「《周易》分野圖」遺文之八卦位，式法所流行「二十四方位」的八卦位，也都相符。〔註38〕可以構成地道思維中「位」的條件，與前章天道思維不同。

3. 《京氏易傳》的八卦配五行的八宮次序：「乾、震、坎、艮」及「坤、巽、離、兌」，其卦位與《說卦傳》第十章相同，顯然受到第五章方位說的影響，又經過再一次人道思維上長少互易的整理。它符合「帝出乎

〔註37〕戴璉璋先生認爲其八卦方位說，乃受秦漢之際流行的陰陽家方位配四時之學所影響，有可能寫於秦漢之際。朱伯崑則認爲是受了戰國後期陰陽五行學說的影響。

〔註38〕參見《周易集解纂疏·諸家說易凡例》。

震」分爲陽卦及陰卦兩組的原則，又符合「八卦相錯」的兩兩卦之間相對原則。而且震、坎、艮之陽爻，和巽、離、兌之陰爻，其位階由初、中至上，符合人體成長，以及主體意識由地投射、追尋至天的指向。

4. 《史記・孔子世家》提到：「孔子晚而喜《易》，序、彖、繫、象、說卦、文言。」是漢武帝當時已有《說卦傳》。今本後八章部份不見於帛書《周易傳》，而《漢書》有「於《易》，震在東方」、「於《易》，巽爲雞」、「於《易》，兌爲羊」、「於《易》，離爲火爲目」、「於《易》，坎爲水、爲中男，離爲火，爲中女」等，都是取自《說卦傳》。所以《說卦傳》成書不晚於《漢書》。而《京氏易傳》「震」卦這一節中有「《易・繫》云『帝出乎震』」的引文。而《京氏易傳》據研究爲宋代出現的著作，則「《易・繫》云『帝出乎震』」的引文當引自古本《繫辭》，或誤抄所致。

5. 「萬物出乎震，……，故曰成言乎艮。」這一大段很顯然是在解說「帝出乎震，齊乎巽，相見乎離，致役乎坤，說言乎兌，戰乎乾，勞乎坎，成言乎艮。」這一句。「帝出乎震」這整句只有說明八卦卦象的某些時序特性，並沒有方位的說明，形成初始的卦氣結構。「萬物出乎震」這一大段有可能是某人增添以方位之說來注解，後來也被歸入今本《說卦傳》中。其中「兌，正秋也」更明顯形成了卦與節氣結合的卦氣條件。

6. 《說卦傳》第五章方位說經王葆玹先生證實爲魏相所獻，魏相說詞已和五行相配。〔註29〕

7. 朱伯崑在《易學哲學史》認爲孟喜和京房「卦氣」說是本於《說卦》八卦方位說。但孟喜只用「震、兌、坎、離」做爲四季節氣之正，其主訴十二月卦消息七十二爻候。京房除了視爲四方伯卦之外，以十二消息爲辟卦來統領其餘四十八卦，其每卦時段約「六日七分」。由此看來，孟、京卦氣說發展出來形式的主軸，仍然屬於天道思維。

8. 按《漢書》所引《京房易傳》多在《五行志》裡，雖然未見對用五行的陳述，唯有一則「星者，陰精也，五行之形」，則見於《開元占經》卷七十六所引。然而從《後漢書・志第一・律曆上》詳細的自述，京房「卦氣說」實和五音律呂相配，五音即與五行有關，其所用之直日卦的候氣法鐘律說，有其更早源頭爲戰國放馬灘秦簡《日書》之六十

〔註29〕見王葆玹（1989）：〈西漢《易》學卦氣源流考〉。方立天主編：《中國哲學史研究》第 4 期（總第 37 期），頁 74～75。

律貞占卜卦（見後文），明顯地它是五行範疇的。

（三）出土史料所見與五行有關的術數

1. 子彈庫戰國楚帛書

根據李零先生在其《長沙子彈庫戰國楚帛書研究》說到，楚帛書各書缺八位，只有四方而沒有與四方相配的中央，它的四時十二月也沒有與五行說的各種要素相配。〔註30〕所以，它十二月諱曆形式，是隸屬於陰陽開展出來的天道思維。

2. 睡虎地秦簡《日書》（戰國到秦王政，公元前278～公元前246）

吳小強所著《秦簡日書集釋》，從下列的「睡虎地秦簡《日書》」的出土資料，可得知秦統一後用「五德終始說」滲透到下層社會，以禁忌方式施行統御。

《日書》甲種已有下列的占術：

（1）以十二時辰階段爲主軸形式，與干支相配，而且還有地支的沖（頁36 子秀午徹，徹是謂六甲相逆）、破（頁27 建寅、破申）、五行相生、相克（頁80 春庚辛日，夏壬癸日，不宜修築房屋）（頁113 春庚辛，大敗日）。沖克日（頁177 反支）。

（2）月建，順行十二辰表，（例如：正月寅，順行配以其他11地支，以見其與寅的關係）（頁21）。

（3）三合局（頁52）。五行相勝方位（頁156）、五帝風水方位占（頁78～80）、相宅術（頁122）、建屋忌日（頁166～172 土忌）、天干配五行、方位、五色（頁70 木日疾，木剋土日病倒，金剋木日好轉，煩擾在東，歲星在東，見青色死）。

（4）二十八宿（頁45）。

（5）牝月牡日取妻吉，乃陰陽合和思想（頁121）。

〔註30〕李零先生在其《長沙子彈庫戰國楚帛書研究》文中引司馬談《論六家要旨》所說的「陰陽家」道：「夫陰陽、四時、八位、十二度、二十四節（零按：即四季、八卦、十二月、二十四節氣）各有教令。」又將《楚帛書》與《管子·玄宮圖》及《月令》比較，李零引俞偉超說法：「帛書『是一部相當於《明堂圖》性質的楚國書籍。』……而帛書與《月令》等書相同也僅有四時、十二度。各書都缺八位。《玄宮圖》和《月令》等書都有較完備的五行系統，除四方之外還有中央，四方中央皆按五行說均勻分配有五聲、五色、五味等項目，而帛書卻只有四方而沒有與四方相配的中央，……而且還可以從帛書中央沒有與四方青、赤、白、黑四木相配的黃木反映出來。另外，它的四時十二月也沒有與五行說的各種要素相配。」

（6）以妻妾視同財物。

（7）鬼害災異，人鬼相知相通（頁 128～148）。

（8）賊相術，與十二生肖相配（頁 149）。

（9）艮山、離日卦占（艮山圖式）。

《日書》乙種已有下列的占術：干支五行相勝、相生，並已形成地支五行生、王、墓三合局，五行與五色、方位相配，以十二地支記載十二時辰，並用於占文。將十二時辰與八方做對照，因時間、方位不同，產生人事不同的結果。

3. 放馬灘秦簡《日書》

從下列「放馬灘秦簡《日書》甲種」的出土資料，可得知：

（1）天官書 9 條：述二十八宿次第及每月的分度。

（2）五行書 6 條：五行相生的次序及類似後代「生、旺、墓」地支三合局。

（3）律書 29 條：講述五行、五音、陽六律、陰六呂，及變六十律相生之法和律數。並列出圖表，圖表上注明「八風方位」。

（4）占卦 122 條：記述以六十律貞占卜卦的具體方法內容。其中乙 151 條：「……以五音十二聲爲某貞卜……。」

4. 銀雀山漢簡

「銀雀山漢簡」，抄寫於西漢初年文、景時期，其特點爲：

（1）《禁》，以木、火、金、水配四時，土配季夏、季冬。

（2）《迎四時》，講天子於東、南、西、北四堂分迎四時，屬古「明堂月令」之說。

（3）《四時令》，講天子命四輔授時於民，亦古「明堂月令」之說。

（4）《五令》，講五行生剋，互爲德刑。

5. 馬王堆帛書

「馬王堆帛書」，抄寫於秦漢之際，不晚於漢文帝十三年，其特點爲：

（1）《陰陽五行》，九宮圖已含後代四獸神之青龍、白虎、句陳，五行已和五色結合。

（2）《刑德》，亦爲九宮圖，周圍八宮，是四分再二分。圖配五帝、五神、干支、夏至、冬至、雨師、雷公、大音、風柏（伯）等。

6. 尹灣簡牘

「尹灣簡牘」，抄寫於漢成帝。其特點爲：

（1）有《神龜占》、《六甲占雨》、《博局占》，都屬日禁類古書。

（2）《刑德時令》，形式與《五令》相近，爲時令類古書。

（3）《行道吉凶》，簡文是按六十甲子占行道吉凶，每日皆注明「得幾陽幾陰」（「三陽」、「三陰」、「二陽一陰」、「二陰一陽」），李零說：「可能是所當卦氣」，爲日禁類古書。

可見戰國日忌書、月諱曆以十二消息形式爲主軸，當時並未將配以八卦方位，也沒有與五行說直接相配。如此一來，既可證明以「萬物出乎震」八卦方位解釋「帝出乎震」並不出現在戰國時。其「時」與「位」的概念也未和五行說相配。而從「睡虎地秦簡《日書》」得知「時」的概念已經和干支、五行相配；而從「放馬灘秦簡《日書》甲種」圖表上注明「八風方位」，則得知當時「位」的概念，已經從戰國的四方位變成八方位。漢簡未見配以八卦，至朝鮮樂浪出土東漢初式圖八宮分野，才見配以八卦。按〔日〕中村璋八、安居香山所著《緯書集成》，兩漢之際的《易緯·乾鑿度》將八卦方位配以五行，而按明代程榮《漢魏叢書》之《京氏易傳》，據研究爲宋代時期出現的著作，則其將八卦配以五行，當承魏相、《乾鑿度》之說而來。

（四）日占與卜筮的分合關係

按漢班固《漢書·藝文志》卷十記載：

> 數術者，皆明堂、羲和、史、卜之職也。

明堂講方位、羲和講天文曆法、卜講占筮，其職掌都是屬於數術。方位衍出五行觀念，天文曆法衍出陰陽觀念，占筮由龜卜演變而衍出卦象，三者取材及功能原本就有其差異。《漢書·藝文志》卷三十說到：

> 陰陽家者流，蓋出於羲和之官，歷象日月星辰，敬受民時，此其所
> 長也。及拘者爲之，則牽於禁忌，泥於小數，舍人事而任鬼神。

由此得知「陰陽」觀念由觀察天道變化而來。羲和之官掌握的對象是「歷象日月星辰」，由「數」得「時」，循「天數」以知「時節」變化，以符合民用。後代所謂「日者」也是有同樣的職務。

李零在《中國方術考》其中提到的「星氣之占」、「式法」、「擇日與曆忌」，都和天文曆法有關。書中「擇日與曆忌」一節說：「擇日與曆忌是從式法派生，都屬於古代的『日者』之說。」用日書以決未來之吉凶者稱「日者」，則「陰

陽家」與「日者」其實是二而一。

《史記》有〈日者列傳〉，其中《史記集解》引墨子曰：「墨子北之齊，過日者，日者曰：『帝以今日殺黑龍於北方，而先生之色黑，不可以北。』……然則古人占候卜筮，通謂之『日者』。」《史記索隱》案：「所以卜筮占候時日通名『日者』故也。」《莊子集解・應帝王》有「日中始何以語女？」句，俞樾曰：「日，猶云『日者』也。」則可知遠在春秋時已有「日者」的存在。雖然《史記集解》及《史記索隱》所言「卜筮占候時日通名『日者』」，但日者與卜者原是不同的，理由如下：1.《史記》分列《日者列傳》及《龜策列傳》，是將「日者」、「龜策」分為二類。2.《藝文志》卷十記載：「數術者，皆明堂、羲和、史、卜之職也。」是知「羲和」與「卜」職務功能不同。3.由《藝文志》卷三十可知羲和之官有關的「歷象日月星辰」、「禁忌」、「數」等特點與秦簡《日書》所記載的是一樣的，則其所說的「陰陽家」原來只取材於天文曆法，重在「數」與「時」的操作。占卜則除了「策數」與「時辰」的操作之外，取材於「龜卜」、「卦象」，以「象」的顯現來參考。4.放馬灘秦簡《日書》將天官書與占卦分為二類。

可見「日者」取材於天文曆法，與「卜者」取材於龜卜、卦象，兩者的功能原是有所分別的。《史記・日者列傳》第六十七云：

> 今夫卜者，必法天地，象四時，順於仁義，分策定卦，……然後言
> 天地之利害，事之成敗。昔先王之定國家，必先龜策日月，而後乃
> 敢代：正時日，乃後入家：產子必先占吉凶，後乃有之。

至漢武帝時日者也可以「龜策日月」，所以《史記集解》及《史記索隱》所言「卜筮占候時日通名『日者』」，日者兼用卜筮，二者已合而為一。

四、京氏卦占與陰陽五行

從「放馬灘秦簡《日書》甲種」的出土資料看來，其分列「天官書」、「五行書」、「律書」、「占卦」，其中占卦122條數量最多，並有和五音、十二聲相配。「律書」已有講述五行、五音、陽六律、陰六呂，及變六十律相生之法，可見五音、十二聲相配即五音配陽六律、陰六呂，變為六十律，並和占卦相配。五音屬五行，則戰國秦朝時五行與陰陽已結合，所以漢代馬王堆帛書已經有《陰陽五行》之冊。《周易傳》在先秦日者或陰陽家環境影響有了「陰陽」觀念，但並未習染五行術數，其八卦方位未能證明與五行結合。在漢簡可以見到五行與四時、明堂方位相配，雜家子書如《呂覽》、《淮南子》、《白虎通》

都用五行配五色、五味等，但未及卦。朱伯崑先生認爲京房也有「卦氣」說，乃承孟喜而稍有改變。他在《易學哲學史》中認爲孟喜（前 1 世紀）和京房（前 77～前 37 年）「卦氣」說是本於《說卦》八卦方位說。而孟喜及京房「卦氣」說雖將卦與月份、節氣相配，也在求風雨寒溫以爲徵應，而配以五音之五行。按馬端臨（1254 年宋理宗寶祐二年～1323 年元英宗至治三年）《文獻通考第一百七十五卷·經籍考》引葉夢得說：

> 今世有京房《易》，皆陰陽歷數之書；又有《京房雜算》數十篇，其言龐雜，專主占筮，兩人莫知爲誰審爲受延壽學者？今考《京房傳》本以卦氣直日爲說與其書，不類占事知來。房力犯弘恭石顯，自不能保其身，亦何貴於占乎《易》？

顯然可證明京房「卦氣」與「占筮」，兩者各行其道。據南朝宋范曄（1962）《後漢書·律曆志》引京房語：

> 受學故小黃令焦延壽六十律相生之法：……夫十二律之變至於六十，猶八卦之變至六十四卦。宓羲作《易》，紀陽氣之初，以爲律法。……禮運篇曰『五聲、六律、十二管還相爲宮』，此之謂也。

對照之下，京房從焦延壽學習六十律相生之法，其源是早在秦代時已產生之術數。而無論是十二階段形式或以律配卦，當承襲自戰國秦時期秦簡《日書》。而據屈萬里（1907 年 10 月 21 日～1979 年 2 月 16 日）先生在《先秦漢魏易例述評》謂「爻辰」法始於京房，其法除乾坤十二爻配十二月之外，以陽六律配陽爻、陰六呂配陰爻，也是以十二律與卦爻相配。按孟喜《易章句》「習坎」下云：「自冬至初，中孚用事。」京房承襲其法，習自焦延壽的分卦值日及六十律配日，若是以律與卦配，則明顯的「陽氣之初」不是指乾初九。而京房亦未言十二爻十二月或陽六律配乾陽爻、陰六呂配坤陰爻。兩漢之際的《乾鑿度》：「乾貞於十一月子，左行陽時六。坤貞於六月未，右行陰時六。」可知《乾鑿度》以乾坤配十二辰，可視爲「爻辰」法之始。劉歆（約前 50 年～後 23 年）、班固以爻配辰律的三統說，當綜合京房及《乾鑿度》之說而來。而鄭玄（127 年～200 年）注《周禮》及韋昭注《周語》皆以十二爻配十二月和十二律，當是更晚出之說。

　　朱伯崑先生在《易學哲學史》，謂京房「納支」法乃從律曆來。〔註31〕按

〔註31〕爻辰乾卦初至上配子、寅、辰、午、申、戌，坤卦初至上配未、巳、卯、丑、亥、酉。納支法則乾卦坤卦的地支同爻辰法。乾陽卦順數，其他陽卦按照《說

《乾鑿度》始有「爻辰」之法：「乾貞於十一月子，左行陽時六。坤貞於六月未，右行陰時六。」合乎《京氏易傳》乾坤納支法。由此看來，《京氏易傳》納支法變自《乾鑿度》爻辰法。《京氏易傳》裡的五行干支「生」、「剋」、「沖」、「旺」、「刑」、「月建」等術數方法，及後代「三合局」、「長生、墓、絕」、「納音」訣，在秦簡《日書》已有其型態，所以《京氏易傳》術數是前有所承的，顯然也是承襲戰國陰陽家這一系而來的。〔註32〕

然而據「戰國子彈庫楚帛書」當時並未有八位形式；「放馬灘秦簡《日書》甲種」之有八風方位的模式，也已經有五行方位，兩者並未配用，則八卦方位的產生不必按五行方位而來。《說卦傳》的八卦方位與秦簡《日書》八風方位形式，更可見其承繼的關係。秦簡五行與日辰干支音律及方位結合，卻未見用八卦方位配五行，《史記》有八風方位及五行方位而未見到八卦方位配五行。按王先謙（1842 道光二十二年～1917 民國六年）《漢書補注》之《漢書卷七十四·魏相傳》漢宣帝元康中曾屢次上書表，文載：

> 相明《易經》，有師法。

> 又數表采《易》陰陽及明堂月令奏之，曰：「臣相幸得備員，奉職不

卦》次序，内外卦各一陽領二陰，則視其内卦一陽由初爻順數之，與乾卦相同爻位的地支，按子、寅、辰之序爲震、坎、艮初爻所納的地支，該卦餘爻順序同爻辰法。坤陰卦逆數，内外卦各一陰領二陽，其他陰卦按照《說卦》次序，則視其外卦一陰由上爻逆數之，按巳、卯、丑之序爲該卦初爻所納的地支，爲該卦初爻的所納之地支，該卦餘爻順序同爻辰法。乾陽卦順數，震内卦一陽在初，故初爻納子；坎内卦一陽在二，故初爻納寅；艮内卦一陽在三，故初爻納辰；坤卦逆數，兌外卦一陰在上，故初爻納巳；離外卦一陰在五，故初爻納卯；巽外卦一陰在四，故初爻納丑。由此看來，納支法乃結合《說卦》卦序及爻辰法而來。

〔註32〕顧文炳先生說《易經》爲儒道兩家的泉源。按《周易》原本非儒家專有的經籍，只是卜筮之書。《周易》是孔子見過的典籍，而在戰國後期《周易傳》才算是經過儒家哲學思維所改造的產品。李零說陰陽思想的起源來自《周易》，而五行思想的起源來自《尚書》。顧頡剛先生認爲戰國後期受騶衍陰陽五行一派影響的儒者所表彰，《周易》纔在六藝中佔得一個地位。戰國秦朝，《張舜徽集》：「按：《史記·封禪書》云：『自齊威宣之時，騶子之徒，論著終始五德之運，及秦帝而齊人奏之，故始皇采用之。』又云：『騶衍以陰陽主運，顯於諸侯。』蓋其學主於陰陽五行，以五行生剋，爲帝王嬗代之應，故時君主多信從之。」林劍鳴先生認爲「民間早已流傳著五行思想，而且恰恰是五行相勝的思想。……直到戰國末年，鄒衍的『五德終始』之說傳入秦國，秦國傳統的五行思想便與鄒衍合流。秦王政時，呂不韋曾有意識地將兩者統一起來，以作爲統一以後秦的政治學說。」

修，不能宣廣教化。陰陽未和，災害未息，咎在臣等。臣聞《易》
曰：『天地以順動，故日月不過，四時不忒；聖王以順動，故刑罰清
而民服。』天地變化，必繇陰陽，陰陽之分，以日爲紀。日冬夏至，
八風之序立，萬物之性成，各有常職，不得相干。東方之神太昊，
乘震執規司春；南方之神炎帝，乘離執衡司夏；西方之神少昊，乘
兌執矩司秋；北方之神顓頊，乘坎執權司冬；中央之神黃帝，乘坤
艮執繩司下土。茲五帝所司，各有時也。東方之卦不可以治西方，
南方之卦不可以治北方。春興兌治則飢，秋興震治則華，冬興離治
則泄，夏興坎治則雹。明王謹於尊天，愼于養人，故立羲和之官以
乘四時，節授民事。……」

張晏注曰：「木爲仁，仁者生，生者圓，故爲規。」、「火爲禮，禮者齊，齊者
平，故爲衡。」、「金爲義，義者成，成者方，故爲矩。」、「水爲智，智者謀，
謀者重，故爲權。」、「土爲信，信者誠，誠者直，故爲繩。」可知魏相雖然
也遵董仲書的路線談災對變，卻與當時的京房分卦值日之候氣法不同，乃「采
《易》陰陽及明堂月令」，將《易》陰陽思想與明堂月令五行思想整合起來。
隋蕭吉所著《五行大義》八風與八卦的關係做了說明：「八正之氣亦起於八風。
風者，四時之主。」（見「論配五事」節）、「因八方之通八風，成八節之氣，
故卦有八。」（見「論八卦八風」節）而魏相說「日冬夏至，八風之序立」，
因「時」之變而有不同之「位」，時間與空間有其相連的關係。雖有「八風之
序立」，魏相並未配以《說卦傳》八卦方位，除了強調震離兌坎四正之卦外，
將坤艮歸屬於中央之土，顯然又把五行方位屬性納入與八卦結合。所以說「茲
五帝所司，各有時也」，而其「東方之卦不可以治西方，南方之卦不可以治北
方。春興兌治則飢，秋興震治則華，冬興離治則泄，夏興坎治則雹。」有隱
含五行相勝思想，可以說八卦陰陽至此正式與五行生剋做了結合的宣言，爲
魏代納甲術的奠基。

　　進一步確立將八卦方位配以五行之金木水火四方及中央土者，而又將八
卦做了調整，回歸於八方位而應用在式法上，乃兩漢之際的《易緯·乾鑿度》。
而東漢初《漢書》載「於《易》，震在東方，爲春爲木」，則已經將八卦方位
配以五行發展至成熟模式。朱伯崑認爲《易緯·乾鑿度》是「對京房卦氣說
的進一步闡發」，事實上卦氣法與五行占筮法是兩套系統。與魏相同時的京房
擅長是分卦值日候氣法而不是五行占筮法，其《易緯·積覽圖》說道：「甲子

卦氣起中孚，六日八十分之七……」而正式有了「卦氣」之詞，李道平《周易集解纂疏》謂「蓋孟喜、京房之學所自出」。宋代出現的《京氏易傳》，例如在「震」卦一節道：「屬於木德」並引「《易・繫》云『帝出乎震』」之語，將八卦配以五行，並且把與今本《說卦傳》所說相同的八卦方位與五行整合，顯然是源自魏相這套系統。

《易緯・乾鑿度》在《漢書》前已出現，也被《漢書》引用過。《漢書》的八卦方位與五行說已完整呈現，《京氏易傳》據研究出現於宋代，更晚於《漢書》，則《京氏易傳》八宮結合五行說是承襲《易緯・乾鑿度》而來，不是《易緯・乾鑿度》徵引自《京氏易傳》。

戴璉璋先生在其《易傳的形成及其思想》書中序文裡說：「把陰陽用為宇宙論詞語的是《繫辭傳》。而《繫辭傳》的作者，是從功能的觀點上來談陰陽，他用陰陽來說明《易》道的作用，不是說天地萬物都是由陰陽二氣所構成。個人認為這是先秦儒家與秦漢之際的陰陽家、雜家在思想上極為重要的分際。」戴先生這句話所言甚是。然則撰寫《易傳》的儒者用陰陽家的「陰陽」，所談的是與《道德經》相同的對應思想，以及陰陽在天地人三才之道的功能，並述說萬物與性情相感而知其機的道理，所以仍重視人主體性的本體論述。《說卦》只見卦象、卦德、卦位的陳述，也不能證實它和五行結合。所以《易傳》基本上它仍舊像馬王堆帛書《易傳》是屬於儒家，而不朝術數方向走。受陰陽家影響藉《周易》往術數走的宇宙論述，則是孟喜、焦延壽、京房等人。

五行思想在講協調平衡，協調平衡即和合狀態，「時中」、「陰陽往來」等和合這思想在《易傳》十翼也屢屢可見得。《易傳》發揮義理，仍根基於卦爻象數；而我們從管輅《易》說及《京氏易傳》便能瞭解，他們用五行陰陽術數附於《易》而大談象數，其實仍舊離不開「道」的和合作用。換句話說，沒有人的性情本體做為背後依據，象數只是景象描寫而已，與內部心靈無法互通，情景兩造背道而馳，侈談能夠彼此交融。然而只論義理而掃象數，亦無法得知《易傳》陰陽之總原理，乃是基於晝夜、寒暑的感知；亦無從瞭解秦漢消息、卦氣、干支、星占，與五行、方位、八宮等占學，乃是分別按照天道、地道思維模式而來。

象數與義理的整體價值，正是「道」的和合作用。義理的高明，如同天道的穹蒼星辰，還必須著於形象，才有時刻界限的存在；象數的博厚，如同地道的八荒萬物，還必須了然於心性，才有貫通理道的可能。清代李道平在

《周易集解纂疏》裡說：「古人之說《易》也，言象數而義理在其中；後人之說《易》也，言義理，而象數因之以隱。……作《易》者不能離象數以設爻象，說《易》者即不能外象數而空談乎性命矣。」其說甚是。

第貳章　《易傳》聖人意象思維之通解

　　自老子講「道可道，非常道」而置諸玄遠妙境，是王弼（226年～249年），玄學、宋明理學踵蹈之而推波助瀾，遂以爲道乃超越人之意志而獨存。今復覽《易傳》之頁，蓋《說卦傳》云聖人「順性命之理」，又言「立天之道」，吾豁然悟知仲尼不言之意。《繫辭》曰「一陰一陽之謂道，繼之者善也，成之者性也」，而「道」如何在聖人之性命中顯現，性、意、理、道、象之間的關係爲何？正爲本文寫作之動機也。

　　今《易》家區分爲義理、象數兩派，然而所謂義理者即爲概念，概念既然爲意志之產物，吾人若不透過感官收羅物象之訊息，又何以得之？故本文率先屏除義理、象數孰重孰輕之見，則聖人理物象而得其數，推蓍數而得其象，吾方得以進一步研究其本旨所在。

　　《易傳》十翼之文看似蕪雜，而細視之則有其一貫意象思維之脈理，是以將《繫》、《彖》、《象》、《說卦》、《文言》，縷析而條較之，則不假外求而自然得其深奧之蘊。

　　《易》成於設卦之聖人，然非優秀之繼承者，亦無以藉問占而發揮其崇德廣業之功。設卦，其作用由天地之理而立數畫卦，乃屬於內化階段；問占，其作用由變化之數以推象順動，乃屬於外衍階段。是以本文擘分「聖人設卦的原由及條件」、「繼承者所具備的資質」兩大節以探究之，方見其先後之原委。

　　細分之，設卦聖人的條件有三：一，是要有效法天地的本領：其首要在觀見，而觀見等是意志的先驅。形象由感知而有別，形象爲感知的對象，卦象爲意志的成果。形象有所變動則聖人觀其會通。二，擁有超凡入神的意志：陰陽二分與意志判斷功能有關。形象在認知之前無對比，認知後才有價值高

低及情感取捨。而道的變動不居，陰陽之不可測，乃溯源自太極的混沌不分。三，擁有理解此世界的性情：聖人之性足以成《易》卦之理，透過感官讓物象二分，內在的性卻同於天地之性。聖人推象之變化以成其數。在變化中建構而成之象數，實包含天下人之性理，聖人推變化而通之，以成就三才之道。

至於優秀之繼承者的資質，須具備知幾入神的能力有八，是知《易》是以簡御繁，知物象變化起於性情之動，知不同性情可得不同之理象，知《易》可依理起數以得其象，知變動不居顯示出人道之有常，知《易》使人知懼以正德利用厚生，知《易》在落實人道之和，知可藉四聖道以推廣事業。

當然，只有在「一、八」以數字呈現陰陽爻對比思維形式的條件之下，才算是具備模擬物象的卦，也唯有透過卦爻，聖人才能夠藉由象數來規範天地人之理，從而創制吾人面對此世界所能理解的「道」。

壹、聖人設卦的原由及條件

《繫辭》曰「一陰一陽之謂道，繼之者善也，成之者性也」，又曰「聖人立象以盡意，設卦以盡情偽，繫辭焉以盡其言」，是聖人設卦的原由在盡人之意及其情偽，須以自性做為基本條件。然而設卦聖人之性，如何與天地相參而範圍天下之志？進一步須具備哪些條件？正是此節所要討論的。

一、設卦聖人擁有效法天地的本領

第一，聖人效法天地首要在觀見，而觀見等是意志知覺的先驅。

《莊子》言：「今吾告子以人之情，目欲視色。」〔註1〕說卦云：

> 離為目、為日、為麗。

目、日、麗的卦象都屬於離卦，是創卦者透過意志使之產生連結。吾人可推想得知，一切形象必然是先讓光源投射至其表面，然後反射至眼睛，而由視覺感知其形象和色彩。《孟子》曾言到：「……耳目之官不思，而蔽於物，物交物，則引之而已矣。心之官則思，思則得之，不思則不得也。」〔註2〕孟子視眼睛、耳朵亦為物，其與物象、聲音之接觸，即此「物交物」之意。眼睛、耳朵等乃是無法思考的感官，必然須透過足以思考之心，而產生某些意象或概念。

〔註1〕見《新譯莊子讀本・雜篇・卷九下・第二十九・盜跖》。
〔註2〕見《新譯四書讀本・孟子・告子・上》，後注同。

是以《繫辭》云：

> 古者包犧氏之王天下也，仰則觀象於天，俯則觀法於地，觀鳥獸之
> 文與地之宜，近取諸身，遠取諸物，於是始作八卦，以通神明之德，
> 以類萬物之情。〔註3〕

故無論是意象或概念，或者是概念化之後所創作的八卦符號，皆是源自感官對外界所接受之訊息。

第二，形象由聖人感知而有別。

《孟子》又云：「……口之於味也。有同耆焉，耳之於聲也，有同聽焉；目之於色也，有同美焉；至於心，獨無所同然乎？」〔註4〕由此觀之，形象之感知並非只限於視覺而已也，其他感知條件是可由不同感官來察覺。

《繫辭》云：

> 日往則月來，月往則日來，日月相推而明生焉。寒往則暑來，暑往
> 則寒來，寒暑相推而歲成焉。〔註5〕

例如「明暗」、「晝夜」之對比概念，是源於視覺上日月形象之替換；「四季」、「年歲」之時間概念，是源於觸覺上寒暑冷熱現象之替換。《繫辭》云：

> 見乃謂之象，形乃謂之器，制而用之謂之法。〔註6〕

用視覺所感知的色彩訊息，可稱之為「象」。吾人在「象」之外，加上用觸覺所感知的狀態，可稱之為「形」。「法」就是「方法」，乃按照感官前後次序的運作方式。由此看來，一個卦的創設，必然是綜合人們各種感知訊息的結果；一個卦的推演，也可還原各種訊息而迎合人們各種感知，以為民所用。

《說卦》云：

> 昔者聖人之作《易》也，將以順性命之理。是以立天之道曰陰與陽，
> 立地之道曰柔與剛，立人之道曰仁與義。〔註7〕

此處的「道」含有形上概念的意味，所謂陰陽、剛柔，也和仁義一般，都具有總則的味道。然而從整句來看，天道、地道、人道三者，也是按照聖人性命之理來透過感知而創立的，所以陰陽、剛柔之原義，按理應當從視覺、觸

〔註3〕 見《新譯易經讀本·繫辭傳·下》第二章。後《易經》之《卦爻辭》、《文言傳》、《說卦傳》、《繫辭傳》、《象傳》皆見此書。

〔註4〕 見《告子·上》。

〔註5〕 見下第五章。

〔註6〕 見上第十一章。

〔註7〕 見第二章。

覺等最源頭的感知，來做為起始點。

第三，形象為聖人感知的對象，卦象則為聖人意志的成果。

《繫辭》云：

> 子曰：「聖人立象以盡意，設卦以盡情偽。」〔註8〕

王弼說到：「夫象者，出意者也。」〔註9〕而這裡所謂「立象」與「設卦」，同指創作卦象，是創作卦象之前必然依循著聖人之「意」。另一方面，人之內在情偽包含在「意」裡，「意」為心之官，以思考為功能；思考交織而內藏者為概念，〔註10〕其流露外在則是情偽也。

《繫辭》云：

> 夫《易》，聖人之所以極深而研幾也。唯深也，故能通天下之志；唯
> 幾也，故能成天下之務。〔註11〕

卦象之設置是聖人之「意志」呈現的結果，聖人又可貫通天下之意志，既然如此，其設置之卦象之變化，也能曲盡天下人各種情偽變化，而完成各種事務。

第四，形象有所變動則聖人觀其會通。

此世界之分，或者是合，似乎端賴吾人之意志是否介入。《繫辭》云：

> 爻也者，效此者也。象也者，像此者也。
> 《易》，無思也，無為也，寂然不動，感而遂通天下之故。〔註12〕

《易》象作用在模仿物象，又是在模擬聖人的意志，則聖人尚未和《易》感通之時，《易》仍然是無思無為的，代表聖人的意志未介入此世界之前，此世界也是混沌不分之狀態的。《繫辭》云：

> 一陰一陽之謂道。
> 《易》有太極，是生兩儀。〔註13〕

由此看來，「太極」與「道」似可相提並論的。陰陽若為太極之別相，則太極為陰陽對立變動之共相。陰陽相互更動可見者為變，無有常形者為化。〔註14〕然而，事物是否呈現對立狀態，現象是否產生變動的，全憑聖人之意志是否

〔註8〕 見上第十二章。
〔註9〕 見《王弼集校釋·周易略例》，頁609。
〔註10〕 俗稱觀念或意念，意念中存有之象，稱意象。
〔註11〕 見上第十章。
〔註12〕 見下第一章、上第十章。
〔註13〕 分見上第五章、第十一章。
〔註14〕 見《魏書·方技·管輅》，頁814：「輅別傳曰：夫萬物之化，無有常形。」

介入。意思是，聖人之意志尚未介入此世界，是爲太極不分之狀態。聖人之意志介入此世界，才有陰陽對立狀態之現象產生。陰陽更動之變化，可稱爲「道」。所以，「太極」應當是聖人意志尚未介入此世界的不分狀態；「道」則是意志介入此世界，有陰陽二分現象後的變動軌跡。

　　由此觀之，設卦立象既然足以代表聖人意志，是聖人與《易》感通之前，《易》仍然是無思無爲的，代表聖人的意志未介入此世界之前，也是不分狀態之太極。聖人與《易》感通之後，才有陰陽之變動，代表聖人的意志介入此世界之後，才有道的產生。

　　《繫辭》云：

　　　　聖人有以見天下之動，而觀其會通，以行其典禮，繫辭焉以斷其吉
　　　　凶，是故謂之爻。〔註15〕

形象爲靜態者，如天地、男女、萬物之屬也，都是意志作用之下陰陽對立狀態的呈現。然而形象不止全然爲靜態也，亦有動態者焉，故睽《象》曰：

　　　　天地睽而其事同也。男女睽而其志通也。萬物睽而其事類也，睽之
　　　　時用大矣哉！

睽者即分別之意，此句的意思是，天地、男女、萬物，於會通之處顯現出「分別」意義之共同形象。象亦可稱相也。《荀子》說：「故萬物雖眾，有時而欲無舉之，故謂之物；物也，大共名也。推而共之，共則有共，至於無共然後止。有時而欲偏舉之，故謂之鳥獸。鳥獸也者，大別名也。推而別之，別則有別，至於無別然後至。」〔註16〕參照荀子之論，可知此處之「睽」有兩種意涵，天地、男女、萬物爲分別之名相，「睽」爲區分之義，是人們面對此世界諸形象必然會給予區分，是以「睽」第一項意涵是顯現出「意」的分別作用所在。荀子又言：「天地生君子，君子理天地。」認爲君子足以理天地，〔註17〕然而天地、男女、萬物變動之時，聖人觀其會通而給予的共同名相，故「天地、男女、萬物」爲靜態之別相，而有「睽」變動之共同名相，是以「睽」第二項意涵，是形象分別後其變動軌跡的共相是聖人之所見。是以吾人可得知，聖人見天下之

〔註15〕見上第十二章。
〔註16〕見〈正名〉篇第二十二。
〔註17〕《荀子·王制》：「天地生君子，君子理天地：君子者，天地之參也，萬物之
　　　　摠也，民之父母也。無君子，則天地不理，禮義無統，上無君師，下無父子，
　　　　夫是之謂至亂。君臣、父子、兄弟、夫婦，始則終，終則始，與天地同理，
　　　　與萬世同久，夫是之謂大本。」

變動而觀其會通，所謂「會通」，即共同之相而言，它其實是在人們意志介入之前就已存在了。

按照此相同之理，大、元、始、統、施、時、御、首出、健、強爲乾卦之象，是動態之別相而有「乾」之共同名相也；廣、至、生、合、順承、厚載、類行、安爲坤卦之象，是動態之別相而有「坤」之共同會通之名相也。草木交纏之轉、盤桓之轉、屯邅之轉、乘馬班如之轉、女猶豫不嫁心理之轉、幾鹿無虞迷於林中之轉、囤積油膏之轉皆爲動態別相，而有「屯」之共同會通之名相也。童蒙乃蒙昧無知、包蒙乃成家孕育子女、女子迷惑於金錢物質、困蒙蒙蔽於偏執、擊蒙體罰以破除偏執，皆爲動態別相，而有「蒙」之共同會通之名相也。〔註18〕

由此看來，常人受意志二分作用所限，只能見其分別之象。聖人不拘泥於意志，則可觀其事物變動軌跡會通之處。

二、設卦聖人擁有超凡入神的意志

第一，陰陽二分與意志判斷功能的關係。

《繫辭》云：

> 言行，君子之樞機。樞機之發，榮辱之主也。言行，君子之所以動天地也，可不慎乎！。

> 君子之道，或出或處，或默或語。

> 子曰：「書不盡言，言不盡意。」然則聖人之意，其不可見乎？〔註19〕

吾人或出或處、或默或語，無論其言行是顯是隱，其結果遭遇是榮是辱，均呈現出二分化的型態，其原因乃出自吾人意志的情僞表現。

《易傳》還有代表意志的其他詞彙。

> 天尊地卑，乾坤定矣。卑高以陳，貴賤位矣。動靜有常，剛柔斷矣。

> 方以類聚，物以群分，吉凶生矣。

> 繫辭焉以斷其吉凶，是故謂之爻。

> 極其數，遂定天下之象。

> 八卦定吉凶，吉凶生大業。

> 聖人以通天下之志，以定天下之業，以斷天下之疑。

〔註18〕分見乾《象》、坤《象》、屯《象》和《爻辭》、蒙《卦爻辭》。
〔註19〕分見上第八章、第八章、第十二章。

定之以吉凶，所以斷也。

子曰：君子安其身而後動，易其心而後語，定其交而後求。

子曰：天下何思何慮？天下同歸而殊途，一致而百慮。

夫《易》，彰往而察來，而微顯闡幽，開而當名，辨物正言斷辭，則
備矣。

《困》，德之辨也。

《井》以辨義。

出入以度。

能說諸心，能研諸侯之慮，定天下之吉凶，成天下之亹亹者。

天地定位。〔註20〕

由此觀之，《易傳》裡的「定」、「斷」、「分」、「辨」、「度」、「思」、「慮」等，
皆等同於「意」的動作，均含有先以二分之判斷而後加以選擇的意思。「意」
亦可稱為「志」，蓋志也者，若樞機之發，乃心之所之也。此猶如孟子的「義
利」之辨，乃先做個義、利之判斷，再勸勉君子做個捨利、取義的選擇。由
此觀之，這《繫辭・上》所言「樞機之發，榮辱之主也」的「樞機」，即是所
謂「意志」也。

第二，形象在意識認知前無對比之狀態，經認知後有價值之高低及情
感取捨。

《繫辭》云：

聖人立象以盡意，設卦以盡情偽。〔註21〕

既然聖人設卦立象目的在盡意與盡情偽，而爻象有陰有陽，則「意」之功能
重在陰陽之區分，「情偽」顯見出陰陽變化之互動上。

是故愛惡相攻而吉凶生，遠近相取而悔吝生，情偽相感而利害生。

《易》有太極，是生兩儀。兩儀生四象。四象生八卦。八卦定吉凶，
吉凶生大業。〔註22〕

聖人在意志面對此世界之前是無為不分的狀態，意志介入知後才是陰陽二分
的狀態。然則所謂「愛惡相攻而吉凶生，遠近相取而悔吝生，情偽相感而利

〔註20〕分見《繫辭・上》第一章、第八章、第十章、第十一章、第十一章、第十一
　　　　章；《繫辭・下》第五章、第五章、第六章、第七章、第七章、第八章、第十
　　　　二章；《說卦》第三章。

〔註21〕見第十二章。

〔註22〕分見下第十二章、上第十一章。

害生」，正是陰陽二分後的互動狀態，亦即人道的顯現。〔註23〕

　　例如「尊卑」原先是形象高低概念之對比，加上「貴賤」演變成價值概念高低之對比。「陰陽」、「動靜」原先乃描述視覺之對比，「剛柔」則原先為描述觸覺之對比，這些形象對比，因與己身有利害之關係，於是在情感加進去之後，有利害吉凶的感受，以及攻退取捨之動作。

　　第三，道的變動不居，陰陽之不可測，乃溯源自太極的混沌不分。

　　老子說：「不貴難得之貨，使民不盜。」〔註24〕基本上，人們對於稀有的、難得之貨會做個高價值的、利己的判斷，在選擇方面其情感投入是正向的，其心態是接受的，而動作是接近的。然而環境條件不同促使形象產生變化，身懷難得之貨卻遇到盜匪，則此難得之貨遂由利己變成害己喪命之物。又如黃金百兩在蠻荒沙漠地帶，不若在手中的一杯水，不是嗎？

　　《繫辭》云：

> 通變之謂事，陰陽不測之謂神。
>
> 變動以利言，吉凶以情遷。〔註25〕

因為形象之對比肇始於感官，例如一日之明暗、顏色之黑白，是大多數人透過感官所認同的。但是環境條件會隨時變動，人與對象之利害關係和情感之正負傾向，也是影響吉凶取捨之結果。《繫辭》云：

> 《易》之為書也不可遠，為道也屢遷，變動不居，周流六虛，上下
>
> 無常，剛柔相易，不可為典要，唯變所適。〔註26〕

這意味著，個人認知後所獲得價值之高低以及動作之取捨，是隨著對象條件以及自我情感之變動，乃非固定的狀態，而呈現千變萬化的局面。常人意志介入此世界，卻局限於陰陽個別之象，無法超越個別形象而回溯至無思無為的狀態，故只覺得道是變動不居而陰陽是不可測的。

　　《繫辭》云：

〔註23〕此世界被聖人意志介入後，就《易傳》提及所屬範疇的形象對比，可羅列如下：以視覺範疇區分：陰陽（原始義）、天地、日月、動靜、幽明、大小、廣大、進退、晝夜、尊卑（位置高低）、遠邇、翕（闔）闢。以觸覺範疇區分：寒暑、剛柔（原始義）。以價值範疇區分：貴賤、尊（崇）卑（人事高低）、得失、險易。以情感範疇區分：利害、吉凶、悔吝。以概念範疇區分：始終、時位、死生、陰陽、剛柔、成效、變通（恆卦上震變下巽通）、有常無常。

〔註24〕見《新譯老子讀本》第三章。

〔註25〕分見上第五章、下第十二章。

〔註26〕下第八章。

　　　　聖人以通天下之志，以定天下之業，以斷天下之疑。〔註27〕

《易》象爲聖人所設立，其功能在足以完全模擬聖人之意志，而《易》象在感通之前既然是無思無爲的，是以聖人之意志，絕非類似常人所局限之小意小志，是可超凡入神而進入無思無爲的狀態。

三、設卦聖人擁有理解此世界的性情

第一，聖人之性足以成《易》卦之理。

　　何謂「性」？何謂「性」？「理」《中庸》說「天命之謂性」，〔註28〕可見「性」是有與生俱來的成份。《管輅傳》言：「變化相推，會於辰巳，分別龍蛇，各使有理。」〔註29〕是「理」爲形象前後安排之次序。

　　而《易傳》云：

　　　　順性命之理。

　　　　一陰一陽之謂道，繼之者善也，成之者性也。仁者見之謂之仁，知

　　　　者見之謂之知，百姓日用而不知，故君子之道鮮矣。顯諸仁，藏諸

　　　　用，鼓萬物而不與聖人同憂，盛德大業至矣哉！〔註30〕

天生所具有者謂之性，心者爲思之官，理者則爲次序之安排。「仁者見之謂之仁，知者見之謂之知」，指仁者與知者所顯現之言行舉止有相異之處，此天生之性使然也。心思之判斷、選擇受天生之性所影響，而心思之判斷、選擇即爲理之安排。〔註31〕故心即理亦即性即理也。〔註32〕

〔註27〕見上第十一章。

〔註28〕見第一章。

〔註29〕見《魏書·二十九方技·管輅》，頁828。

〔註30〕見《說卦》第二章、《繫·上》第五章。

〔註31〕其關係如表：性（影響知覺成份）──意（價值判斷）──志（選擇方向）。

〔註32〕明代學者亦有此見解。如王陽明先生云：「心即性，性即理。」又云：「心即理也。天下又有心外之事，心外之理乎？……此心無私慾之蔽，即是天理。不須外面添一分。以此純乎天理之心，發之事父便是孝。發之事君便是忠。發之交友治民便是信與仁。」（見《傳習錄》http://zh.wikisource.org/w/index.php?title=%E5%82%B3%E7%BF%92%E9%8C%84&variant=zh-tw。）河東學案云：「盡心工夫，全在知性知天上。蓋性即理，而天即理之所從出。人能知性知天，則天下之理無不明，而此心之理無不貫；苟不知性知天，則一理不通，而心即有礙，又何以極其廣大無窮之量乎？是以知盡心工夫，全在知性知天上。」（見《明儒學案·河東學案上》http://zh.wikisource.org/w/index.php?title=%E6%98%8E%E5%84%92%E5%AD%B8%E6%A1%88/%E6%B2%B3%E6%9D%B1%E5%AD%B8%E6%A1%88%E4%B8%8A&variant=zh-tw。）

《易傳》云：

夫「大人」者，與天地合其德，與日月合其明，與四時合其序，與鬼神合其吉凶。

子曰：「《易》，其至矣乎！夫《易》，聖人所以崇德而廣業也。知崇禮卑，崇效天，卑法地。天地設位，而《易》行乎其中矣。成性存存，道義之門。」

昔者聖人之作《易》也，幽贊於神明而生蓍，參天兩地而倚數，觀變於陰陽而立卦，發揮於剛柔而生爻，和順于道德而理於義，窮理盡性以至於命。〔註33〕

此謂成道設教之聖人，能通達天下人之意志，因為聖人具有無方無體、寬廣無礙之性，故能契合不測之神而成就無體之《易》。聖人設卦為了崇德而廣業，其一切知崇禮卑舉措的道理，也是效法天地而來。

《易傳》云：

昔者聖人之作《易》也，將以順性命之理。是以立天之道曰陰與陽，立地之道曰柔與剛，立人之道曰仁與義。兼三才而兩之，故《易》六畫而成卦。分陰分陽，疊用柔剛，故《易》六位而成章。

聖人有以見天下之賾，而擬諸其形容，象其物宜，是故謂之象。聖人有以見天下之動，而觀其會通，以行其典禮，繫辭焉以斷其吉凶，是故謂之爻，言天下之至賾而不可惡也。言天下之至動而不可亂也。擬之而後言，議之而後動，擬議以成其變化。

易簡而天下之理得矣，天下之理得，而成位乎其中矣。〔註34〕

然而非聖人之性，是無以窮盡其理以知天命所在。是天崇地卑之理及陰陽不測之變化，是「擬之而後言，議之而後動，擬議以成其變化」，乃透過聖人之性而成。因其聖人之性能包含天下之賾，與天下之動，故其所創設之《易》，亦能得天下之易簡之理而通天下之道。

故繼承之人為仁德之性，《易》亦能顯示仁德之道理以供參酌；繼承之人有知識之性，《易》亦能顯示知識之道理以供參酌。常人雖每天用於節氣陰陽，卻無聖人之性可以參透其道理。

〔註33〕分見乾《文言》、《繫·上》第七章、《說卦》第一章。
〔註34〕分見《說卦》第二章、《繫·上》第十二章、《繫·上》第一章。

第二，聖人意志透過感官讓物象二分，內在的性卻是與天地之性同類。

其分別之象若依照視覺感官，大小有所不同；若深入聖人之性而極深研幾，它們都在「道」之層面有個共通之相。例如《說卦》：離，「目、日、火、麗」；艮，「手、山、止」，太陽之火光照在物象上，反射在眼睛而呈現形色；山為用路人之阻擋物，手也用可來阻擋。於是聖人以「離」、「艮」兩卦來表示。

《易傳》云：

> 天地睽而其事同也。男女睽而其志通也。萬物睽而其事類也，睽之時用大矣哉！
>
> 《易》無思也，無為也，寂然不動，感而遂通天下之故。……夫《易》，聖人之所以極深而研幾也。唯深也，故能通天下之志；唯幾也，故能成天下之務；唯神也，故不疾而速，不行而至。〔註35〕

所謂天地睽、男女睽、萬物睽，都是意志二分使然，所謂其事同、其志通、其事類，即表示意志未介入之前其實是混沌不分的。這意味著越接近感官，現象愈被以分別心態來看；越深入性，則越能貫通天地、人我、萬物。〔註36〕是內在的性與天地之性相同者，非聖人莫屬也。

第三，聖人推演形象之變化以成其數。

《管輅傳》云：「苟曰：目見陰陽之理，不過於君。」，又：「今逃日月者必陰陽之數，陰陽之數通於萬類，鳥獸猶化，況於人乎！」又：「子春語眾人曰：此年少……必能明天文地理變化之數。」〔註37〕是以吾人可知，陰陽之數肇始於陰陽之理，然後此數可範圍天文地理變化而不過。

《繫辭》云：

> 天一、地二……天九、地十。〔註38〕

天地為此世界形象之大者也，陰陽為此世界形象二分原理之總則也。天、地……天、地是陰陽反復之現象，推演陰陽相變之理而貫通之，是由一至十，乃形象之次序化也；以一為始，一加一為二，二加一為三，乃形象之累計化也，此即數之構成也。

〔註35〕分見睽《象》、《繫·上》第十章。

〔註36〕《莊子》謂閉耳目之欲可以見真宰，與此有異曲同工之妙。

〔註37〕《魏書·二十九方技·管輅》，頁822、812、822。

〔註38〕見上第十一章。

《易傳》云：

> 日月得天而能久照，四時變化而能久成。聖人久于其道而天下化成。
>
> 觀其所恒，而天地萬物之情可見矣。
>
> 日往則月來，月往則日來，日月相推而明生焉。寒往則暑來，暑往
>
> 則寒來，寒暑相推而歲成焉。〔註39〕

日月爲視覺形象陰陽之二分，四時爲觸覺形象寒暑之四分。恒者，持久之義，《說卦》恒卦上震爲動、下巽爲長，合義即推演變化而貫通之以至持續不斷，是以象數之串連，亦即天地之道的展現。

《繫辭》云：

> 易簡而天下之理得矣。天下之理得，而成位乎其中矣。
>
> 成象之謂乾，效法之爲坤，極數知來之謂占。〔註40〕

日之往來成一晝夜之日的概念，月之往來成三十日之月的概念，基本上此爲基於視覺形象連結所衍生的時間之數。若再搭配觸覺上暑寒的往來，則構成春溫、夏熱、秋涼、冬冷之四季，或者形成十二月之年的概念。以十二生肖爲例，也是依照物象而使之次序化、累計化，形成由十二種串聯之動物，而與十二月之年相搭配之數。八節氣、二十四節氣，則是四季再次分割的延伸，皆是基於視覺觸覺上的再次細分。〔註41〕

　　由此看來，數的構成是起於形象連結之次序化、累計化。此說亦甚符合《象傳》「時位」之概念，亦即每個「位」必包含某個「象」，每個「時」必包含某個「數」，卦中的陰陽爻互換則代表其內含象數之變化。

　　聖人因見到天下物象的紛雜，於是簡易之爲八卦。聖人見到天下人行動的關鍵在於吉凶利害，於是繫辭於卦爻讓人眼見之，推演形象之變化以成其數，做爲卦爻的參考數值。〔註42〕

〔註39〕分見恒《象》、《繫上》第五章。

〔註40〕分見上第一章、第五章。

〔註41〕《秦簡日書集釋·睡虎地秦簡日書甲種》，頁21～29有記載：「正月，建寅、除卯、盈辰、平巳、定午、摯午、破申、危酉、成戌、收亥、開子、閉丑。二月建卯……」以「建除十二神」凡十二日週而復始，其法從月建上起，建與斗杓所指相應，觀所值以定吉凶。《秦簡日書集釋·睡虎地秦簡日書乙種》，頁185記載：「正月，建寅……吉亥、實子、閉丑。」亦類之。此爲天道形象數值化之例證。

〔註42〕《周易集解纂疏》，頁13所刊載四正卦、十二消息卦、四十八雜卦配十二支之「卦氣」圖、頁16十二律配乾坤兩卦之「爻辰」圖。《惠氏易學·下》，頁

第四，在天地變化中，由聖人所建構而成之象數，實包含天下人之性
理。

《易傳》云：

> 子曰：「天下何思何慮？天下同歸而殊途，一致而百慮。天下何思何
> 慮？日往則月來，月往則日來，日月相推而明生焉。寒往則暑來，
> 暑往則寒來，寒暑相推而歲成焉。」

> 夫《易》，聖人之所以極深而研幾也。唯深也，故能通天下之志；唯
> 幾也，故能成天下之務。

> 易簡而天下之理得矣，天下之理得，而成位乎其中矣。

> 昔者聖人之作《易》也，將以順性命之理。〔註43〕

《易》由聖人之性所建構而成，而其性足以網羅天下之志，亦即意味著《易》
之象數，是由天下人共同的感受與選擇而成，是足以會通天下人之性。例如，
天下人對於視覺上日往月來的形象變化，對於觸覺上寒往暑來的形象變化，
均有其共同的經驗。於是由日月、寒暑相互推演所建構的時序概念，聖人運
用之以做為卦象的參考數值，於是這些象數也就迎合天下人之天性，括囊了
天下人之理序，暢通天下人之意志，聖人也就依循這些條件建構卦爻以成
《易》。

第五，聖人知推而通之以成就三才之道。

《繫辭》云：

> 在天成象，在地成形，變化見矣。

> 化而裁之謂之變，推而行之謂之通。

> 剛柔相推而生變化。是故吉凶者，失得之象也；悔吝者，憂虞之象
> 也；變化者，進退之象也；剛柔者，晝夜之象也。六爻之動，三極
> 之道也。

> 《易》之為書也，廣大悉備。有天道焉，有人道焉，有地道焉。兼
> 三才而兩之，故六。六者非它也，三材之道也。〔註44〕

1051～1052 所刊載「六日七分」圖，頁 1057～1058 之「卦氣七十二候」圖。
以上均為卦占參考數值之形式。

〔註43〕分見下第五章、上第十章、第一章、《說卦》第二章。

〔註44〕分見上第一章、第十二章、第二章、下第十章。

化者無跡可尋，變者有象可徵。所謂「裁」即分割之義，也就是說，當此世界在意志介入之前現象之轉化無跡可尋，因爲不被意志察覺到。意志介入之後，形象被察覺到了才有界限之區分，比如「剛、柔」是分別由兩個視覺或觸覺上形成的界限概念，由「剛」至「柔」或由「柔」至「剛」，而演出變化感。「進退」、「晝夜」、「吉凶」、「悔吝」、「失得」之間的轉變，亦復如此。

《繫辭》云：

> 一陰一陽之謂道。〔註45〕

陰陽是化而裁之的總則，亦即代表相變異之兩個對立面總原理的符號概念。「變」是「化」的過程中形象對立面的更動，而聖人知曉一陰一陽貫通的道理，便回歸至太極而符合「化」的無形途徑。《繫辭》云：

> 通變之謂事。

聖人貫通一陰一陽的變化途徑，才能瞭解事情來龍去脈的完整性。

> 廣大配天地，變通配四時，陰陽之義配日月，易簡之善配至德。
> 〔註46〕

聖人之性，透過感官，見天則陰陽二分而已，見地則剛柔二分而已，見人則仁義二分而已。然而聖人又有推演二分變化而貫通三才之道之能力。所謂剛柔相推而生變化，即一陰一陽之謂道也，代表此世界萬般的律動模式是聖人所建構，收則約萬物於易簡，縱則放諸四海而皆準。〔註47〕是以見天地、四時、日月，得以推演廣大、變通、陰陽之義，起因於聖人之性寬大，其德虛己自謙，故能會通萬物於陰陽易簡之工夫。

《管輅傳》言：「苟非性與天道，何由皆爻象而任胸心者乎？」〔註48〕是以聖人之「性、心（意）、理、道」，無不貫串，此即孟子盡心知性以知天之涵意。聖人既然能通天下之志，得天下之理，而與無思無爲、超越人爲思維之《易》相接，是以能通達天下之原故、成就天下之事務，而範圍天下之道也。〔註49〕

〔註45〕見上第五章。

〔註46〕見上第六章

〔註47〕其關係如表：天──圓──時間──德圓而神──天、時無界限──不可測／地──方──空間──德方以知──地、位有界限──可測知／性情──卦──至神、無思無爲（超越人爲思維）──通天下之故──冒天下之道。

〔註48〕《魏書·方技·管輅》，頁814。

〔註49〕可見《易傳》之道，實爲心性面對此世界所呈現之理的貫串，而顯現的變化途徑，若心性不面對此世界則道不呈現。因此，《易傳》之道絕非超越知

貳、繼承者所具備的資質

　　《易》成於設卦之聖人純純之性，然《繫辭》云「繼之者善也」，是用以制器、尙象，藉言、動以崇德廣業，戮力於民生者，則非善良之繼承者莫屬也，是以有此節之論。

一、善繼者具備知幾入神的能力

　　設卦聖人之性純然無礙，透過其意志知悉天地之理和變化之道。然常人據於一隅只見其粗略之象，而不見有形原是來自無形，其間並無任何分別可言。以太極而言，意志尙未介入，此世界乃無任何變化。聖人意志介入之後，其理才昭然若揭。

　　《繫辭》云：

　　　幾者動之微，吉之先見者也。

　　　陰陽不測之謂神。

　　　範圍天地之化而不過，曲成萬物而不遺，通乎晝夜之道而知，故神

　　　無方而《易》無體。〔註50〕

　　《易》可涵蓋天地萬物之象，通曉晝夜時空之道。要擔任一位善良《易》之後繼者，就必須在性理方面加以擴充，增進知幾入神的資質條件。《繫辭》云：

　　　天地變化，聖人效之；天垂象，見吉凶，聖人象之。〔註51〕

　　但由於形象變化之間極其細微，《易》由象形變化之理以成數值化之參數，其數也是常人所不能見，是故能夠掌握形象和數值之細微變化者，才得以預知吉凶之徵兆。

　　《繫辭》云：

　　　是故蓍之德圓而神，卦之德方以知，六爻之義易以貢。聖人以此洗

　　　心，退藏於密，吉凶與民同患。神以知來，知以藏往，其孰能與於

　　　此哉！古之聰明睿知，神武而不殺者夫。〔註52〕

　　　覺而獨存的狀態。以道家來講，莊子謂「道在屎溺」與之較爲貼近，老子
　　　則謂「道可道，非常道」，又謂「道生一」，將之視爲超越知覺而獨存的狀
　　　態，與《易傳》之道有所不同。宋代理學家，將「道」視爲超越知覺而獨
　　　存的狀態，或捨離知覺部份而視「道」爲陰陽之氣的作用，此又不同於《易
　　　傳》。

〔註50〕分見下第五章、上第五章、上第四章。
〔註51〕見上第十一章。
〔註52〕見上第十一章。

設卦聖人之性純然無礙，《易》之後繼者有善良之資，能夠藉由「洗心退藏於密」的工夫，超越常人分別意志而至無思無爲之境，是以其性深宏廣闊能，在睿智上，能夠通達天地之理與天下人之意志，在聰明方面，能夠貼近形象和數值之細微變化，是以能夠藉由《易》卦象時位以藏往知來。

《繫辭》云：

> 《易》無思也，無爲也，寂然不動，感而遂通天下之故。非天下之至神，其孰能與於此。夫《易》，聖人之所以極深而研幾也。唯深也，故能通天下之志；唯幾也，故能成天下之務；唯神也，故不疾而速，不行而至。

> 子曰：「知變化之道者，其知神之所爲乎。」〔註53〕

意志內藏於心，而物象被感知於外。然區分物之與物，乃基於意識啓動之後，可分辨的個別粗略之象。唯有聖人洗心而退藏於密，深刻至意志所不能分之關鍵處，所以能通天下人之意志，達到與《易》無思無爲的契合境界，如此一來，聖人藉由《易》通曉陰陽不測之神機，破除時間、空間的限制，故不疾而速，不行而至，所以能完成天下之人事務。

二、知《易》是以簡御繁

由於卦象效法坤德，以「位」將萬物對應之理，賦予陰陽爻之間；著數效法天德，以「時」將形象變化之道，賦予陰陽爻之變。是以《繫辭》云：

> 是故著之德圓而神，卦之德方以知，六爻之義易以貢。……神以知來，知以藏往。〔註54〕

卦象有承載的功能，是以放之足以範圍萬物以往的訊息，簡約之則僅陰陽兩儀而已；著數有推算的功能，是以能夠藉此掌握未來的訊息。

> 天尊地卑，乾坤定矣。卑高以陳，貴賤位矣。動靜有常，剛柔斷矣。方以類聚，物以群分，吉凶生矣。在天成象，在地成形，變化見矣。是故剛柔相摩，八卦相盪，鼓之以雷霆，潤之以風雨；日月運行，一寒一暑。乾道成男，坤道成女。乾知大始，坤作成物。乾以易知，坤以簡能；易則易知，簡則易從；易知則有親，易從則有功；有親則可久，有功則可大；可久則賢人之德，可大則賢人之業。易簡而

〔註53〕見上第十章。
〔註54〕見上第十一章。

天下之理得矣。天下之理得，而成位乎其中矣。〔註55〕

是以心思愈接近性則將意志之紛亂，不論是視覺之「天地」也好，觸覺之「剛柔」、「動靜」、「寒暑」也好，位置概念之「尊卑」也好，價值概念之「貴賤」也好，均化爲純淨的陰陽二分之總則。

達到意志之前無思無爲狀態便是「太極」，意志與物相接則爲陰陽二分之兩儀；四分之則爲四象，可以配四時；八分之則爲八卦，可以爲形象之八綱領，這即是乾坤陰陽易簡之義。〔註56〕

《易傳》特重「時」、「位」概念。乾具開創之知識，就「時」之時間意涵來說，可以讓事務持久；坤具順從之體能，就「位」之空間意涵來說，可以讓事務擴大。是以天地萬物之理，可透過聖人而簡化到與男女之性相契，如此一來，「易簡而天下之理得矣」，是占問之際，善繼者之「識」與《易》卦之「神」彼此相接，藉由卦爻便可以感通天地萬物之理，而得其數以知曉某形象之產生矣。是以人類能夠突出於其他萬物上，而在天地之間另闢一席之位。

《繫辭》云：

> 是以明於天之道，而察於民之故，是興神物以前民用。聖人以此齋戒，以神明其德夫。是故闔戶謂之坤，辟戶謂之乾，一闔一辟謂之變，往來不窮謂之通，見乃謂之象，形乃謂之器，制而用之謂之法，利用出入，民咸用之謂之神。

> 觀天之神道，而四時不忒，聖人以神道設教，而天下服矣。〔註57〕

設卦聖人將天地之理加以數值化，善《易》之繼承者須要齋戒洗心而退於陰陽密合之處，才能於天之道方面知悉透徹，故足以掌握天時地理細微變化而毫無誤差。因爲繼承之聖人將此心洗滌，至與無思無爲之《易》相契合，知其萬物陰暗微動之幾而入於神境，萬象御於陰陽、簡意以御繁象。是以繼承之聖人藉由手中蓍草所推算之數，用之《易》卦爻之變，便足以在某時位將

〔註55〕見上第一章。

〔註56〕八卦「別相」關係略表如下：離——目（光之感知者）、日（光源）、麗（光所顯現）／艮——手（以手阻止）、山（山之阻擋）、止（齊小大者存乎卦）／坎——水（河溝之流體）、陷（陷入凹溝）、隱伏（藏匿於凹溝）、耳（深凹）／巽——股（臀部開口）、雞（尾部開口）、繩直（末端開口）、風（臀部放氣、吹動羽翼）／兌——口（上部開口）、說（開口）、羊（頭頂開口）／震——動、雷（視聽之動）、足（四肢之動）、善鳴、龍（善動）。

〔註57〕分見上第十一章、觀《象》。

其人性情之理，與其意志透過感官所見形象之變化，使兩者相互感應。是以《易》卦所顯現之法象或以之制器，皆能符合民意而為其所用。

三、知物象變化起於性情之動

變化除了感官判斷（剛柔、尊卑）之外，意識所察覺到的價值判斷（利害、貴賤），心理情感上的好惡選擇，和行動上的進退選擇（取捨），都與情感變化相關，而情感變化是被與生俱來之性質所左右。而性所呈現之情理及其習慣行為，是否與環境條件相符合，是導致最後遇不遇、失或得之結果。

《繫辭》云：

> 聖人立象以盡意，設卦以盡情偽。
>
> 聖人設卦觀象，繫辭焉而明吉凶，剛柔相推而生變化。是故吉凶者，失得之象也；悔吝者，憂虞之象也；變化者，進退之象也；剛柔者，晝夜之象也。六爻之動，三極之道也。〔註58〕

由於常人無法瞭解自性，又惑於形象事物之區別，周旋於實情虛偽之際，人我利害之間而惶惶不可終日。故聖人立象設卦的目的，在於有個行事之準則。

《繫辭》云：

> 方以類聚，物以群分，吉凶生矣。
>
> 八卦以象告，爻象以情言，剛柔雜居，而吉凶可見矣。變動以利言，吉凶以情遷。是故愛惡相攻而吉凶生，遠近相取而悔吝生，情偽相感而利害生。凡《易》之情，近而不相得則凶，或害之，悔且吝。
>
> 〔註59〕

人類對萬物不僅只於形象區分，一旦涉及與己身之利害關係，其對此形象好惡之情感，更是人類取捨進退的關鍵之處。〔註60〕

《繫辭》云：

> 《易》曰：「困于石，據於蒺藜，入于其宮，不見其妻，凶。」子曰：「非所困而困焉，名必辱。非所據而據焉，身必危。既辱且危，死期將至，妻其可得見耶！」〔註61〕

〔註58〕分見上第十二章、上第二章。

〔註59〕分見上第一章、下第十二章。

〔註60〕吉凶與物我利害、生死關係圖示如下：物──履虎尾，咥人凶→虎害我→死→凶→退、捨／物──士刲羊→羊利我→生→吉→進、取。

〔註61〕見下第五章。

此段所言之「非所困而困焉，名必辱。非所據而據焉，身必危」，即是性情與環境條件無法相符合，而有相敵之感應。若無法看到這關鍵處，按照自己想法一意孤行，勢必招致名辱身危的結果　。

　　人們常誤會此世界會自行運轉變化，而且有個形上常道是超越人類感知之上而存在著。然而吾人從《易傳》得知，事實上當人們意志尚未介入時，是無思無為之狀態，此世界因為沒有被感知，對人們來說是混沌的，也毫無變化的。而所謂「變化」條件，一是被人類感官所察覺到，二是意識裡現象形成二分對立的更動感覺。而事物變化，一但牽涉到與自我利害相關的價值判斷，便會導致情感上的好惡選擇，和行動上取捨選擇，最後事物是否如願以償，便有所謂失或得、吉或凶。

　　既然聖人設卦是在通天下之志、斷天下之疑，而「聖人立象以盡意，設卦以盡情偽，繫辭焉以盡其言」，可見聖人足以貫通天下人共通的意志，其聖人之意志，是產生象數概念、創制陰陽卦畫之前提。由於繼承者求占時，其所面對的物象變化是起於性情之動，而性情左右意志所產生之變動感，而他當達到無思無為而入神的狀態，是足以全然反應在陰陽卦畫之變化上，而給予失得吉凶之預告以供參酌。

四、知不同性情可得不同之理象

兩人占到同卦，答案是否相同？

《繫辭》云：

> 一陰一陽之謂道，繼之者善也，成之者性也。仁者見之謂之仁，知
> 者見之謂之知，百姓日用而不知，故君子之道鮮矣。〔註62〕

「成之者性也」是指不同兩人占到同卦，會依照占卦者的性情而做調整。《繫辭》云：

> 是故《易》者，象也；象也者，像也。象者，材也；爻也者，效天
> 下之動者也。是故吉凶生而悔吝著也。〔註63〕

即使兩人占到同卦，也會依照占卦者所遭遇的事情，迎合其性情之判斷、選擇而顯示不同的象數。〔註64〕《繫辭》云：

〔註62〕見上第五章。

〔註63〕見下第三章。

〔註64〕例如艮卦為止、為山、為手、為狗。甲占旅行，遇到艮卦表示被山所阻擋。乙占婚姻，遇到艮卦表示被雙親以手示意來阻止。丙占寵物，遇到艮卦表示

《易》之爲書也不可遠，爲道也屢遷，變動不居，周流六虛，上下
無常，剛柔相易，不可爲典要，唯變所適。〔註65〕

可見象數並非固定不變，既然是非固定不變的，則其關鍵又回到是否能知幾入
神的聖人「意志」上。聖人意志足以通達天下人的意志，在其著數運作下之卦
象變動，突顯出求問者對某人事物的價值取向，以及提供心性感受的預示。

由於人們彼此的意志與遭遇有所差異，是面臨同一卦有不同之象；人面
臨物象，其所站之角度有所不同，感覺與判斷不同而各有其見解，是面臨同
一象則顯現不同之卦，故可言之卦無定象，象無定卦。是以「爲道也屢遷」，
即指求卦者們之意志，是導致彼此感覺與判斷之差異的主因。彼此之遭遇和
角度有所不同，故反應在卦象上，即呈現「變動不居，周流六虛，上下無常，
剛柔相易」的局面。所以卦爻與物象兩方陣營，既然是處在人的性情、意志
之間，則沒有所謂這一定配那，而都是「不可爲典要，唯變所適」的。

五、知《易》可依理起數以得其象

荀子（前313年～前238年）認爲君子足以理天地，《說卦》也認爲聖人
按其性命之理來建立三才之道。由日往月來、寒往暑來，此種日月寒暑在視
覺、觸覺形象的變化，便是由形象交替構成數值化之「天道」。按照同樣道理，
剛柔觸覺形象的變化，也構成數值化之「地道」；仁義、公私、主從關係的交
替，也構成數值化之「人道」。

《說卦》云：

昔者聖人之作《易》也，將以順性命之理。是以立天之道曰陰與陽，
立地之道曰柔與剛，立人之道曰仁與義。〔註66〕

推而廣之，其遠取諸物，舉凡視覺範疇之陰陽、天地、日月、動靜、幽明、
大小、廣大、進退、晝夜、尊卑、遠邇、闔闢；觸覺範疇之寒暑、剛柔；價
值範疇之貴賤、尊卑、得失、險易；情感範疇之利害、吉凶、悔吝；概念範
疇之始終、時位、死生、陰陽、剛柔、成效、變通、有常無常，或近取諸身，
甚至個人的一呼一吸、進退取捨、身體循環，〔註67〕皆可構成數值化之「道」。
《繫辭》云：

經營犬店。
〔註65〕見下第八章。
〔註66〕見上第二章。
〔註67〕參見《黃帝內經養生圖典・上古天眞論第一》。

天一，地二；天三，地四；天五，地六；天七，地八；天九，地十。

〔註68〕

創卦之前由象起數。天爲陽，代表奇數；地爲陰，代表偶數。是天地陰陽互變的次序化及累計化，這是由象得其數，形成奇偶相間的十位數字化形式的「道」。反過來看，一至十的奇偶相間可推知天地的互相轉變，這是由數得其象，可視爲陰陽的互相轉變形式的「道」。「道」，也是一種律動形態。〔註69〕此一至十是十進位的數字列，而天、地、天、地，卻是與1/0相同的二進位的數字列，是符合陰陽相變的形式，也符合道體循環的形式。

然而如何由數演出象來？《繫辭》載有大衍之數云：

> 大衍之數五十，其用四十有九。分而爲二以象兩，挂一以象三，揲之以四以象四時，歸奇於扐以象閏；五歲再閏，故再扐而後挂。天數五，地數五。五位相得而各有合，天數二十有五，地數三十，凡天地之數五十有五，此所以成變化而行鬼神也。《乾》之策二百一十有六，《坤》之策百四十有四，凡三百六十，當期之日。二篇之策，萬有一千五百二十，當萬物之數也。是故四營而成《易》，十有八變而成卦，八卦而小成。引而伸之，觸類而長之，天下之能事畢矣。
>
> 顯道神德行，是故可與酬酢，可與祐神矣。〔註70〕

成卦之後，由蓍揲之數當萬物之數，藉卦象以引伸推演出形象來。《繫辭》云：

> 極數知來之謂占，通變之謂事，陰陽不測之謂神。
>
> 是故《易》者，象也；象也者，像也。彖者，材也；爻也者，效天下之動者也。是故吉凶生而悔吝著也。〔註71〕

數，是透過聖人理天地的能力，形象由經過感官意志二分之後，加以系統化的結果。聖人將此種數與陰陽相變做整合，亦即將人們意志二分後之日夜、明暗、吉凶、貴賤、進退等等動態或靜態形象，化做二進位形式，反應在卦爻上便是陰陽爻相變。

揲之以四以象四時，是四時亦爲數也。由於揲蓍可以將過去現在的形象，歸納爲參數，加以推演成未來數值，並配上陰陽爻相變。而《易》之卦爻講

〔註68〕見第十一章。
〔註69〕《後漢書》記載漢代京房有音律卦氣相配的候占法，音律、氣律也是律動的呈現。
〔註70〕見上第九章。
〔註71〕分見上第五章、下第三章。

時、位變化，「時」包含著「數」而「位」包含著「象」，是一卦涵蓋天地人三才之道交會而成。〔註72〕聖人之性透過感官既然可理天地，其必然也掌握住道所包含神機之數，是以聖人以卦占問，卦象變化便足以依循理數的規律所在，而可以還原某個視覺、觸覺，甚至聽覺之形象來。〔註73〕

六、知變動不居顯示出人道之有常

動作與占問的方式有二，聞其事先占而後才有動作，或先有動作而後占問，視其或敵或應而有吉凶悔吝的解釋。故《繫辭》云：

> 以動者尚其變。

> 鼓天下之動者存乎辭。〔註74〕

例如有人提親而占問婚姻，或有協商之舉，得屯卦六二：

> 六二，屯如邅如，乘馬班如。匪寇，婚媾。女子貞不字，十年乃字。

> 《象》曰：六二之難，乘剛也。十年乃字，反常也。

此爲聞其事先占而後動，村外有人騎馬欲謀婚事，卦象反應出女方當事人猶豫不決，甚至提供確切的時程數字，指出必須十年後才能完成此事。占問者一旦占得此爻變動，閱讀此爻辭則可參酌是否予以延緩。又例如屯卦六三：

> 六三，勿用取女，見金夫，不有躬。無攸利。

> 《象》曰：「勿用取女」，行不順也。

此當爲男方當事人占問婚姻之告示，卦象於此時位預告女方當事人，若往後見到多金公子，則容易紅杏出牆而無法順從男方當事人，娶之毫無益處。此當爲男方見其對象之後，先占問之而後再做決定。爾後占問者一旦占得此爻變動，視此爻辭則可參酌是否將婚事予以回絕。

同樣是占問婚事，一由女子，一由男子，「性」不同樣貌，則顯現之理象亦有差別。二者雖占出同樣的屯卦，均有延遲之象，但其反應在屯卦的時位卻有異狀。位置上，一在六二爻、一在六三爻。時間上，女子占問者顯然從爻變動開始，卦兆告示延遲十年，再許配給男方當事人較佳；男子占問者顯然從爻變動開始，卦兆告示應立即解除婚約或退聘。是以《繫辭》云：

> 《易》之爲書也不可遠，爲道也屢遷，變動不居，周流六虛，上下

〔註72〕《黃帝內經養生圖典》，頁29云：「春三月，此謂發陳，天地俱生，萬物以榮……此春氣之應，養生之道，逆之則傷肝。」也以爲天時、地象可以影響人身。
〔註73〕京房後學有鳥占、風角之術，便是聽覺、觸覺之運用。
〔註74〕分見上第十章、上第十二章。

無常,剛柔相易,不可爲典要,唯變所適。〔註75〕

「性」之樣貌不同,遇事不同,則即使同樣是占問婚事,占得同卦,占告明顯有別,一延遲十年,一另擇良偶,此即「爲道也屢遷、唯變所適」之旨意。

先動而後占之例,是事情已在進行當中而占問以預知吉凶。例如《繫辭》云:

「亢龍有悔。」子曰:「貴而無位,高而無民,賢人在下位而無輔,

是以動而有悔也。」〔註76〕

「貴而無位,高而無民,賢人在下位而無輔」云云,是爲某人事現象既定之動作事實,「有悔」則是凶兆之預警。此爲先動而後占以預告凶兆之例。又例如蒙卦九二:

九二,包蒙,吉。納婦,吉。子克家。

《象》曰:「子克家」,剛柔節也。

包,本義是象婦女懷孕之體形。包蒙,是兒子在外使某女子懷孕之象,事情原本被掩蓋住了。然而卦兆顯示爲吉,可以娶之而納爲媳婦,是以「納婦」之事顯然是占問之後的動作告示。此事是包蒙在先,而心中做納婦之設想,此亦爲先動而後占以預告吉兆之例。《繫辭》云:

吉凶者,失得之象也;悔吝者,憂虞之象也。〔註77〕

質性與環境不符合的錯誤選擇,或足以抗衡之形勢,謂之相敵;質性與環境相符合,或被牽制羈絆之形勢,則稱爲相應。至於吉凶的區別,失其所願或有害於己,爲凶險之象;得其所願或有利於己,爲吉祥之兆。例如同人卦九三:

九三,伏戎於莽,升其高陵,三歲不興。

《象》曰:「伏戎於莽」,敵剛也。「三歲不興」,安行也。

此爻辭指大夥合力在叢莽預設伏兵,或登上丘陵守備於制高點上,皆有防備而三年無戰患之象。同人卦《象》之解釋,則謂九三陽剛可與上九陽剛相抵制,故有敵剛安行之象。

《繫辭》云:

繫辭焉而命之,動在其中矣。吉凶悔吝者,生乎動者也。

爻象動乎內,吉凶見乎外,功業見乎變。

〔註75〕見下第八章。

〔註76〕見上第八章。

〔註77〕見上第二章。

爻也者，效天下之動者也。是故吉凶生而悔吝著也。〔註78〕

這裡是說，爻動可由卦爻辭獲得預告，然而吉凶悔吝爻動之預告，也是「效天下之動」。因爲在外有所動作，此動作感應連結到爻象而產生的。

卦爻可因人因事因地，而有各種象數依據的時位變化，看似是沒有固定之無常。然而聖人之性寬闊無礙，足以理出天地而通曉其變化之道。正因爲卦爻爲聖人所設立，卦爻變化無窮，足以因應天下人之疑慮，而提供天下人的各種參酌情況，因此足以完成天下人的各種事務，讓天下人有或動或靜之常規，可資參酌依循。

七、知《易》使人知懼以正德利用厚生

《易》足以取代師保父母，指出應該憂患知懼之時機，以維持個人生命的完整。是以《繫辭》云：

《易》之爲書也不可遠，爲道也屢遷，變動不居，……其出入以度，

外內使知懼，又明於憂患與故。無有師保，如臨父母。〔註79〕

然而個人身體爲形下之器，欲維持生命的完整之前提，則在於瞭解自性是否足以容受事物，而非僅止於謀個人私利。帛書《周易》云：

德行焉求福，……仁義焉求吉。〔註80〕

所謂虛己以待人、克己以復禮，便是孔子諄諄訓勉之教，儒家仁義德行的實踐。而由帛書《易傳》所言，得知愈能夠虛己克己，形下之器便似坤卦之廣大無邊，則愈能夠容受事物，而事理之變化更趨於明晰，是不必拘泥於個人之吉祥福報。《繫辭》云：

子曰：「德薄而位尊，知小而謀大，力少而任重，鮮不及矣。《易》

曰：『鼎折足，覆公餗，其形渥，凶。』言不勝其任也。」〔註81〕

心識愈循一己之私，形下之器愈趨於局限，其能做爲事務僅只限於販夫走卒挑擔之事，代表形下之器不足以容受重任，此即所爲「德薄」者也。《繫辭》云：

子曰：「作《易》者，其知盜乎？《易》曰『負且乘，致寇至。』負也者，小人之事也。乘也者，君子之器也。小人而乘君子之器，盜思奪之矣。上慢下暴，盜思伐之矣。慢藏誨盜，冶容誨淫。《易》曰：

〔註78〕分見下第一章、下第一章、下第三章。
〔註79〕見下第八章。
〔註80〕見《帛書周易校釋・要》第三章。
〔註81〕見下第五章。

『負且乘，致寇至。』盜之招也。」〔註82〕

是以德薄者若貪念妄起，即使獲得財貨及尊貴，也立刻顯露在外，是容易招
盜匪掠奪之原由也。《繫辭》云：

> 「勞謙，君子有終，吉。」子曰：「勞而不伐，有功而不德，厚之至
> 也。語以其功下人者也。德言盛，禮言恭；謙也者，致恭以存其位
> 者也。」〔註83〕

德不足者之所以不能勝任大事，乃過於自信、無法謙恭，應之者少、相敵者
多，故難以保存其位。反之，態度謙遜，性夠寬大，故有此德才能有所得。
例如解卦六三：

> 六三，負且乘，致寇至，貞吝。

> 《象》曰：「負且乘」，亦可醜也。自我致戎，又誰咎也？

是以解卦六三《象》認為形下之器過於狹隘，德不足者卻貪得無厭，是自己
在找麻煩。《繫辭》云：

> 「善不積不足以成名，惡不積不足以滅身。小人以小善為無益而弗
> 為也，以小惡為無傷而弗去也，故惡積而不可掩，罪大而不可解。《易》
> 曰：『何校滅耳，凶。』」〔註84〕

以私營角度來講，利已者謂之善，害已者謂之惡。以德行角度來講，所謂之
善惡，也在利害於人而已。虛己利人者謂之善，伐己害人者謂之惡。小人，
德薄者是也，其以為利人者小，無益於己而弗為；其以為害人者小，無傷於
己而為之。是以噬嗑卦上九：

> 上九，何校滅耳，凶。《象》曰：「何校滅耳」，聰不明也。

聰不明者不具備見微知著的憂患意識，容易走到歧途而誤入險境。

《繫辭》云：

> 子曰：「危者，安其位者也；亡者，保其存者也；亂者，有其治者也。
> 是故君子安而不忘危，存而不忘亡，治而不忘亂，是以身安而國家
> 可保也。《易》曰：『其亡其亡，繫于苞桑。』」〔註85〕

所以，《易》占的主要目的在使人知懼而有所變通，甚至於苞桑微小之物，也

〔註82〕見上第八章。
〔註83〕見上第八章。
〔註84〕見下第五章。
〔註85〕見下第五章。

是攸關民生之衣食，從中也足以看到，爲政者對於國家治亂局勢的影響力。《繫辭》云：

> 子曰：「知幾其神乎！君子上交不諂，下交不瀆，其知幾乎？幾者，動之微，吉之先見者也。君子見幾而作，不俟終日。《易》曰：『介於石，不終日，貞吉。』介如石焉，寧用終日？斷可識矣。君子知微知彰，知柔知剛，萬夫之望。」〔註86〕

> 是以明於天之道，而察於民之故，是興神物以前民用。〔註87〕

若爲政者才德具足，藉由《易》以利民之用、厚民之生，又有見微知著的憂患意識，隨時通權以致達變，才能在老百姓的擁護之下保存其位。《繫辭》云：

> 「亢龍有悔。」子曰：「貴而無位，高而無民，賢人在下位而無輔，是以動而有悔也。」〔註88〕

若不具聖人之德、寬大之性，爲政者藉由《易》以個人之私利爲慮，也將失去民心，是以動而有悔。

八、知《易》在落實人道之和

和是人際關係的認同狀態，最常表現在彼此溝通方面。是以夬卦《象》有云：

> 《象》曰：「夬」，決也，剛決柔也。健而說，決而和。

而兌卦云：

> 《象》曰：麗澤，兌。君子以朋友講習。初九，和兌，吉。《象》曰：「和兌之吉」，行未疑也。〔註89〕

是朋友彼此健談講習，雖爭論是非之理，仍舊和悅而不傷情誼。行動方面也可以和。

> 《履》，和而至。

> 《履》以和行。〔註90〕

此指穿鞋子仍須要不急不徐的平和心態，方能夠順利行走。中孚卦九二云：

> 九二，鳴鶴在陰，其子和之。我有好爵，吾與爾靡之。《象》曰：「其

〔註86〕見下第五章。
〔註87〕見上第十一章。
〔註88〕見上第八章。
〔註89〕見兌卦初九爻辭和《象》。
〔註90〕見下第七章。

子和之」，中心願也。

「和」的關係不僅止於相近的人事，甚至於遠方者亦可相應而和，此即近悅遠來之意。

心理的和即爲情緒平衡，則是維持人際認同關係的前提，對施政者尤其重要。《繫辭》云：

> 子曰：「君子安其身而後動，易其心而後語，定其交而後求。君子修此三者，故全也。危以動，則民不與也；懼以語，則民不應也；無交而求，則民不與也；莫之與，則傷之者至矣。《易》曰：『莫益之，或擊之，立心勿恒，凶。』」〔註91〕

所謂「安、易」，即是心理的平衡，危、懼則表示心理不平衡，老百姓心理的不平衡，即表示與爲政者處於不認同的關係。「交」則表示人際關係互動狀態是平衡的，即與老百姓爲政者處是於往返型態下的認同關係。因此老百姓若不認同爲政者，爲政者的一切舉措，也得不到老百姓的正面回應。

「和」也表現仁與義上。《易傳》云：

> 和順于道德而理於義，窮理盡性以至於命。

> 乾道變化，各正性命。保合大和，乃利貞。〔註92〕

各盡其天生適合之職份舉止即爲義，雖相互之間存有差異，能夠做到彼此認同的平衡關係，在人際關係之人道中尋得公理正義，此即「和」的呈現。《繫辭》云：

《易傳》云：

> 理財正辭、禁民爲非曰義。

> 「利」者，義之和也。〔註93〕

利己的前提，也要在人際關係中有適當的分際，這就是「義之和」。孔子說「君子和而不同，小人同而不和」，「和」的關係不是彼此混同不二，而是要各守份際。《繫辭》云：

> 立人之道曰仁與義。〔註94〕

是以人之道之和有兩個要求，仁者利人，義者守己，缺一不可。從天尊地卑

〔註91〕見下第五章。
〔註92〕分見《說卦》第一章、乾《象》。
〔註93〕分見《繫‧下》第一章、乾《文言》。
〔註94〕見《說卦》第二章。

高低概念產生之後，人們即有貴賤價值位階之形成。而道既然是種律動型態，天道顯現在《易》是變動不居的，人道亦復如此。人道之律動，正顯現其交流互通。《繫辭》云：

> 子曰：小人不恥不仁，不畏不義，不見利不勸，不威不懲。小懲而不誠，此小人之福也。

> 天地之大德曰生，聖人之大寶曰位。何以守位？曰仁。〔註95〕

聖人明白老百姓須要以「利」來勸誘之、以「威」來懲戒之。爲政者有聖人崇高之位，卻須要以謙遜之仁德，來維繫與老百姓的互動關係。《易傳》云：

> 天地感而萬物化生，聖人感人心而天下和平。

> 《易》與天地準，故能彌綸天地之道。……知周乎萬物，而道濟天下，故不過；旁行而不流，樂天知命，故不憂；安土敦乎仁，故能愛。〔註96〕

如此一來，「仁」即爲聖人與老百姓之間最善良的交流關係，高位階的君子施行大德，低位階的老百姓心理獲得平衡，才稱得上「和」。故《中庸》云：「喜怒哀樂之未發，謂之中；發而皆中節，謂之和。中也者，天下之大本也；和也者，天下之達道也。致中和，天地位焉，萬物育焉。」若不如是，則其形勢必將「亢龍有悔」。是以《繫辭》云：

> 貴而無位，高而無民，賢人在下位而無輔，是以動而有悔也。〔註97〕

這個局面便是人道無所變通，不施仁德、喪失操守，彼此交流關係不良所致。

九、知可藉四聖道以推廣事業

聖人可藉《易》以崇德廣業。《繫辭》云：

> 夫《易》開物成務，冒天下之道。

> 子曰：「《易》，其至矣乎！夫《易》，聖人所以崇德而廣業也。知崇禮卑，崇效天，卑法地。天地設位，而《易》行乎其中矣。成性存存，道義之門。」

> 夫乾，其靜也專，其動也直，是以大生焉。夫坤，其靜也翕，其動也辟，是以廣生焉。廣大配天地，變通配四時，陰陽之義配日月，

〔註95〕分見下第五章、下第一章。
〔註96〕分見咸《彖》、《繫·上》第四章。
〔註97〕見上第八章。

易簡之善配至德。〔註98〕

而聖人之崇德廣業，是效法天地而來。冒是模仿之義，因為開物模仿乾德，成務模仿坤德，而乾象龍有潛、見、躍、飛、亢的動作，其運動是呈立體由地往天上，猶如人立於地之大字，所以稱大生焉。坤象馬，有承載物品，故有括囊之象；於地面行走，其運動是呈平面而有直方大之象，所以稱廣生焉。

　　由乾坤卦《象》來看，知大、元、始、統、施、時、御、首出、健、強為乾卦之象；廣、至、生、合、順承、厚載、類行、安為坤卦之象。乾卦有主管之象，位階崇高，也應放下身段而虛懷若谷。坤卦下屬之象，位階卑低，也應努力以赴而受主管尊重。乾坤卦既然是效法天地而來，是代表《易》的兩項總則，所以聖人崇德廣業，也意味著藉由《易》的啟示來推展工作，主其事者，除了具有開創的智慧也得謙遜待人，而來達成主從關係之間的人道和諧，這是施政時非常重要的事項。〔註99〕

　　至於聖人藉由《易》崇德廣業，則有四項實際措施。《繫辭》云：

　　《易》有聖人之道四焉：以言者尚其辭，以動者尚其變，以制器者

　　尚其象，以卜筮者尚其占。〔註100〕

按其義，乃喜歡演講者崇尚《易》的卦爻辭，按之以行動者崇尚《易》的變化，據之以製造器物者崇尚《易》的卦象，用之占卜者崇尚《易》的占術。如此一來，《易》的功能碩大，能夠分別以資配合不同性情的繼承者。

　　《易》看似無常而實有常，無常是為了配合不同習慣性情的求問者，顯現在卦象上則變動不居；有常則是人對未來無知的某種依賴性，而試圖尋求個可依循之規律。是以豫《象》云：

　　天地以順動，故日月不過，而四時不忒。聖人以順動，則刑罰清而

　　民服，豫之時義大矣哉！

順動之義是按照時程變化來行動，正符合聖人提供百姓對未來所渴求之依循

〔註98〕分見上第十一章、上第七章、上第六章。

〔註99〕以企業來講，乾象猶如老闆，坤象猶如員工。初二爻為創始階段，三四爻為經營階段，五上爻為成果階段。乾卦初爻潛龍勿用，謂宜伏藏自習而躁進；九二利見大人，謂宜請教前賢；三四爻宜隨時警惕，察環境之危，兢兢業業而不可稍有鬆懈；五上爻有成就不可自伐其功，驕兵則將有敗跡。坤卦初爻履霜堅冰至，象員工舉一可反三，知事務之原委；六二直方大，按照原則、循規蹈矩，則不須反復練習即有成就；三四爻自覺資質優秀足以晉升，但不獲認同，則宜象布囊收頭藏尾；六上爻功成名就，卻容易遭致競爭對手的嫉妒。

〔註100〕見上第十章。

規律。「天地以順動」,即是天地符合聖人所掌握時節順序之理,而衍生的變化之道。「聖人以順動」,是言聖人感通其理並配合其變化之道,藉由占問而「極數知來」,施政時,於時節之當令應該做何種事,都清清楚楚,老百姓若不配合者,也可按之施以刑罰。這像卦《象》的時義,即是由理出天地之數,以推知可順序依循而動作之形象來。這也是聖人藉「極數知來」,而用之崇德廣業最極積的動機。《繫辭》云:「夫《易》,彰往而察來,而微顯闡幽,開而當名,辨物正言斷辭,則備矣。其稱名也小,其取類也大。其旨遠,其辭文,其言曲而中,其事肆而隱。因貳以濟民行,以明失得之報。」〔註101〕是《易》功能於此言詳矣備矣。

「禪說阿寬」電影片中插曲道:「天有多高,地就有多大。」〔註102〕《易傳》說太極生兩儀,是陰陽生於太極也,以聖人與《易》來看,當兩者契合於一之時,聖人形上之德配天,形下之身配地,德行愈加崇高,空虛之處愈加深廣,則足以容納萬物,以簡御繁矣。《易》卦為前輩聖人所設置,後繼者透過《易》崇其德而廣其業,以洗心而退於密的工夫,使其至於無思無為之境,讓純粹之性與天地相接。故《中庸》云:「悠遠則博厚,博厚則高明。博厚,所以載物也;高明,所以覆物也;悠久,所以誠物也。博厚配地,高明配天,悠久無彊。如此者,不見而章,不動而變,無為而成。」〔註103〕是後繼者之「識」與《易》象之「神」,相契合於密使然也。

是以《易》卦之業收則束於太極,太極者猶聖人之性也;二分之則陰陽兩儀,陰陽者聖人意志之別物也;四分之則為四象,四象者猶聖人之道四也;八分之則為八卦,八卦者聖人可制而用之,以濟天下之民也。聖人知幾入神,顯微闡幽,是天地之理,皆可一以貫之以成其道也。

天地之理發於陰陽而源自聖人之性,陰陽互動,聖人推而通其變化,以成數值化之道也。《易》卦象之設立,足以透過聖人之感官意志與其情偽,而範圍天下人之感官意志與其情偽。是以卦象所包含之理數,其動靜之變化,亦足以模擬天下人進退取捨之律動狀態,而還原其形象,這便是《易》「極數知來」的作用所在。然而苟非謙遜克己之德,莫能配合天地,便無以參贊天

〔註101〕見下第六章。

〔註102〕見 2009.1.13 張弘毅詞曲〈人在山中〉,取自 http://www.wretch.cc/blog/sibasin/ 7638834 蔚藍水平線網。

〔註103〕見第二十六章。

地之化育，這即爲「繼之者善也，成之者性也，成性純純，道義之門」的究極意義所在。

　　《魏書》卷二十九〈管輅別傳〉引管輅其弟管辰之言說：「昔京房雖善卜及風律之占，卒不免禍，而輅自知四十八當亡，可謂明哲相殊。又京房目見邁讒之黨，耳聽青蠅之聲，面諫不從，而猶道路紛紜。輅處魏、晉之際，藏智以朴，卷舒有時，妙不見求，愚不見遺，可謂知幾相邈也。京房上不量萬乘之主，下不避佞諂之徒，欲以天文、洪範，利國利身，困不能用，卒陷大刑，可謂枯龜之餘智，膏燭之末景，豈不哀哉！世人多以輅疇之京房，辰不敢許也。」然而魏代管輅與漢代京房雖同爲音律卦氣占大家，管輅修德以全其身，京房卒陷囹圄而橫死。由此觀之，其懷人道謙德，方能順動而知所進退，才足以入參贊天地、悠久無彊的善繼者之行列。

中　篇
律卦占的主要人物及其學說

第參章　漢代兩京房《易》占學考

　　兩京房相隔數世，其所處時代不同，也有各自不同的承襲流傳。前京房是源自孔子的正統卜筮《易》學，而後京房是習自孟、焦，與異書、隱士候陰陽災變之說。卜筮與律卦模式，兩者本是不同系統。東漢以降，後京房影響曾超過筮法學流派，前京房遂被世人忽略。屬於卜筮系統的《京氏易傳》於是被附會到後京房身上。再經朱熹、惠棟，以及《四庫提要》作者紀昀（1724年6月15日～1805年2月14日）等認定《京氏易傳》爲後京房之作，以致於這誤解至今仍然存在。

壹、兩京房背景考

　　兩京房雖然都處於西漢時期，兩者相距也隔有數個世代。兩者之學術與承襲流傳，又各不相同，其間又有學術正統地位問題，而產生爲當世學派所接受或排斥的現象。

一、時代問題

　　首先討論兩京房所處時代。從史籍記載，吾人得知前京房所處時期乃爲漢武帝時期。

　　《漢書・儒林傳》說：

　　　梁丘賀字長翁，……從太中大夫京房受易。房者，淄川楊何弟子也。

　　　房出爲齊郡太守，……〔註1〕

很明顯的，前京房是楊何的弟子，而《史記・仲尼弟子列傳》針對楊何記載著：

〔註1〕 見（東漢）班固撰：《漢書》，〔唐〕顏師古注。中華書局1962年版頁3600。

……王子中同，同傳菑川人楊何，何元朔中以治《易》，爲漢中大夫。

〔註2〕

吾人可知楊何在元朔朝時專研《易》，「元朔」乃漢武帝的年號，是楊何乃漢武帝時的中大夫。楊何的一位弟子稱京房，官至太中大夫，後出任齊郡太守。

至於後京房（前77年～前37年），其在史籍裡生平、學說及言行之記載，較前京房的部份更爲詳實。《漢書・眭兩夏侯京翼李傳列傳》說：

京房字君明，東郡頓丘人也。治易，事梁人焦延壽……初元四年以孝廉爲郎。〔註3〕

元成則京房、翼奉、劉向、谷永。〔註4〕

《漢書・五行志》也道：

元帝建昭二年十一月，……是歲魏郡太守京房爲石顯所告。〔註5〕

從以上所述看來，初元、建昭皆爲漢元帝年號，是元帝時的另一位京房，原本以孝廉爲郎，後官至魏郡太守。

二、承襲流傳問題

由《漢書・儒林傳》得知武帝時的前京房，其師爲楊何。而跟從前京房受習《易》弟子之其一者則爲梁丘賀。

至於後京房，《漢書・儒林傳》說：

東郡京房受《易》於梁國焦延壽，別爲京氏學。〔註6〕

後京房拜師受《易》於焦延壽。除此之外，他還跟孟喜產生關係，《漢書・儒林傳》說：

京房受《易》梁人焦延壽，延壽云嘗從孟喜問《易》。會喜死，房以爲延壽《易》即孟氏學。〔註7〕

由此可知，孟喜在世時，後京房還不敢承認其師與孟喜的關係，至孟喜死後才敢追認。關於後京房的嫡傳弟子，《漢書・儒林傳・京房》載有三人，其言說到：

房授東海殷嘉、河東姚平、河南乘弘，皆爲郎、博士。繇是《易》

〔註2〕 見前書，頁2211。
〔註3〕 見前書，頁3160。
〔註4〕 見前書，頁3194。
〔註5〕 見前書，頁1425。
〔註6〕 見前書，頁2548。
〔註7〕 見前書，頁3601。

有京氏之學。〔註8〕

三、學說承傳之正統問題

後京房與前京房學說似乎不盡相同，就《易》學的正統性而言，哪一位的學說符合正統《易》學？

後京房既然承認師自孟喜，其是否正統之關鍵，似乎還是在同門的梁丘賀和孟喜身上。《漢書・儒林傳》說：

> 梁丘賀字長翁，琅邪諸人也。以能心計，爲武騎。從太中大夫京房受《易》。房者，淄川楊何弟子也。房出爲齊郡太守，賀更事田王孫。〔註9〕

梁丘賀以前京房爲師，前京房以楊何爲師，楊何的師承情況如何？吾人從《史記・仲尼弟子列傳》可瞭解之，其所述如下：

> 孔子傳《易》於瞿，瞿傳楚人馯臂子弘，弘傳江東人矯子庸疵，疵傳燕人周子家豎，豎傳淳于人光子乘羽，羽傳齊人田子莊何，何傳東武人王子中同，同傳菑川人楊何。〔註10〕

足見梁丘賀是由前京房、楊何這一脈所承傳下來的，是源自孔子的正統《易》學。《漢書・儒林傳》說：

> 丁寬字子襄，梁人也。初梁項生從田何受《易》，時寬爲項生從者，讀《易》精敏，材過項生，遂事何。……寬授同郡碭田王孫。王孫授施讎、孟喜、梁丘賀。繇是《易》有施、孟、梁丘之學。〔註11〕

後來因爲前京房出任齊郡太守，於是梁丘賀改拜師田王孫習《易》，田王孫也是田何的弟子，可見梁丘賀雖易師習《易》，也是屬於田何這一脈的正統《易》學。至於孟喜的師承情況，由上文得知孟喜和梁丘賀一樣，原本都是師承自田王孫、丁寬、田何這一脈，而上溯自孔子的正統《易》學。但是孟喜卻另外取得異書，而喜愛不已。《漢書・儒林傳》說：

> 孟喜字長卿，東海蘭陵人也。父號孟卿，……乃使喜從田王孫受《易》。喜好自稱譽，得《易》家候陰陽災變書，詐言師田生且死時

〔註8〕　見前書，頁 3602。

〔註9〕　見前書，頁 3600。

〔註10〕　見〔漢〕司馬遷撰：《史記》，〔劉宋〕裴駰集解，〔唐〕司馬貞索隱，〔唐〕張守節正義。中華書局 1975 年版頁 2211。

〔註11〕　見前書，頁 3597。

枕喜，獨傳喜，諸儒以此耀之。同門梁丘賀疏通證明之，曰：「田生
絕於施讎手中，時喜歸東海，安得此事？」〔註12〕

由此觀之，孟喜雖是接受田王孫的正統《易》學，但又得到不被門人所認同
的「《易》家候陰陽災變書」，甚至於造偽詞以證明田王孫親授其書。此事最
後被同學梁丘賀給一語道破，足見此孟喜所得之「《易》家候陰陽災變書」，
在梁丘賀看來是屬於非正統《易》學。

　　這樣被排擠的類似情況，也發生在後京房身上。《漢書‧儒林傳》說：

京房受《易》梁人焦延壽。延壽云嘗從孟喜問《易》。會喜死，房以
為延壽《易》即孟氏學，翟牧、白生不肯，皆曰非也。至成帝時，
劉向校書，考《易》說，以為諸《易》家說皆祖田何、楊叔元、丁
將軍，大誼略同，唯京氏為異，黨焦延壽獨得隱士之說，託之孟氏，
不相與同。房以明災異得幸。〔註13〕

焦延壽嘗從孟喜問《易》，班固按照劉向的意思推測焦延壽獨得隱士之說，這
隱士之說是否即孟喜所得之「《易》家候陰陽災變書」，很難考證。但是從後
京房「託之孟氏」，並對照「房以明災異」和孟喜所得之「《易》家候陰陽災
變書」來看，至少兩者應同屬於講災變的。而且《漢書》又謂京房「以風雨
寒溫為候」、「以明《易》陰陽得幸於上」，可說兩者是同性質的東西。其與翟
牧、白生習自孟喜所代表正統《易》學相較，京房學說還是「不相與同」的，
也是屬於非正統《易》學。

貳、兩京房《易》術考

　　兩京房時代背景、學說承傳，有各自的脈絡。然而兩者《易》術的真實
面貌為何？以下做個分述及對照。

一、武帝時前京房之《易》術

　　前京房之《易》術，《漢書》未加說明。然而從其弟子梁丘賀的身上，多
少可瞧出端倪來。

　　《漢書‧儒林傳》說：

宣帝時，聞京房為《易》明，求其門人，得賀。賀時為都司空令，

〔註12〕見前書，頁 3599。
〔註13〕見前書，頁 3601～3602。

坐事，論免爲庶人。待詔黃門數入說教侍中，以召賀。賀入說，上

善之，以賀爲郎。會八月飲酎，行祠孝昭廟，先敺旄頭劍挺墮墜，

首垂泥中，刃鄉乘輿車，馬驚。於是召賀筮之，有兵謀，不吉。……

自此始也。賀以筮有應，繇是近幸，爲太中大夫，給事中，至少府。

爲人小心周密，上信重之。年老終官。傳子臨，亦入說，爲黃門郎。

甘露中，奉使問諸儒於石渠。臨學精熟，專行京房法。〔註14〕

梁丘賀以前京房爲師，其子梁丘臨更專行京房法。宣帝時，梁丘賀以筮法占事而有應驗，可見這裡所謂「京房法」便是指卜筮占法。

二、元帝時後京房之《易》術

後京房《易》以「明災異」爲特性，和孟喜「《易》家候陰陽災變書」兩者同屬於講災變之書。他綜合了焦延壽和孟喜得自隱士秘書之學術，又更加推陳出新。

《漢書‧眭兩夏侯京翼李傳》說：

延壽字贛……其說長於災變，分六十四卦，更直日用事，以風雨寒

溫爲候：各有占驗。房用之尤精，好鐘律，知音聲。〔註15〕

除此之外，《漢書‧宣元六王列傳‧淮陽憲王劉欽》說：

京房以明《易》陰陽得幸於上，數召見言事。自謂爲石顯、五鹿充

宗所排。〔註16〕

《新唐書‧志‧曆三上‧卦議》說：

十二月卦出於孟氏章句，其說《易》本於氣，而後以人事明之。京

氏又以卦爻配期之日，坎、離、震、兌，其用事自分、至之首，皆

得八十分日之七十三。頤、晉、井、大畜，皆五日十四分，餘皆六

日七分，止於占災眚與吉凶善敗之事。至於觀陰陽之變，則錯亂而

不明。〔註17〕

《清史稿‧儒林列傳三》說：

序曰：「自漢成帝時，劉向校書，考《易》說，以爲諸易家皆祖田何、

〔註14〕見前書，頁 3600。

〔註15〕見前書，頁 3160。

〔註16〕見前書，頁 3314。

〔註17〕〔宋〕歐陽修、宋祁撰：《新唐書》。洪北江主編：《廿五史》，臺灣，洪氏出

　　　　版社 1977 年版頁 598～599。

楊叔、丁將軍，大義略同，惟京氏爲異而孟喜受《易》家陰陽，其
說《易》本於氣，而後以人事明之。八卦六十四象，四正七十二候，
變通消息，諸儒祖述之，莫能具。……」〔註18〕

《漢書・眭兩夏侯京翼李傳》又說：

孟康曰：「房以消息卦爲辟。辟，君也。息卦曰太陰，消卦曰太陽，
其餘卦曰少陰少陽，謂臣下也。并力雜卦氣干消息也。」〔註19〕

可見後京房除了明災異之外，又明《易》陰陽。這裡所謂的陰陽，正如孟喜
所得「《易》家候陰陽災變書」之候陰陽，即候陰陽之氣。由上綜合觀之，京
房綜合孟喜與焦延壽的學說，將坎、離、震、兌做爲代表二分、二至之四方
伯卦，又將孟喜十二月卦當作十二辟卦，每辟卦又各領四個雜卦，共六十卦。
最後以五音十二律相配之六十律循環配上六十卦。

三、卜筮與候卦氣法之比較

前京房與後京房各領《易》學之風騷，前者所長在於卜筮，後者所長則
在於候卦氣法。

前京房從孔子流傳下來之正統筮法，吾人可從《周易・傳》得之。《繫辭・
上》說：

大衍之數五十，其用四十有九，分而爲二以象兩，掛一以象三，揲
之以四以象四時，歸奇於扐以象閏，五歲再閏，故再扐而後掛。……
凡三百有六十，當期之日。二篇之策，萬有一千五百二十，當萬物
之數也。……子曰：知變化之道者，其知神之所爲乎！《易》有聖
人之道四焉：以言者尚其辭，以動者尚其變，以制器者尚其象，以
卜筮者尚其占。

至於後京房的律卦結合的占術，《後漢書・志第一・律曆上》詳細地述說：

元帝時，郎中京房知五聲之音，六律之數。上使太子太傅玄成、諫
議大夫章，雜試問房於樂府。房對：「受學故小黃令焦延壽。六十律
相生之法：以上生下，皆三生二，以下生上，皆三生四，陽下生陰，
陰上生陽，終於中呂，而十二律畢矣。中呂上生執始，執始下生去
滅，上下相生，終於南事，六十律畢矣。夫十二律之變至於六十，
猶八卦之變至於六十四也。宓羲作易，紀陽氣之初，以爲律法。建

〔註18〕趙爾巽等撰：《清史稿》。中華書局。1975 年版頁 13242。
〔註19〕見前書，頁 3164 注一。

日冬至之聲，以黃鍾爲宮，太蔟爲商，姑洗爲角，林鍾爲徵，南呂
爲羽，應鍾爲變宮，蕤賓爲變徵。此聲氣之元，五音之正也，故各
統一日。其餘以次運行，當日者各自爲宮，而商徵以類從焉。禮運
篇曰『五聲、六律、十二管還相爲宮』，此之謂也。以六十律分期之
日，黃鍾自冬至始，及冬至而復，陰陽寒燠風雨之占生焉。」〔註20〕

然而，「筮」與「陰陽占候」是否同類？《後漢書・方術列傳》說：

《左傳》史蘇，晉太史，善筮者。京房字君明，善陰陽占候。〔註21〕

《舊唐書・方伎列傳・序言》也說：

夫術數占相之法，出于陰陽家流。自劉向演鴻範之言，京房傳焦贛
之法，莫不望氣視祲，懸知災異之來；運策揲蓍，預定吉凶之會，
固已詳於《魯史》，載彼《周官》。〔註22〕

由此可見至少在漢唐時期之階段，「筮」與「陰陽占候」是有區分的。「筮」
是「運策揲蓍，預定吉凶之會」，與「陰陽占候」之「望氣視祲，懸知災異之
來」，是兩套範疇、性質和來源都不同的占術。

對於「陰陽占候」的起源，《漢書・五行志》說：

漢興，承秦滅學之後，景、武之世，董仲舒治公羊春秋，始推陰陽，
爲儒者宗。宣、元之後，劉向治穀梁春秋，數其禍福，傳以洪範，與
仲舒錯。至向子歆治左氏傳，其春秋意亦已乖矣；言五行傳，又頗不
同。是以董仲舒，別向、歆，傳載眭孟、夏侯勝、京房、谷永、李尋
之徒所陳行事，訖於王莽，舉十二世，以傳春秋，著於篇。〔註23〕

由此觀之，班固認爲這套「陰陽占候」之術，是初起於董仲舒研究《公羊春
秋》，一變爲劉向研究《穀梁春秋》時以《洪範》做傳注，再變爲劉歆治《左
氏傳》，用五行說明《春秋》之意。董仲舒、劉向、劉歆、眭孟、夏侯勝、京
房、谷永、李尋、王莽等人，都是漢代人物，其所治「陰陽占候」之術，較
之《周易・繫辭》記載之「大衍之數」或《魯史》、《周官》所記載之筮法，
更爲晚出。

〔註20〕〔南朝宋〕范曄撰：《後漢書》，〔唐〕李賢等注，〔晉〕司馬彪補志。洪北江
　　　　主編：《廿五史》，臺灣：洪氏出版社1975年版頁3000。
〔註21〕見前書，頁2715注八。
〔註22〕〔後晉〕劉昫撰：《舊唐書》。洪北江主編：《廿五史》，臺灣，洪氏出版社1977
　　　　年版頁5087。
〔註23〕見前書，頁1317。

　　孟喜有部份代表正統《易》學，是弟子翟牧、白生所受習的。後京房所承襲孟喜候陰陽災變之說，則是習自孟喜另得的異書。於是產生了是否符合「古法」的爭議。《漢書・儒林傳》說：

> 孟喜字長卿……又蜀人趙賓好小數書，後爲《易》，飾《易》文，以爲「箕子明夷，陰陽氣亡箕子；箕子者，萬物方荄茲也。」賓持論巧慧，《易》家不能難，皆曰「非古法也」。云受孟喜，喜爲名之。
> 〔註24〕

吾人知孟喜原本習《易》家正統之筮法，後來所接觸的候陰陽氣之說，被當時正統《易》家數落爲「非古法」。後京房承襲焦、孟之《易》，班固也謂「劉向校書，考《易》說，以爲諸《易》家說皆祖田何、楊叔元、丁將軍，大誼略同，唯京氏爲異，黨焦延壽獨得隱士之說，託之孟氏，不相與同。」足見此所謂「古法」，用今語就是「正統學說」。這裡所謂符合「古法」的《易》說還是以卜筮爲範疇。既然以此範疇爲標準，則孟喜的「《易》家候陰陽災變書」、後京房的律卦術，在當時都是非古法的異說。

參、晁說之所獻《京氏易傳》的源起之疑議

　　自從北宋欽宗時《京氏易傳》出現以後，《易》大家如宋代朱熹及清代惠棟，皆誤認爲其中與《火珠林》條例相同者，是出自京房《易》學，而以爲《京氏易傳》即京房《易》之著作。今兩岸之《易》學者，也多持這般看法。

　　以下略舉數項，即可辨正這個看法。

　　第一，該書有魏晉時用語，和其他不屬於西漢時之用語。

　　例如書中「卦主」、「適變」條例，皆爲王弼所創制。〔註25〕又例如該

〔註24〕見前書，頁3599。

〔註25〕察兩《漢書》沒有卦主思想，韓強先生著《王弼與中國文化》，貴州人民出版社2001年版，第36～37頁說：「《周易略例》共有七篇文章：《明象》論卦，指出每一卦都有一個主旨，叫做卦的主體，而每一卦體又有一爻爲主。」又王葆玹先生在《玄學通論》評王弼《周易略例・明象》說：「根據道家與玄學的『少者多之所貴，寡者眾之所宗』的原則，應肯定『一卦五陽而一陰，則一陰爲主矣；五陰而一陽，則一陽爲主矣』。」則「卦主」說源自王弼這看法是可以肯定的，甚至我們也可以確立卦主思想是從魏王弼開始的。遍察史籍兩漢及其以前沒有「適變」思想及詞句，王弼《周易略例・明卦適變通爻》：「爻者，適時之變者也。」可以確立「適變」思想及詞句從魏王弼開始確立。從《京氏易傳》所登錄者共有十三卦以「適變」思想解釋卦象，則這不是偶

書提及五行相克之「克」字，遍察《史記》、兩《漢書》，在西漢時專用爲五行相勝之「勝」字；該書提到「只」做「但」、「僅只」義，遍察《史記》、兩《漢書》，卻沒有用「只」這字當「但」、「僅只」義，從唐代以後才有此義。

　　第二，該書之八宮卦位與京房卦氣卦位模式不符。

　　依照虞翻的解釋，八宮卦位基本與《說卦》相同，〔註26〕而京房卦氣卦位震、兌、離、坎四卦分屬於東西南北四方伯卦之外，其餘乾、坤兩卦屬於十二消息辟卦，艮、巽兩卦屬於雜卦。〔註27〕

　　第三，該書之「八宮」、「世爻」、「納甲」、「升降」諸條件爲卜筮條例，非卦氣條例。

　　已討論於第柒章及本章第貳節第參條。

　　第四，該書「道」一詞之本體論述，爲漢代宇宙論背景所罕見。

　　這裡所謂陽道、陰道，是用卦象顯現對比之陽氣、陰氣的漸進趨勢，或其物性對比的狀態，均有義理化的趨向。還論及「君道」、「臣道」，都指人事政治的法則，義理化趨向更爲顯著。

　　又有關於善道、正道、柔道的說法，《京氏易傳》坎卦說：「柔道光也。」姤卦說：《易》之柔道牽也。」此柔道指內卦巽柔的特性。這些「道」字涵義，較之上述「陰道」、「陽道」更爲抽象。

　　《京氏易傳》還用「道」字指稱卦體，例如剝卦說：「剝道已成，陰盛不可逆。」這些關於六十四卦之道的說法，很像王弼《周易注》提到的「乾道」、「坤道」、「履道」等，多指卦體卦義，帶有本體的含義，這在漢代《易》學領域實屬罕見。反而與王弼的說法頗相似，《京氏易傳》似有繼承。

　　再看其書亦沿襲王弼《易》學「卦主」之說，可推斷此種本體論的思想，是受王弼《易》學所啓發的。其本體論思想隱藏在宇宙論思想的背後，而不易被讀者發現。今人誤以爲其書乃漢代著作，故未能想到作者竟會受到魏人王弼思想所影響，於是這種本體論思想爲研究者所忽略。〔註28〕

　　　發形態而已經是個成熟的思想。既然是成熟的思想則顯然產生在京房以後，足見《京氏易傳》不是漢代京房所著。

〔註26〕見《惠氏易學・易漢學三》，頁1113～1114。

〔註27〕見《周易集解纂疏・凡例》，頁13「卦氣」節之插圖。

〔註28〕參見本人所著《京房易學流變考》，頁209～210。

　　第五，從後人所引用的分界處來看，《京氏易傳》實晚出於京房。

　　《京氏易傳》出現之前是否有人提及其書名和內容，《京氏易傳》出現之後是否有人提及其書名和內容，兩相比較，就足以判定它的真偽。北宋欽宗時晁說之所呈《京氏易傳》，是京氏《易》由候卦氣占轉變為筮占範疇的重要分界點，吾人遍察在晁說之以前的史籍及評論者，並未有將八宮世應納甲之說當做京房的學術，卦候是卦候，納甲是納甲，兩者學派之說區分極明。

　　舉例來說，徐復乃是在宋欽宗以前的宋仁宗時人，尚未出現該書。《宋史·隱逸列傳》記載他用京房《易》卦而下了「乾卦用事」占語，這符合京房分卦值日的用語。〔註 29〕至宋欽宗以後，王世貞引京房占與《京氏易傳》強調臣道坤順之德如出一轍。〔註 30〕另有全寅，從師學京房術。筮得乾之初，答明英宗曰：「大吉。四為初之應，初潛四躍，明年歲在午，其干庚。……」已經是納甲筮法那一套了。〔註 31〕

　　因該書在北宋始被發現，從晁說之呈獻該書後，世人才將八宮卦納甲等術數托於京房。自此以後，張行成、李本謂《火珠林》出於京房之學說，而《朱子語類》、南軒〔註 32〕也認為以錢代蓍法始於京房，陳振孫也認為納甲術數等出於京氏。於是原本為非京氏系統的八宮納甲學說，被惠棟視為京氏學說，〔註 33〕甚至於成為京房所本有之占術。〔註 34〕

〔註 29〕見《宋史》洪氏出版社 1975 年版，第 13434 頁載：「徐復字復之，建州人初遊京師，舉進士不中。退而學易，通流衍卦氣法，自筮知無祿，遂亡進取意。遊學淮、浙間數年，益通陰陽、天文、地理、遁甲、占射諸家之說。……慶曆初，與布衣郭京俱召見，帝問天時人事，復對曰：『以京房易卦推之，今年所配年月日時，當小過也。剛失位而不中，其在彊君德乎？』帝又問：『明年主何卦？』復曰：『乾卦用事。』說至九五盡而止。」
〔註 30〕見《明史》洪氏出版社 1975 年版，第 7380 頁。
〔註 31〕見前引《明史》第 7648 頁。
〔註 32〕《宋史／志／卷二百八　志第一百六十一／藝文七／集類／別集類》，頁 5377載：「張栻南軒文集四十八卷。」《宋史·列傳·卷四百二十九》，頁 12770 載：「張栻字敬夫，丞相浚子也。穎悟夙成，浚愛之，自幼學，所教莫非仁義忠孝之實。」
〔註 33〕參見本人著〈構築當代《易》學研究方法之反思—以惠棟對京氏《易》之誤解為例〉。中臺學報十九卷第一期頁 7。
〔註 34〕其說影響至今，如大陸學者朱伯崑的《易學哲學史》、劉玉建的《兩漢象數易學研究》，臺灣學者如高懷民的《兩漢易學史》都持與惠棟同樣的說法。《兩漢易學史》，頁 140 說：「前述孟喜、焦延壽《易》，雖不知其用術之詳情，要以卦氣為主；京房則不然，他創建了另一套嶄新的占術，以八宮卦變為根本，繫以世應、飛伏、爻辰、六親、納甲……等名目。」高懷民教

第六、從學者的評論上看。

京房用卦氣言災異，是以時辰、候氣、鐘律配卦；納甲術數屬於筮占，由數起卦爻，再參照時辰。由此看來，京房《易》學長於分卦值日法，其與八宮卦納甲世爻在占術方面是有極大的區別的。如《論衡・寒溫》〔註35〕、《新唐書・志》〔註36〕、《谷山筆麈》〔註37〕、《文獻通考》引石林葉氏語、《經義考》引黃伯思語，其言京房《易》學，皆不離「六日七分」、「卦氣直日」、「占氣候卦」、「六十四卦更直日用事」等描述之詞。石林葉氏也稱京房《易》不類占事知來，〔註38〕黃伯思則認為京房《易》非關《易》筮。〔註39〕按《宋史》以前的記載京房的正史及注文，都只提到京房之災異及六日七分卦氣說，不曾提及世應、飛伏、遊魂、歸魂、納甲之說。由以上的評論來看，可以提示納甲等《易》筮術數法是與京房無關的。

第七、詳查經史子集《京氏易傳》與京房的記載。

《京氏易傳》出現之前，從正史中歸納出談到「納甲」、「世爻」、「卦主」等學說者，是否提及與京房有關。談到京房學說者，是否提及「納甲」、「世爻」、「卦主」等學說。

按世人以納甲、納支、世月、爻等視為京房《易》的特色，原因在於宋代出現的《京氏易傳》。然而察宋代以前經傳史籍文本，如李鼎祚《集解》引荀爽《易》、虞翻《易》、干寶《易》說，及隋代《五行大義》、唐代《乙巳占》、《開元占經》、孔穎達《正義》來看包含納甲、爻等之說者，這些人史籍都是否有習京氏《易》的記載，他們是否都曾說明某條例是引自京房《易》，而宋代以前對於京房《易》的評論是否也限於鐘律、卦氣、災異，而未提及納甲、爻等之說，是討論的重點。

從《五行大義》、《十三經注疏》、《乙巳占》、《開元占經》來看，其內容沒有《京氏易傳》的條例；其談「衝破」、「相剋」、「論刑」、「納支」、「休王」

授引八宮卦、世應、飛伏等這些條例，卻只見荀爽、虞翻、干寶之說。此節參見見本人所著《京房易學流變考》，頁 231～236「《京氏易傳》的成書年限」一節。

〔註35〕見黃暉撰：《論衡校釋》第 631 頁。
〔註36〕見《新唐書》卷二十七上，第 598～599 頁。
〔註37〕見《歷代史料筆記叢刊》，第 71 頁。
〔註38〕見〔元〕馬端臨撰：《文獻通考》，第 1514-2 頁。筆者按此《京房易傳》四卷指的是宋出現的《京氏易傳》。
〔註39〕見〔清〕朱彝尊著：《經義考》。中華書局 1998 年版，第 45 頁。

的章節也全都沒有引京房或《京氏易傳》的文句。由此《五行大義》觀之，若京房擅長五行卦筮術法，蕭吉不可能沒提及；《五行大義》未見《京氏易傳》文句，只有一個可能，就是《京氏易傳》乃後出於《五行大義》。

綜合地看來，京房《易》說的範疇只限於鐘律、卦氣、災異，其模式以孟喜十二消息月卦為主軸，並承襲焦氏分卦值日而配以六十律。然而其《易》說卻被後來在宋欽宗時出現的《京氏易傳》體例所混淆，引起後人的誤解，所以在此節針對荀爽《易》世應、飛伏說，虞翻納甲說，干寶《易》八卦六位納甲支、世應、爻等、世卦起月等說，以及宋欽宗以前各經籍史料來做一番檢視，其內容有關於納甲、世應、飛伏等說並沒有提到引用京房等相關詞句，而記載京房《易》說則絕大部份限於鐘律、卦氣、災異之說和延伸的風角、五星、八風之說，荀爽等人所談不屬於京房原本的《易》說，用這角度以驗證二者區別所在，由此可以明瞭京房《易》說和《京氏易傳》體例兩者起於不同的淵源，朱熹、惠棟顯然欠缺此全方位的檢視。〔註40〕從文本、脈絡、後學領域、用語、注者、歷代評論、歷代經籍史料上來看《京氏易傳》，皆足以提供其書非京房所著之明證。

由此觀之，《京氏易傳》與兩《漢書》所記錄之《京房易傳》和京房《易》說實錄，其範疇原本就不相同。接著就《京氏易傳》與兩京房《易》術之關係，再提出幾點疑議：

1. 《漢書·藝文志》載：

> 《孟氏京房》十一篇，《災異孟氏京房》六十六篇，《五鹿充宗略說》三篇，《京氏段嘉》十二篇。〔註41〕

《孟氏京房》、《災異孟氏京房》為京房著作篇名，「段嘉」為「殷嘉」之誤寫，殷嘉為京房弟子，《京氏段嘉》為段嘉著作篇名。五鹿充宗拜梁丘臨為師習《易》，梁丘臨則專行前京房之筮法。然則《五鹿充宗略說》，應該是與前京房筮法有關的著作。班固將前後京房之著作並列，是否會引起後人之混淆？

今學界皆知元帝時的京房，而忽略武帝時另一位專長卜筮的京房。今所見《京氏易傳》以八宮納甲世應為模式，雖然與《繫辭》記載之「大衍之數」

〔註40〕參見本人著〈構築當代《易》學研究方法之反思——以惠棟對京氏《易》之誤解為例〉，中臺學報十九卷第一期，頁18～20。。

〔註41〕見前書，頁1703。

或《魯史》、《周官》所記載之筮法有所差異，但其骨幹乃綜合荀爽、虞翻等學說條例而來，基本上仍是演變自孔子正統古法，是應該和武帝時專長卜筮的京房學說同個系統，而與元帝時的京房律卦模式分道揚鑣，兩者是不同系統的。

2. 《隋書》記載有「《京氏釋五星災異傳》一卷、《京氏日占圖》三卷」，「梁有《周易錯》八卷。《風角要占》三卷，梁八卷，京房撰。《五音相動法》一卷。梁有《風角五音占》五卷，京房撰，亡。《風角雜占五音圖》五卷，翼氏撰。梁十三卷，京房撰。《周易占》十二卷，京房撰。梁《周易妖占》十三卷，京房撰。《周易守林》三卷，京房撰。《周易集林》十二卷，京房撰。《周易飛候》九卷，京房撰。《周易飛候》六卷，京房撰。……」等等，這些提為「京房撰」之諸書，無法證明前京房之筮法有牽涉其中。

從另一方面來看，各正史的《五行志》或《天文志》提及後京房《易》說者，其本文或注文記載與京房《易》有關的名目，無論所載是《京房易傳》，或為「京房占曰」、「京房著《風角書》」、「京房《易占》曰」、「京房《易妖》曰」、「京房《易飛候》曰」，其內容也都是主述災異。由此觀之，後京房《易》說在正史的範疇，也的確屬於候陰陽災異的。

吾人從東漢初承傳後京房陰陽占候之《易》學，與承傳施、孟、梁丘、費之筮法《易》學總和人數相當，足見後京房之《易》學影響力，一度超越過正統學派。這裡至少可以證明，在正史的《五行志》或《天文志》所提及京房《易》說者，都屬於後京房之《易》說。

然則，前京房之筮法《易》學，是否轉為民間密傳之本？若《京氏易傳》為三國吳陸績注，正史記載陸績曾注《周易》，則有可能陸績所注的，即使不是前京房本人的著作，至少是與前京房這一派有關的筮法《易》學，因為「京氏」也可被視為代表前京房這一派之後學。但是經南宋朱熹和清代惠棟的誤解及認定，《京氏易傳》遂被當做後京房之《易》學。就史學文本上來看，這是站不住腳的。

武帝時的京房是專長卜筮這方面的《易》術，是屬於地道模式之八卦系統，與元帝時的京房天道模式之律卦系統，兩者原本是不同系統的。東漢以降，後京房師承逐漸衰微，然其官方影響力依舊存在，是以各正史《五行志》、《律歷志》、《天文志》都無法與之相割裂，處處可見《京房易傳》和其律法之痕跡。然而專長卜筮之前京房，正史著墨不多，而應屬於與前京房八卦卜

筮系統較有關聯的《京氏易傳》，遂被附會到後京房身上。再經《易》家朱熹、惠棟，以及《四庫總目提要》之作者紀昀、永瑢等，均認定《京氏易傳》為後京房之作，以致於這個誤解至今仍然未能釋然。

第肆章　管輅玄理化《易》學研究

　　《三國志》本傳與裴松之（372 年～451 年）注所引之《輅別傳》，記載了管輅（209 年～256 年）許多成功的象數占例。他認爲明瞭陰陽之數，就能理解生死、隱顯之間的轉化。由於世人謂管輅《易》重視術數而多談鬼神，《三國志》才將他列於《方伎傳》中，後世亦多不視之爲《易》學家。

　　學界講義理者一般多歸功於王弼之掃象數，殊不知其稍早之管輅，已將漢《易》之象數義理化了，管輅《易》學應該是象數《易》轉義理《易》的眞正樞紐地位。本文是以針對管輅象數《易》與義理《易》的特色、價值、影響，來做一番研究。

壹、管輅其人其事

一、《管輅別傳》文本說明

　　從三國時期流傳之《管輅傳》有二，其一爲《三國志》所書者，另一是《隋書》、《舊唐書》、《新唐書》〔註1〕記載爲管辰所撰述者。今本《三國志》作者爲西晉陳壽，其注者爲東晉裴松之。裴松之於注文中引管輅事蹟皆首提「《輅別傳》曰」，據趙翼（1727 年～1814 年）《廿二史箚記・裴松之三國志注》，裴松之《三國志》注引書目亦列有「《管輅別傳》」〔註2〕。正史之《管輅傳》爲陳壽（233 年～297 年）所書者無疑，然而《輅別傳》爲何人之著作？

〔註1〕　《隋書・經籍志第二十八》，頁 976：「《管輅傳》三卷　管辰撰。」；《舊唐書・經籍志第二十六》，頁 2003：「《管輅傳》二卷　管辰撰。」；《新唐書・藝文志第四十八》，頁 1482：「管辰管輅傳二卷。」

〔註2〕　參見 http://bbs.gxsd.com.cn/viewthread.php?tid=1580&extra=page%3D1。

察《三國志》記載：「弟辰嘗欲從輅學卜及仰觀事。」又云：「臣松之案：……辰撰輅傳。」〔註3〕是裴松之所引之《管輅別傳》即管輅其弟管辰所撰之《管輅傳》，推測是爲了與正史之《管輅傳》相區分，是以加上一「別」字。

管辰所撰之《管輅傳》，至唐以後未載於史志，全文已不可見。〔註4〕

二、管輅生平傳略

管輅，是三國時代術數名家，是象數《易》學派的奇葩。《魏書》裏記載許多他的神奇占筮事蹟，他不僅得能知預他人生死，甚至自己的死日也瞭若指掌。

除了生死之說外，管輅繼承漢代天人感應思想，他不只談到陰陽相感，也擴及人鬼之間的感應。《繫辭》說：「變動以利言，吉凶以情遷」，而管輅踵蹈《繫辭》、京房的路線，提出了聲律與情變相感之說。他認爲從聲音的角度，足以「天地相感，金石同氣」。在象數方面，管輅掌握住五行水火之情，而謂「陰陽之數通於萬物」，藉由著筮顯現天地「墟落與運會」的象數狀態。他熟悉「五音」、「律呂」、「五星」、「六合」、「六甲」、「八風」、「占候」、「射候」等占術，他提「言之難」的論述，早已不限於諸家學者注《易》解《易》的範疇。

管輅在此宇宙論的基礎之外，更提出形上方面的見解，認爲唯有藉著「性通」、「入神」，體會「大象」的全局觀而達到「意之微」的境界，方能與天道相互契合。對於其他學者議家，他不諱地說「善《易》者不論《易》」；對於己學，他瞭解「《易》之清濁」所在。他不輕易著述或注解《周易》，也很少引用經籍。他認爲文字容易使人走向「多華而美巧」。甚至《論語》、《老子》、《莊子》在他眼裏是「無用知之」，他也聲稱「注《易》爲濁」，由此可看出他惜字如金的心態。他認爲聖人著作之意應該有更高的境界，乃是在得其天道之「神妙」。所以他死後，也只遺留世所共有的《易林》、《風角》、《鳥鳴》、《仰觀星書》等冊子，而沒有著作以供後人參考。

管輅平生中最引以爲樂者，就是和裴徽等五友共語，「使人精神清發，昏不暇寐」。在象數易學基礎上，管輅藉清談以「入神」，他的「得數者妙，得神者靈」之說，使得象數《易》學與玄學理論相接軌。孔子曾罕言性與天道，管輅卻主張「性通」、「妙合」；雖說到「言之難」，但如果「辭妙於理」，就可

〔註3〕 見頁 827～828。

〔註4〕 章太炎《國學講義・文學略說》：「今案：象傳一項，晉人所作，有《李郃傳》、《管輅傳》，全文今不可見。」（見 http://yuhsia.com/tx/ccb/topic_view.cgi?forum=5&article_id=0005071130132912&page=50）。

以得其「清言」。管輅的性理之說並沒有違背儒家人道之旨，所以他舉「仁」道「禮」，本身也能「謙愚自處」，言行如一。

管輅能夠超越京房術數的格局，暢談大象無形無體之論，指揮「天元」，神覽「太極」，由一己純然之性，體參天道，求其「形表入神」。他以為做為一個卜者要具備「多發天然」之資，理應「法天地、象四時、順仁義」，求其「至精至妙」，方可成就「聖人之道」。管輅從小人稱「神童」，長大後一直以「聖人」、「神人」當作最高目標，不時說到要內在「定其神」，然後「入神」、「參神」，藉卜筮「得數、得神」，而進入「神妙」之境。從史籍記載看來，他已經做到這一層面了。

管輅是魏代術數《易》學大家，他擅長卦候、風角、鳥鳴，雖未曾自詡為京房後學，事實上亦足以稱之。管輅藉由仰觀天文的日月星辰、俯察地理的鳥獸風雨，而能感通並熟悉占筮以推測來事。《易傳》提及天、地、人三才之道，按管輅在這三才之道方面的理念，的確也有自己的一番見解。他又曾和何晏（195 年～249 年）等進行清談，〔註5〕其言論內容也涉及道的本體，今人王葆玹先生、韓強先生都將他列入玄學家之一員。〔註6〕

貳、管輅《周易》學

《三國志》將管輅置於《方伎傳》，後世多不視之為《易》學家。〔註7〕然而管輅談及卦象，有與《周易》之說相似，亦有就《周易》提出疑議者。

一、與卦爻辭十翼相同或相近

管輅引《周易》之說，有與卦爻辭十翼相同或相近者。

《別傳》說：「龍有潛飛之化，虎有文明之變，招雲召風，何足為疑？」此龍潛飛之象，引自乾卦初九、九五爻辭，與《周易・文言》釋乾卦九五爻辭〔註8〕談同類相應的道理是一致的。「虎有文明之變」與革卦〔註9〕九五〈爻

〔註5〕　見《魏晉七家易學研究》第 285～286 頁。
〔註6〕　見《玄學通論》第 292～295 頁。《王弼與中國文化》第 105～106 頁。
〔註7〕　見 http://zhouyi.sdu.edu.cn/yixueshiyanjiu/lianzhenbiao.htm。連鎮標先生於《郭璞易學淵源考》言：「由於管輅治《易》重術數，侈談鬼神，故《三國志》把他打入《方伎傳》，後世亦多不以《易》學家目之。」
〔註8〕　「九五曰：『飛龍在天，利見大人。』何謂也？子曰：『同聲相應，同氣相求。水流溼，火就燥。雲從龍，風從虎，聖人作而萬物睹。本乎天者親上，本乎地者親下，則各從其類也。」

辭〉、〈小象〉文義相近。《別傳》說：「若發於乾者，必有天威。」《周易》之《經》、《傳》皆以乾卦代表天之象，是以言乾有天威。《別傳》說：「依木長嘯，動於巽林。」〈說卦〉言「巽爲木」，益卦〈象傳〉言：「木道乃行。」故《別傳》有此說。《別傳》說：「兌爲口舌，口舌之妖，動于靈石。」〈說卦〉言「兌……爲口舌」，《別傳》與之相同。《別傳》說：「雉者離之鳥。」〈說卦〉言「離爲雉」，《別傳》與之同義象。《別傳》說：「日月者離坎之象。」〈說卦〉言「坎……爲月」、「離……爲日」，《別傳》與之同義象。《本傳》說：「雷在天上曰壯；謙則裒多益寡。」此處言大壯卦、謙卦皆引二卦〈大象〉之辭。《本傳》說：「輅曰：方今四九天飛，利見大人，神武升建，王道文明，何憂不平？」此「四九天飛」意指人事歷經乾卦初至四爻，將達九五之情況。按同人卦《象傳》言「文明以健」，大有卦《象傳》言「其德剛健而文明」，賁卦《象傳》言「文明以止」，而《本傳》言「離爲文章」則似乎與《象傳》義近。〔註10〕

二、與《經》、《傳》相異者

《管輅傳》言「鼻者艮」；《別傳》言「坎爲棺槨，兌爲喪車」、「雞者兌之畜」，皆與卦爻辭、十翼相異。〔註11〕

三、提出質疑者

管輅云：

> 輅不解古之聖人，何以處乾位於西北，坤位於西南。夫乾坤者天地之象，然天地至大，爲神明君父，覆載萬物，生長無首，何以安處二位與六卦同列？乾之彖象曰：「大哉乾元，萬物資始，乃統天。」夫統者，屬也，尊莫大焉，何由有別位也？〔註12〕

管輅所主張乃將義理概念優先於爻象結構，他認爲天地爲統領萬物者而不應被限制在爻象的排列。然而若推溯源本，物象乃透過意識內化形成色彩、聲音、形狀等意象，意象再組合成概念，概念再透過卦口、手外衍形成文字、語言、卦象。由於卦源自意識對物象的改造，是以《說卦》乾可爲天，可爲父、爲玉、爲馬；坤可爲地，可爲母、爲釜、爲輿。馬可爲乾卦之象亦可爲

〔註9〕 革九五：大人虎變。未占有孚。象曰：大人虎變，其文炳也。

〔註10〕 本段引《管輅傳》者，依次分別見《魏書‧卷二十九‧方技‧管輅》，頁824、820、824、825、825、825、820、821。

〔註11〕 本段引《管輅傳》者，依次分別見前書，頁820、818、825。

〔註12〕 見前書，頁823。

震卦之象，輿可爲坤卦之象亦可爲坎卦之象，卦如何配物象乃依照當事人時位條件而定。故卦無定象，象無定卦。

今本《說卦》載八卦卦位有兩種，一是第三章，載「天地定位……」，後人據以爲「先天八卦圖」，此圖符合太極生兩儀至四象生八卦之次序，是以「時」（時間）爲主軸，主訴天上地下等的二分現象；另一是第五章，載「……乾西北之卦……」，後人據以爲「後天八卦圖」，此圖符合陰陽分野之區域，是以「位」（空間）爲主軸，主訴「方以類聚，物以群分」之現象，此乾坤兩卦乃象徵人事萬物，而不再象徵天地。

是故若以時間爲參考主線，空間爲參考副線，乾坤兩卦從太極來而各領天地，天在上地在下。若以空間爲參考主線，則乾坤乃象徵人事萬物之兩卦而已，不必然象徵天地，是管輅將乾坤兩卦限定在天地之象，實爲不妥。

以《別傳》內容來看，管輅似乎對《周易》文本頗不看重，其云：

> 始讀詩、論、《易》本，學問微淺，未能上引聖人之道，陳秦、漢之事，但欲論金木水火土鬼神之情耳。〔註13〕

可知管輅認爲《周易》文本僅提供文字記載，不符合「上引聖人之道，陳秦、漢之事」之條件，而將其價值置於五行鬼神之下。

參、管輅象數《易》特色

《管輅別傳》說：「及成人，果明周易，仰觀、風角、占、相之道，無不精微。」可見得，管輅除了明白《周易》利害得失之外，對於天文、風角、占筮、看相等方面也都能有所精通。而史籍記載其言論，從中透露出鳥鳴占、律呂與風角術之間的相關性，足以看出漢代京房《易》的流風遺跡。管輅的《易》學既然結合象數義理，甚至上升到玄理的境界，其學必然有其獨到之處。以下就其象數《易》學的風角、鳥鳴、音律部份來談。

一、風角、鳥鳴、音律

管輅象數學的另一項淵源就是風角術，而風角術與鳥鳴、音律有結合關聯。《管輅別傳》說：

> 義博從輅學鳥鳴之候，輅言君雖好道，天才既少，又不解音律，恐難爲師也。輅爲說八風之變，五音之數，以律呂爲眾鳥之商，六甲

〔註13〕見前書，頁812。

為時日之端，反覆譴曲，出入無窮。〔註14〕

從這段話可以明瞭，利用對於音律方面的認知，可學鳥鳴之候的占術。按西漢京房擅長以六十律反復配六十卦三百六十爻之占術，其弟子及後學也多擅長律卦候氣占術所衍繹的鳥鳴、風角之術。

《管輅傳》舉出其風角術、鳥鳴占的實例：

> 輅至列人典農王弘直許，有飄風高三尺餘，從申上來，在庭中幢幢回轉，息以複起，良久乃止。直以問輅，輅曰：「東方當有馬吏至，恐父哭子，如何！」明日膠東吏到，直子果亡。直問其故，輅曰：「其日乙卯，則長子之候也。木落于申，斗建申，申破寅，死喪之候也。日加午而風發，則馬之候也。離為文章，則吏之候也。申未為虎，虎為大人，則父之候也。」有雄雉飛來，登直內鈴柱頭，直大以不安，令輅作卦，輅曰：「到五月必遷。」時三月也，至期，直果為勃海太守。（《本傳》）

> 歲朝，西北大風，塵埃蔽天，十餘日，聞晏、颺皆誅，然後舅氏乃服。（《本傳》）

> 輅言：「樹上已有少女微風，樹間又有陰鳥和鳴。又少男風起，眾鳥和翔，其應至矣。」須臾，果有艮風鳴鳥。……，大雨河傾。（《別傳》）

> 輅又至郭恩家，有飛鳩來在梁頭，鳴甚悲。輅曰：「……主人雖喜，當有小故。」明日果有客，如所占。（《本傳》）

> 輅至安德令劉長仁家，有鳴鵲來在合屋上，其聲甚急。輅曰：「鵲言東北有婦昨殺夫，牽引西家人夫離妻，候不過日在虞淵之際，告者至矣。」（《本傳》）〔註15〕

從這幾段話，可以得知：其一，從「飄風高三尺餘，從申上來，在庭中幢幢回轉，息以複起，良久乃止。」得知其「在庭中幢幢回轉，息以複起，良久乃止。」符合「表異者」的陳述；「高三尺餘」及「從申上來」，指出風角術依據高度及方位變化，則符合「浮沈之候」的陳述。「大風」、「塵埃蔽天」也都屬於「表異」的現象。此乃繼承西漢翼奉的十二支辰風角占法。其二，「其

〔註14〕見前書，頁815。
〔註15〕依序見前書，頁816、820、826、815、816。

日乙卯，則長子之候也。……」此句所云則是管輅對占筮的解析。「其日乙卯」、「日加午」顯示運用了「干支日辰」。「離爲文章」指出運用了卦象。「長子之候」、「死喪之候」、「馬之候」、「吏之候」、「父之候」則是卦候占法中所值日辰之氣中顯現的象，此乃繼承京房的占法。「木落于申」顯示運用了「五行相剋」法，指申五行屬金，剋木。「申破寅」則顯示運用了「沖破」法。「斗建申」指出運用了「斗建」法。「申未爲虎」疑爲「四方神獸」中西方的白虎。其三，「有雄雉飛來，登直內鈴柱頭」、「有鳴鵲來在合屋上」，都是用眼睛觀察鳥兒的「表異」之象。「鳴甚悲」、「其聲甚急」都是用耳朵聽聞鳥鳴之音。接著「作卦」而「如所占」，則顯示鳥鳴、鳥象也可以和卦象占筮結合。其四，風角術可以推測出人事現象及發生的方位。從風的不同高度、時辰及種類等條件做依據，不僅可以推知人事，也可以預告氣象。「少女微風」、「少男風」是指觀察風的「表異」現象與兌、艮相符合，「果有艮風鳴鳥」指所占卦象之風的應驗。

二、管輅象數《易》條例的源本

（一）從周秦漢卦筮法來的

《管輅傳》載有許多筮法占術及論述：

> 「卦中有君本墓，墓中有女鬼。」、「命在八月辛卯日日中之時。」、「其日乙卯，則長子之候也。木落于申，斗建申，申破寅，死喪之候也。日加午而風發，則馬之候也。離爲文章，則吏之候也。申未爲虎，虎爲大人，則父之候也。」、「玄武藏頭，蒼龍無足，白虎銜屍，朱雀悲哭，四危以備，法當滅族。」、「背無三甲，腹無三壬，此皆不壽之驗。又吾本命在寅，加月食夜生。」〔註16〕（《本傳》）

> 「夫雞者兌之畜，金者兵之精，雉者離之鳥，獸者武之神，故太白揚輝則雞鳴，熒惑流行則雉驚，各感數而動。又兵之神道，布在六甲，六甲推移，其占無常。」〔註17〕（《別傳》）

本墓、鬼爲《易經》所無，今傳「納甲筮法」則有十二長生旺相墓絕訣，以及六親中的官鬼。墓乃其爻以日辰爲基礎，十二長生之辰、未、戌、丑爻爲墓。墓中有女鬼，非君伯母，當叔母也，指其爻值父母爻化做鬼爻。八月爲

〔註16〕依序見前書，頁812、813、816、825、826。
〔註17〕見前書，頁825。

酉月，今傳「納甲筮法」日月之支辰，秋酉金與卯木相沖剋。正月為寅，五行為木，十二長生墓絕訣至巳為「病」，至日中午為「死」。申未為虎，疑依照四方神獸之說，申未為西方白虎。

依照今傳「納甲筮法」其日乙卯（日辰），東方震卦（日辰所帶出的卦體），《說卦》震卦為長男，故為長子之候。風向方位為申，斗建申，申月金，沖破寅木（疑為所占值寅月之卦），十二長生旺相墓絕訣〔註18〕木氣又絕於申，故死喪之候。日加午，午十二生肖為馬，故馬之候。

按這些月建、五行、斗建、沖破、生肖、十二階段節氣等參數條例，乃已見戰國秦簡《日書》的條例。〔註19〕四獸神之占例，在式圖可以尋其濫觴，周秦漢《禮記・月令》〔註20〕《呂覽十二紀》〔註21〕、《淮南子・天文》〔註22〕皆有四獸或五獸之說。四獸在二十八星宿各領七宿。〔註23〕六甲，指六十甲子。三甲、三壬，其義不祥，則待察之。

（二）與京房《易》的關係

京房以五音十二律相配的六十律配六十甲子，用以知人之本命所在以調整其適合的姓氏，其義乃找尋屬於某五行讀音的姓氏，以求其五行平衡，魏晉納音法亦延續其原理，也運用到音律。管輅所說「本命在寅」，吾人雖不知其原本是如何斷占，然而寅為六十甲子之一，從「以律呂為眾鳥之商，六甲為時日之端」、「考之律呂則音聲有本，求之人事則吉凶不失」這兩句來看，

〔註18〕 《噶瑪蘭廳志・正文・卷二（上）規制・規制・城池・附考》，頁22：「案青龍水既旺盛，白虎子山兼寅申。星自坎離者，水宮旺地，是官祿帝旺，長生居申，最喜。白虎近盛高聳，而西方金旺生水，扶主身強。青龍一方，水去從金，會佳期巳方劫位。……」

〔註19〕 參見吳小強（2000）。秦簡日書集釋。中國：岳麓書社。

〔註20〕 頁4～5：「前朱鳥而後玄武，左青龍而右白虎。」

〔註21〕 《呂氏春秋・紀部・第一卷・第一篇・孟春》，頁1：「孟春之月：……其音角。律中太蔟。其數八。其味酸。……天子居青陽左，乘鸞輅，駕蒼龍。」

〔註22〕 東方，木也，其帝太皞，其佐句芒，執規而治春。其神為歲星，其獸蒼龍，其音角，其日甲乙。南方，火也，其帝炎帝，其佐朱明，執衡而治夏。其神為熒惑，其獸朱鳥，其音徵，其日丙丁。中央，土也，其帝黃帝，其佐后土，執繩而制四方。其神為鎮星，其獸黃龍，其音宮，其日戊己。西方，金也，其帝少昊，其佐蓐收，執矩而治秋。其神為太白，其獸白虎，其音商，其日庚辛。北方，水也，其帝顓頊，其佐玄冥，執權而治冬。其神為辰星，其獸玄武，其音羽，其日壬癸。

〔註23〕 參見《中國方術續考》，頁95，李零說：「古代星宿有二十八宿，是按東方蒼龍七宿，南方赤鳥（或朱雀）七宿，西方白虎七宿，北方玄武七宿排列。」

管輅的本命說實與律呂有所關聯。

（三）與道教《易》說的關係

「本命在寅」之「本命」，《大戴禮》有「易本命」，《孔子家語》有〈本命篇〉，都在講義理。唯《太平經》與《抱朴子》〔註24〕言本命與五行時日有關，足見「本命」出自漢魏之際的道教《易》。

「申破寅」之「破」，戰國《睡虎地秦簡日書甲種》已有「七月，建申……柀（破）寅。柀（破）日，毋可以有爲也」，以及「申秀，……寅徹。……徹，是胃（謂）六甲相逆」。〔註25〕《史記》、《漢書》皆謂之「衝」，蓋諧音並沿襲「徹」之義而來。至東漢王充著《論衡》謂之「沖」，或稱「破」。約同時的《太平經》與後期的《抱朴子》皆謂之「沖」或「破」，皆諧音並沿襲「柀」之義而來。由此看來，正史與道教《易》說各有所承襲，並可看出管輅「申破寅」法，乃被先秦《日書》、《論衡》、道教《易》這一脈流風所影響。

《別傳》引管辰說：

> 夫晉、魏之士，見輅道術神妙，占候無錯，以爲有隱書及象甲之數。辰每觀輅書傳，惟有《易林》、《風角》及《鳥鳴》、《仰觀星書》三十餘卷，世所共有。……昔京房雖善卜及風律之占，卒不免禍，而輅自知四十八當亡，可謂明哲相殊。……世人多以輅疇之京房，辰不敢許也。〔註26〕

後世有學者據以爲管輅爲京房後學，〔註27〕管輅《易》說有同後世本命沖破之說，遂認爲其說乃繼承京房《易》而來。關於京房，本人已於《京房易學流變考》辨明，其《易》學乃是結合律卦之候氣法，其四方伯卦、十二辟卦卦位，明顯與納甲之八宮卦位不同。實爲宋欽宗以後《易》家，爲宋欽宗時出現之《京氏易傳》誤導所致。由此看來，管輅承接京房《易》部份只能是《風角》及《鳥鳴》、《仰觀星書》之屬，其餘乃承接周秦漢卦筮法及道教《易》而來。

〔註24〕《太平經·內品修眞祕訣》，頁736云：「上清大眞人未昇天以前，皆一一取本命之日，修行四等。」《抱朴子內篇校釋·仙藥卷十一》，頁190：「若本命屬土，不宜服青色藥。」

〔註25〕吳小強著：《秦簡日書集釋》，頁36「子秀午徹」，徹是謂六甲相逆。

〔註26〕見前書，頁827。

〔註27〕http://zhouyi.sdu.edu.cn/yixueshiyanjiu/lianzhenbiao.htm。連鎭標《郭璞易學淵源考》云：「顯然，管輅也是屬於京氏《易》象數派。《三國志》本傳所載管輅的占卜活動，皆用京房的納甲、五行、六親之術，故世人比之京房，譽爲『一代之奇』。」

肆、管輅義理《易》的特色

一、管輅給予吾人名相的啟示

《別傳》引管輅之語：

> 商之將興，由一燕卵也。文王受命，丹鳥銜書，此乃聖人之靈祥，
> 周室之休祚，何賤之有乎？
>
> 夫萬物之化，無有常形，人之變異，無有常體，或大為小，或小為
> 大，固無優劣。夫萬物之化，一例之道也。〔註28〕

人之意識但見陰陽之別，是商朝與燕卵本為二物，文王受命與丹鳥銜書本為二事，然陰陽之別亦從太極之全體大象而來，太極原本自然不分，分之者但為常人之意識，故商朝與燕卵、文王與丹鳥，於自然大象之中並無價值貴賤之別。

《別傳》引管輅之語：

> 夫入神者，當步天元，推陰陽，探玄虛，極幽明，然後覽道無窮，
> 未暇細言。若欲差次老、莊而參爻、象，愛微辯而興浮藻，可謂射
> 侯之巧，非能破秋毫之妙也。〔註29〕

就哲學範疇上看，道是無窮無盡，為不可分之本體。言語之效能則在辨析事物，然可離析者非道也，是故言語儘管再詳細，仍未能含蓋道之全體。按《易》、《老》、《莊》人稱三玄，管輅處於玄學階段而評論玄學家「愛微辯而興浮藻」，是乃玄學家未能參見《易》道。蓋玄學家論《易》特重義理而輕象數，不知象數則不能參透秋毫之機妙。《易》玄學家的清談是對漢《易》的反動，但缺乏象數基礎的言談，只類無根的浮藻，作投機的辯論而已。

《別傳》引管輅之語：

> 輅以為注《易》之急，急於水火；水火之難，登時之驗，《易》之清
> 濁，延于萬代，不可不先定其神而後垂明思也。旦至今，聽采聖論，
> 未有《易》之一分，《易》安可注也！〔註30〕

就表達的詳盡度而言，意識大於語言，語言又大於文字，然而象數變化之精妙，乃超乎個人意識之外，而模擬眾人情意之趨向，言之再細也難以詳備。若能以純然之性，則通達其全理大道，指日可待也。管輅說「《易》安可注」，

〔註28〕見前書，頁816、814。
〔註29〕見前書，頁820。
〔註30〕見前書，頁823。

其意爲「安可注《易》」之倒裝句，指像《說卦》的注《易》者猶未能先定其神而後垂明思，其注《易》只讓《易》更趨於濁晦不明。就輅本人而言，他認爲象數似乎比玄談扎實，更能上引聖人之道，陳秦、漢之事，可藉由象數而更加具體落實。

管輅力求去除對於《周易》文字的注解，因爲他認爲文字是陷入「濁」的，它們會蒙蔽「清」的本質。由於文字的區隔性及局限性，這也是爲何管輅反對專注在經籍文句裡的解釋，而希望是得其純眞的「意」。

二、管輅確立性理與天道的關係

吾人按照《荀子》、《繫辭》所述，環境給我們的感覺，包括視覺、觸覺、聽覺、味覺、嗅覺，產生許許多多的情緒反應，可以將這些感覺透過陰陽之理，呈現出人物之間的利害、取捨互動關係。〔註 31〕先秦時已將五行配於五色、五位、五音等，《黃帝內經》也將五臟配上五行，漢代時《淮南子》不僅認爲環境影響我們的感覺，也影響我們的臟腑和情緒。〔註 32〕

中國流傳經驗法則中最簡單的一個「道」，就是「春、夏、秋、冬」的四季。這「春、夏、秋、冬」四季，是依照人們對環境的感覺經驗而產生的，既包含了一個不變的次序性，又包含了背後視覺、觸覺等綜合感覺經驗。四季不僅代表環境變化對人們的影響，也代表人們對這環境如何看待和解釋。

〔註 31〕《荀子·榮辱》：「凡人有所一同：飢而欲食，寒而欲煖，勞而欲息，好利而惡害，是人之所生而有也，是無待而然者也，是禹桀之所同也。目辨白黑美惡，耳辨聲音清濁，口辨酸鹹甘苦，鼻辨芬芳腥臊，骨體膚理辨寒暑疾養，是又人之所常生而有也，是無待而然者也，是禹桀之所同也。」〈非相〉：「人之所以爲人者何已也？曰：以其有辨也。飢而欲食，寒而欲煖，勞而欲息，好利而惡害，是人之所生而有也，是無待而然者也，是禹桀之所同也。然則人之所以爲人者，非特以二足而無毛也，以其有辨也。……辨莫大於分，分莫大於禮，禮莫大於聖王。……故以人度人，以情度情，以類度類，以說度功，以道觀盡，古今一也。類不悖，雖久同理，故鄉乎邪曲而不迷，觀乎雜物而不惑，以此度之。……小辯不如見端，見端不如見本分。小辯而察，見端而明，本分而理：聖人士君子之分具矣。」《繫辭·上》說：「一陰一陽之謂道，繼之者善也，成之者性也。」《繫辭·下》也說：「爻象以情言，剛柔雜居而吉凶可見矣。變動以利言，吉凶以情遷。是故愛惡相攻而吉凶生，遠近相取而悔吝生，情僞相感而利害生。凡《易》之情，近而不相得，則凶，或害之，悔且吝。」

〔註 32〕見《黃帝內經·素問·陰陽應象大論篇第五》，《黃帝內經·素問·水熱穴論篇第六十一》，又《淮南子·第七卷·精神訓》，頁 220：「天有四時、五行、九解、三百六十六日，人亦有四支、五藏、九竅、三百六十六節。天有風雨寒暑，人亦有取與喜怒。」

除此之外，祖先用五行、干支、節氣、星宿所鋪設的有次序性、有累計性，並賦予生剋沖合等動態性能。四季各再切割二分為八節氣，八節氣再各三等分為二十四節氣，漢代孟喜又將之分為七十二候，以各候所見所聞配上十二消息卦七十二爻，此即所謂「天道」的具體呈現，而「天道」無不初始根據於我們中原人士的所見所聞的共同感覺。《易經》和其他占卜術，無非也是依照所見所聞的共同感覺，經過討論、修正得到的結果。

《別傳》引管輅之語：

> 苟非性與天道，何由背爻象而任胸心者乎？

> 亡兄於此為安卦生象，辭喻交錯，微義豪起，變化相推，會於辰巳，
> 分別龍蛇，各使有理。

> 夫論難當先審其本，然後求其理，理失則機謬，機謬則榮辱之主。
> 〔註33〕

《中庸》說：「天命之謂性，率性之謂道，修道之謂教。」個人之性影響其判斷選擇，故甲與乙亦有不同之理。理之反復運作即為道，甲乙之理不同，則甲乙各為別相，其個別之道亦有所衝突。所謂修道即在其理之共通，其言「會於辰巳，分別龍蛇」，是眾人之理共通則眾人之道亦共通矣。人誕生於不同五行干支之時辰，便賦予不同質性之臟腑及循環，不同質性之生理狀況影響情感和對外界的反應。管輅強調「性」與「天道」有直接的關係，因為人的本性，原本就是這些共同的感覺經驗下所賦予之別象。荀子認為聖人天性誠明，〔註34〕可以理天地而貫串成道，管輅也是有這方面的認識。

《別傳》引管輅之語：

> 陰陽之數通於萬類，鳥獸猶化，況於人乎！夫得數者妙，得神者靈，
> 非徒生者有驗，死亦有徵……靈著者，二儀之明數，陰陽之幽契，
> 施之於道則定天下吉凶，用之於術則收天下豪纖。〔註35〕

管輅似乎不談老莊的無為，他只講「陰陽」。〈繫辭〉說「吉凶以利言，變動以情遷」，又說「日月相推而生變化」、「寒暑相推而歲成焉」，認為陰陽二分是奠基於人的「性情」。簡單講就是行為上的取捨、進退，感覺好的、有利於己者就是吉，就進而取之；感覺不好的、有害於己者就是凶，則退而捨之。

〔註33〕依序見前書，頁814、828、824。
〔註34〕見〈不苟〉篇。
〔註35〕見前書，頁823。

性情上的好利惡害，這也是荀子所認識到的。〔註 36〕管輅認為突破形容詞等文字的障礙，去除知識，將「性」化為純粹的感覺則只有「陰陽」可以代表，於是就能明白「天道」是由簡單的陰陽感覺所串聯起來的。陰陽對比下有天有地，串聯起來就形成天一、地二、天三、地四、天五、地六、天七、地八、天九、地十。所以，「天道」其實是吾人心性面對此世界的感覺反應之呈現。

三、管輅啟發吾人心性反應與音律週期的相關性

《別傳》引管輅之語：

> 君雖好道，天才既少，又不解音律，恐難為師也。輅為說八風之變，五音之數，以律呂為眾鳥之商，六甲為時日之端，反覆譴曲，出入無窮。

> 夫天雖有大象而不能言，故運星精於上，流神明於下，驗風雲以表異，役鳥獸以通靈。表異者必有浮沈之候，通靈者必有宮商之應，……此乃上天之所使，自然之明符。考之律呂則音聲有本，求之人事則吉凶不失。〔註37〕

《易經》有震卦，震代表震動，主要卦象為雷。在我們面前包括形象的震動和聲浪的震動，震動有往返反復的現象，所以物理上的光波以及人事上的慣性動作，也屬於其中之一。形象的震動，因吾人有視覺；聲浪的震動，因吾人有聽覺。視覺上之形象變化，可用卦爻來顯現；聲浪之震動，則可以音律來代替。每個時辰，擁有其個別氣象所特有的聲波頻率。以人的「性」或所謂「本命」來說，每個人出生的時辰，則各帶有從天道所分下來的特殊性能和五行五音的組合，代表他對外界有其特殊的反應，此互動的制約反應也是種律動，不獨聲音而已。每個人與生俱來的性能及五行不同，導致每個人的基本需求不一樣，影響其面對事物有不同的判斷選擇，本命帶來的音質及律數各異，所以每個人發出的情緒聲音及取捨進退有差別，其聲音的頻率和進退的慣性反應也各有差別。

《別傳》引管輅之語：

> 夫論難當先審其本，然後求其理，理失則機謬，機謬則榮辱之主。

〔註36〕見註31《荀子‧榮辱》所引。
〔註37〕依序見前書，頁 815、816。

又《別傳》引管辰言：

> 若夫疏風氣而探微候，聽鳥鳴而識神機，亦一代之奇也。〔註38〕

由於卦爻變化與當事人有緊密關係，它既代表眼前形象變化，又代表內心情緒變化。變化之間，我們會發出語言及感概表達自己的情緒，發出語言及感概必然會有聲響。推而延伸之，一切動物的反應，也會發出聲音表達自己的情緒；再進一步，一切無生物的變化，也必然會伴隨著聲響，聲響就是代表內心情緒的律動。管輅說「得數者妙」，聲響結合陰陽五行所衍生之「數」，「數」帶出卦，並由卦顯出「象」來。所以，京房、管輅的《易》算都應用到音律，可說找到了天道變化的「機」。能掌握音律變化，即掌握到物象變化的「機」。

四、管輅本體化之時空論述

《管輅別傳》說：

> 夫風以時動，爻以象應，時者神之驅使，象者時之形表，一時其道，
> 不足爲難。〔註39〕

《繫辭》說：「寒暑相推而歲成焉，日月相推而生變化」，時間這概念也是根基於人們感官知覺，對於環境的循環變化而來。時位是一體的，因時間是空間物體變化移動的描述，基本上它是相對產生的概念，而非絕對的存在，故言「風以時動」、「象者時之形表」。管輅既然以全然整體之思想爲背景，則吾人主體所面對不同方位的風，各階段的時辰，以及每一卦爻所顯示不同的象位，都賦予不同的名稱。名稱的不同，乃根基於人的分別意識對外界貼標籤的結果，這行爲並不妨害世界全然整體之事實。不同的時辰有不同方位的風吹來，卦爻相對於外界物象所起的變化反應，風透過觸覺感知，物象透過視覺感知，都是以占者主體性爲基準，風、象、人形成三位一體的流動組合，並藉由卦爻與音律、時辰的結合，描寫出其交流變化的情況，將超感知的部份則以具體的卦爻來呈現。由於時辰是賦有數的累計及次序特性，中原人士又賦予時辰以五行，五行又與五色、五味、五音等比附，管輅對於數時能精確的掌握，故其爻象變化所顯示的未來階段特徵，也能藉由變化出的另一爻象，重組其事物的外形。

〔註38〕依序見前書，頁824、827～828。
〔註39〕見前書，頁817。

五、管輅用象數來詮釋天人合一之義理

　　天人原本就合一不分的，將世界分割開來是因爲我們的感官意識。環境變化對人們是有直接的影響，它不僅影響我們的感官，也和我們的意識情緒息息相關。陰陽代表我們最簡化的二分意識及取捨進退的動作，這些意識及動作的組合便形成卦象。它們既是外在形象的描繪，也是內在心理的描寫；它們既代表我們所面對事物的形象，也代表面對事物的心理變化。

　　《別傳》引管輅之語：

　　　　夫物不精不爲神，數不妙不爲術，故精者神之所合，妙者智之所遇，

　　　　合之幾微，可以性通，難以言論。〔註40〕

管輅啓發卦象變化與心情變化的一致性，只要人意識行爲存在的一天，這「數」永遠不會消失。最主要的是如何領會這套「數」之變化，能由「數」導引出「象」來。管輅口中所謂「得數者靈，得神者妙」、「可以性通」的神人，其與凡人的差別即是在此。

　　由管輅其弟的話，得知管輅擁有性體天道的天資，其「入神」、「知機」是不必假借所謂的秘笈。正因爲天道是要靠質性直接去體會，這才稱做「入神」，而非只見到物形之表相。「入神」後，可以「步天元，推陰陽，探玄虛，極幽明」，對於天地之道一覽無盡，而這種意境是超越言語文字的，故「未暇細言」。

　　然而宇宙以吾人的意識去面對，宇宙變化也依照吾人的對比意識去串聯成天道，天地萬物變成可以用陰陽之數爲基礎的占卜術來掌握。常人越依賴感官，陷入二分意識及自我私慾當中，無法擴大心性及其視野，則更難以體會天道變化的奧妙。管輅說「得數者妙」，所以他不重視文詞上的注解及藻飾，而一直強調能夠與天道的感通，乃在於藉由風角、鳥鳴術數的眞本領。管輅又說「得神者靈」，他認爲性與天道在「無」的根基上方可成爲一體，它是不能強求而需要「天才」的質性，這也是體性自然無爲，能直接與萬物一體的明證。正因管輅自己「體性寬大，多所含受」而與世無爭，加上自身有仁德風骨，所以「明周易，仰觀、風角、占、相之道，無不精微」，他這種性情的仁和，使他眞正做到內外如一的地步，如此才能「入神」、「知機」以參天。

〔註40〕見前書，頁822。

伍、管輅義理《易》的承襲及影響

一、發揮儒家及《十翼》道德思想

何晏問當至三公否，管輅引艮、遯、謙、大壯四卦談履道休應。管輅曰：「又鼻者艮，此天中之山。」裴松之案：「相書謂鼻之所在為天中。鼻有山象，故曰：『天中之山』也。」〔註41〕山為艮卦之象，此引《說卦傳》：「艮為山」，是管輅結合《說卦傳》及相書也。管輅曰：「是故山在地中曰謙，雷在天上曰壯；謙則裒多益寡，壯則非禮不履。」，〔註42〕「山在地中曰謙」取謙《象》：「地中有山」之說；「雷在天上曰壯」則與大壯《象》相同。

《魏書》〈方技傳二十九〉〈管輅本傳〉記載十二月二十八日，何晏問：「知位當至三公否？」管輅回答說：「今青蠅，臭惡而集之焉。位峻者顛，輕豪者亡，不可不思害盈之數，盛衰之期。」〔註43〕這裡兼具損益卦「損上益下」及謙卦〈象辭〉文義。其引用謙卦〈象辭〉「鬼神害盈而福謙」之句，不僅表達出《周易》的天道思想，也印證了〈別傳〉「論鬼神之情」的說法。管輅又云：「是故山在地中曰謙，雷在天上曰壯；謙則裒多益寡，壯則非禮不履。未有損己而不光大，行非而不傷敗。」〔註44〕此處用對比及錯縱句法，並列謙卦及大壯卦的〈大象辭〉。然後「損己而不光大」從〈象辭〉「謙尊而光」的意義轉化而來；「行非而不傷敗」則謂憑俟一己之壯容易「行非」，則被天道所「反」而傷敗。這正符合老子所謂「人道」的行為，常常損他人的不足而奉自己的有餘，「天道」則損有餘的部份而補償不足的部份。此說皆符合《周易》的損益及謙卦思想，而這些思想正是表達宇宙平衡的機制所在。管輅非常明白其中的道理，所以勸何晏：「願君侯上追文王六爻之旨，下思尼父〈象〉〈象〉之義，然後三公可決，青蠅可驅。」〔註45〕又管輅過訪魏郡太守鍾毓，鍾毓問管輅：「天下當太平否？」管輅云：「四九天飛，利見大人。……」〔註46〕乃引申了乾九五爻辭文句，指卦象顯現四個陽爻將登進九五，君子將顯，小人將退之象。

管輅說：

〔註41〕見前書，頁 820、821。
〔註42〕見前書，頁 820。
〔註43〕見前書，頁 820。
〔註44〕見前書，頁 820。
〔註45〕見前書，頁 820。
〔註46〕見前書，頁 821。

夫卜者必法天地，象四時，順仁義。伏羲作八卦，周文王三百八十
四爻，而天下治。（《別傳》）

此乃履道休應，非卜筮之所明也。今君侯位重山嶽，勢若雷電，而
懷德者鮮，畏威者眾，殆非小心翼翼多福之仁。（《本傳》）

方今四九天飛，利見大人，神武升建，王道文明，何憂不平？（《別
傳》）

明府道德高妙，自天佑之，原安百祿，以光休寵。（《別傳》）

僕自欲正身以明道，直己以親義，見數不以為異，知術不以為奇，
夙夜研幾，孳孳溫故。（《別傳》）

君尚未識謙言，焉能論道？夫天地者則乾坤之卦，蓍龜者則卜筮之
數，日月者離坎之象，變化者陰陽之爻，杳冥者神化之源，未然者
則幽冥之先，此皆周易之紀綱，何僕之不謙？（《別傳》）〔註47〕

管輅一生務求「正身以明道，直己以親義」，在個人能「道德高妙」，而治世
能「王道文明」。而《易傳》「謙道」正是天地人鬼之道的總綱領。所以在管
輅看來，「識謙」方能「論道」。人的「履道」則將得天道之「休應」，人道的
主動實踐遠比依靠卜筮的趨吉避凶來的重要。老子說：「天道無親，常與善人。」
善於「履道」之人必得善應，不必有待卜筮來明白。帛書《周易》也記載子
曰：「仁義焉求吉，德行焉求福。」儒家將仁義德行之價值提升在卜筮的想念
之上，在此也獲得印證。

二、發揮儒家性道合一思想

道家老子提出以「道」為宇宙本體之論，影響所及，王弼以此本體論解
釋《周易》，由魏晉玄遠清談，乃至宋明理學談心性之理，實仍沾染道體之說。
按人之常情，是耳目實際經驗成就之「理」在前，抽象思維概念之「道」乃
在其後，是「事理」為原、「天道」為委，而道家老子將「天道」為原、「事
理」置為委，故對先秦儒家思想有所攪亂。今廓清範疇，直引儒家經典《爾
雅》、《論語》、《孟子》、《中庸》、《易傳》之言，論證「性」影響「心」之取
向，「心」之取向成就「理」，而「理」之反復貫徹遂成就「道」體。

《說卦》首章說：「昔者聖人之作《易》也，將以順性命之理，是以立天

〔註47〕依序見前書，頁 815、820、821、823、822、825。

之道，曰陰與陽；立地之道，曰柔與剛；立人之道，曰仁與義。兼三才而兩之，故易六畫而成卦，分陰分陽，迭用柔剛，故《易》六位而成章。」從此章可捻出三個命題：第一，性與道的關係。此孟、荀、《中庸》亦有言及。第二，天道是人所訂定之理的貫串，此亦爲《荀子》所主張；〔註48〕第三，聖人修道在順性命之理，此亦爲《孟子》、《中庸》所主張。

《中庸》云：「天命之謂性，率性之謂道。」直指按照性所爲即爲道。荀子謂聖人天性誠明，〔註49〕可理天地而貫串成道，以做爲人世禮樂的典範，其義符合《說卦》聖人立道之說。《孟子·盡心下》言：「聖人之於天道也，命也，有性焉，君子不謂命也。」孟子雖知個人之性命源自天道，特將之主動求善之部份突顯出來，故言「有性焉，不謂命也」。他更進一步捻出「盡心、知性、知天」的一條由人可參贊天地之道路。

今管輅正身、直己、識謙，旨在將內在之性純化。對於《易》當以象數爲本，求五行之理，內在之性純化後則對外能夠明道、親義，心性與天道通暢無礙，精神與天機相合無漏，自然見數不以爲異，知術不以爲奇。由此看來，管輅是儒家性道合一的直接繼承者。

依照先秦儒家經典所持之見，可知荀子主張人理實爲建構天道之基礎，此是以分辨爲前提之「理先於道」之說。〔註50〕孟子則認爲善性公義即是天理，此是理道和同之主張。〔註51〕非如同後世魏代管輅、王弼之玄學，藉儒學而承道家以「道」爲本體，而將「道」做爲宇宙事理規律的終極存在。

三、發揮道家思想

老子說：「道可道，非常道；名可名，非常名。」又說：「大象無形。」天道的玄妙是一種超越視覺的狀態，所以也是語言文字所不能完全表達的。管輅言：「夫物不精不爲神，數不妙不爲術，故精者神之所合，妙者智之所遇，合之幾微，可以性通，難以言論。」、「天雖有大象而不能言」，〔註52〕說明言論是粗略不精細的，因爲文字語言就是代表分別意識，無法表達神妙情境。

〔註48〕〈天論〉：「百王之無變，足以爲道貫。一廢一起，應之以貫，理貫不亂。不知貫，不知應變。貫之大體未嘗亡也。」

〔註49〕見〈不苟〉篇。

〔註50〕見〈非相〉所引。

〔註51〕〈告子〉：「有天爵者，有人爵者。仁義忠信，樂善不倦，此天爵也；公卿大夫，此人爵也。」〈公孫丑〉：「夫仁，天之尊爵也，人之安宅也。」

〔註52〕依序見前書，頁822、816。

管輅此論正符合莊子「得意忘言」之說。

　　《莊子・外物》說到：「言者所以在意，得意而忘言。」意即是無法用言語完全表達的。《莊子・秋水》說到：「夫精粗者，期於有形者也；無形者，數之所不能分也；不可圍者，數之所不能窮也。可以言論者，物之粗也；可以意致者，物之精也；言之所不能論意之所不能察致者，不期精粗焉。」管輅雖強調「意」之本體所在，仍以象數為應世之用，所以只能做到「可以意致者，物之精也」的層面，他仍然要落在言荃上。不過管輅指出了性通天道的功夫，其用意與莊子坐忘思想是一致的。《別傳》說：

　　　　若欲差次老、莊而參爻、象，愛微辯而興浮藻，可謂射侯之巧，非
　　　　能破秋毫之妙也。〔註53〕

管輅對於老莊的道，也是得其意而忘其言，破除辯者言能盡意的迷思。

　　《別傳》又說：

　　　　苟非性與天道，何由背爻象而任胸心者乎？夫萬物之化，無有常形，
　　　　人之變異，無有常體，或大為小，或小為大，固無優劣。夫萬物之
　　　　化，一例之道也。〔註54〕

他認為在天道中卻是「無有常形」、「無有常體」、「固無優劣」，所以「萬物之化，一例之道也。」老子說：「道生一」，很顯然管輅走道家老子的思想路線。既然「萬物之化，一例之道也。」天道無常形、無常體，則人之性也不分大小、優劣之別。於是，性與天道在「無」的根基上成為一體。體現莊子「天地與我並生，萬物與我為一」的齊物我思想。《別傳》說：

　　　　幽明同化，死生一道，悠悠太極，終而複始。文王損命，不以為憂，
　　　　仲尼曳杖，不以為懼，緒煩著筮，宜盡其意。〔註55〕

凡夫無法體道，猶如莊子寓言「渾沌」一但開竅，分別出「生」「死」來。莊子生而不悅，死而不禍，以生死為坦途。對於生死，管輅的理念也是莊子「一死生」思想的承襲。管輅認為太極之道是生死不分的，聖人入神體道，亦不以為憂懼。

四、闡釋漢代《易》的思想

（一）管輅《易》學與漢代律氣學的聯繫

〔註53〕見前書，頁820。
〔註54〕見前書，頁814。
〔註55〕見前書，頁822。

　　漢代流行以律配卦，其中就屬京房爲最具影響力。其六十律乃從十二律配五音而來，《後漢書‧律曆志》記載：「受學故小黃令焦延壽六十律相生之法：以上生下，皆三生二，以下生上，皆三生四，陽下生陰，陰上生陽，終於中呂，而十二律畢矣。」是十二律依照「累進」、「次序」兩個要件，以三分爲準，三分取其二是三生二，三分取其四是三生四，而陰陽相間。這些都是指震動頻率的依序加減。京房又說：「宓羲作《易》，紀陽氣之初，以爲律法。建日冬至之聲，以黃鍾爲宮，太蔟爲商，姑洗爲角，林鍾爲徵，南呂爲羽，應鍾爲變宮，蕤賓爲變徵。此聲氣之元，五音之正也。故各統一日。其餘以次運行，當日者各自爲宮，而商徵以類從焉。」是中孚卦氣爲六十甲子日之陽氣初首，其氣的震動頻率做爲一切他律的準則。「律」即物體的取捨動作形成外在的震動頻率，與物體本身五行之「氣」所蘊含其內在本命屬性的五「音」，彼此相配成足以象徵萬物取捨動作的六十律。孟喜十二月律配以七十二候，即表示十二月各節氣因天道變化，使天氣震動頻率各有不同，而導致風的傳遞有緩急之異，顯現在卦爻便是位的不同。京房又說：「以六十律分期之日，黃鍾自冬至始，及冬至而復，陰陽寒燠風雨之占生焉。」〔註 56〕京房六十律，每音配其律各統一日，就其卦可以推知某人事其外在的震動頻率的「律」，與其本身所蘊含其內在本命屬性的「五音」，此「音」配「律」從其間的生剋沖合當中，推知某人未來的運勢走向和陰陽寒燠風雨的變化。此「音」配「律」後來變化出的魏晉時納音，納支也是遵循這個基本原理，只是以干支代替音律，其法則由消息候氣轉爲筮占。

　　管輅《易》學與漢代律氣學是有所聯繫的，《別傳》言：

　　　輅爲說八風之變，五音之數，以律呂爲眾鳥之商，六甲爲時日之端。
　　　驗風雲以表異，役鳥獸以通靈。表異者必有浮沈之候，通靈者必有
　　　宮商之應，是以宋襄失德，六鶂並退；伯姬將焚，鳥唱其災；四國
　　　未火，融風已發；赤鳥夾日，殃在荊楚。此乃上天之所使，自然之
　　　明符。考之律呂則音聲有本，求之人事則吉凶不失。〔註 57〕

藉八風五音，將看似毫無關係的兩個事物串聯起來，管輅的風角、鳥鳴之術，不僅繼承京房鐘律候氣，也進一步在莊子「萬物與我合一」思想上，體現玄學本體虛無及宇宙現象間的不二關係。

〔註56〕本段引京房語皆見《後漢書‧志第一‧律曆上》，頁 3000。
〔註57〕見前書，頁 815。

（二）管輅替漢代天人相感作最佳詮釋

漢代另一學術特色便是天人相感說，用玄學思想將天人感應發揮得淋漓盡致者，以魏代管輅最為神妙。從他的談論紀事當中，得以了解漢代天人感應思想的眞諦。《繫辭》說「變動以利言，吉凶以情遷」，而管輅踵蹤京房，也提出聲律與情變相感之說。他認爲從聲音的角度，足以「天地相感，金石同氣」。在象數方面，管輅掌握五行水火之情，而謂「陰陽之數通於萬物」，藉由著筮顯現天地「墟落與運會」的象數狀態。在象數《易》學基礎上，管輅藉清談以「入神」，他的「得數、得神」之說，使象數《易》學與玄理相結合。

以管輅的看法驗證漢代天人相感的救災思想，就不難理解他所謂的「性通」正是由無我而回歸於大一的境界，這種境界在去除私欲妄想之後，遂能與鳥獸之音情相感通，故能與萬物「妙合」，體其道體之「樞機」。儒家的「仁」、「禮」，道家的「謙愚自處」，都是爲了做到大公無私，而識「仁」守「禮」正是去除私欲妄想之良方。漢代天人相感說，都認爲災異是主政者失德逞慾的結果，於是主張君王修德以消弭災異，修德便是要求君王發揮其主動性。天道感應在人德，見於老子之論述。所以君王做到識「仁」守「禮」，其損自己之有餘以補他人之不足，便能顯現出與天道人德相契合的正面意義，所以天所感應便是降下祥瑞。漢代天人相感說則以君王主動修德爲訴求，「天」只是做一個感應的對象，「天」的變化仍然可以在卦爻找到徵兆，君王主動修德是改變時運、扭轉善惡的根本源頭所在。

五、與魏晉思想接軌

（一）與何晏等五友進行清譚

《管輅傳》有記載管輅與何晏等五友進行清譚之情形：

> 即檄召輅爲文學從事。一相見，清論終日。（《本傳》）
>
> 若發於乾者，必有天威，不足共清譚者。（《別傳》）
>
> 裴冀州、何、鄧二尚書及鄉里劉太常、潁川兄弟，以輅稟受天才，
> 明陰陽之道，吉凶之情，一得其源，遂涉其流，亦不爲難，常歸服
> 之。輅自言與此五君共語使人精神清發，昏不暇寐。〔註58〕（《別傳》）

管輅在正始八年以後才找到適意的對手，如裴徽、何晏、鄧颺等五友，蓋何晏是當時玄學大家。除此之外，其他談論對象都令他覺得乏味。王葆玹先生《玄

〔註58〕依序見前書，頁 818、820、827。

學通論》認爲正始八年以後，管輅跨入三玄的領域，遂成爲玄學清譚的一員。

（二）象數玄理化

正始八年以後管輅跨入三玄的領域，將談論重點放在《易》、《老》、《莊》。《別傳》言：

> 非言之難，孔子曰「書不盡言」，言之細也，「言不盡意」，意之微也，斯皆神妙之謂也。⋯⋯今逃日月者必陰陽之數，陰陽之數通于萬類，鳥獸猶化，況於人乎！夫得數者妙，得神者靈，非徒生者有驗，死亦有徵。是以杜伯乘火氣以流精，彭生託水變以立形。是故生者能出亦能入，死者能顯亦能幽，此物之精氣，化之遊魂，人鬼相感，數使之然也。〔註59〕

他並未全然以研讀《易》、《老》、《莊》的文句或注解它們爲滿足，仍是在象數及儒家德行實踐之根基上推向玄理，並做一番省思，於是更肯定了象數的價值，所以他並沒有貶低卜筮的意思。管輅義理的闡發是根基於象數，與後來王弼掃象數獨尊玄理是有所區別。

（三）影響王弼思想者

管輅說：「苟非性與天道，何由背爻象而任胸心者乎？」韓強《王弼與中國文化》說：「管輅的『背爻象』，不是不要爻象，而是超越《周易》的爻象，去發明妙不可言的『妙象』。」韓強認爲王弼：「汲取了荀粲、何晏的『微言盡意』和管輅的『微言妙象盡意』的觀點。」之後王弼提出了「得象而忘言」、「得意而忘象」之說，不無受其影響。〔註60〕

陸、管輅在《易》學史的地位

管輅一生從事卜筮活動，學界多視之爲陰陽術數類的占卜家，而忽略他在玄學上學理價值。以下就分述幾點，來說明其在《易》學史上的成就。

一、管輅繼承京氏象數並開展五行雜占的路線

京房《易》以音律配卦爲基礎結構，大體上是以五音十二聲組合成六十律以配六十卦，以之占陰陽風雨寒溫。京房後學闡發此法演變出「風角」、「鳥鳴」之說，其原理是利用「風」的震盪達到「氣」和「律」的傳遞，而進行

〔註59〕見前書，頁822。
〔註60〕見貴州人民出版社2001版《王弼與中國文化》第105～106頁。

感通的連繫。管輅所擅長卦候、風角、鳥鳴，雖未曾自許爲京房後學，事實上足以稱之。從《魏書‧管輅傳》中所記載「四方神獸」、「本命」、「沖破」等是京房《易》所無，其無師自通，更可以窺見管輅《易》學融合的碩大功力，而且甚爲自謙，未曾以一家名號來自封。

二、管輅《易》由卜筮陰陽哲理轉入三玄

以魏齊王正始八年爲分界，之前所談論的範圍是卜筮、陰陽術數和其哲理，雖有超越象數的傾向，並未明確與三玄思想做結合。其後輕視卜筮，談論重點已跨入三玄的領域。〔註61〕管輅將象數《易》學玄理化，是做到體用兼備的《易》學家，可說前無古人、後無來者。

三、管輅是用玄學思想發揮漢代的天人相感思想者

漢代另一學術特色便是天人相感說，用玄學思想將天人感應發揮得淋漓盡致者，以魏代管輅最爲神妙。從他的談論紀事當中，得以去了解漢代天人感應思想的眞諦。以管輅之見驗證漢代天人相感的救災思想，就不難理解他所謂的「性通」正是由無我而回歸於大一的境界，這種境界在去除私欲妄想之後，遂能與鳥獸之音情相感通，故能與萬物「妙合」，體其道體之「樞機」。

四、管輅「意言之辨」影響王弼「得意忘言」之說

管輅主張「背爻象而任胸心」，一如王弼「忘象」之說；其言「善《易》者不論《易》」，一如王弼「忘言」之說；又說「物不精不爲神」，「可以性通，難以言論」，「言不盡意，意之微也」，其說也都屬於形上學範圍，其對於王弼《易》說的影響實有跡可尋。〔註62〕

五、管輅是體用合一的實踐家

東漢章帝以後京房律法已絕，只留下「大權常數及候氣」而已，到魏晉時京房《易》更是有書無師。管輅多半靠自修 「《易林》、《風角》、《鳥鳴》」諸書而來，也擅長音律、候風候氣，所以他絕對稱得上京氏後學。京氏學乃按照宇宙論的特定架構下注重實務應用，而玄學重超越現象的本體，在正始八年後他以京氏學的根基浸淫魏朝玄風，管輅所謂「得數」、「得神」，宇宙論及本體論在此做了結合。然而管輅也說「可以性通，難以言論」，若只浸淫在玄學清譚，對管輅來說實用價值是不足的，卜筮象數主要在爲民生所用，解決最根本的生死

〔註61〕參考《玄學通論》，頁293～294。
〔註62〕參考《玄學通論》，頁293。

問題。所以管輅是在魏晉玄學氛圍中，是屬於體用合一的理論實踐家。

六、管輅是將玄談的「道」象數具體化者

管輅《易》學特重象數而兼善義理，他認為了解五行、陰陽之數的運用才算是《易》之「清」，擁有發乎天然的資質本性才能領悟天道之「機」。天道是依照人的感覺變化所串聯構成的，每個時辰都含有不同的性能。人的出生時辰帶有不同性能的組合，每個物象背後也均可化為數，又代表某特殊的音，亦即其對外界變化又有不同的取捨及進退等反應。管輅《易》學不重文句注釋，他「得數者妙，得神者靈」的思想，將象數與玄學義理結合，他的「道」不僅是玄談的對象，更是可以用象數來具體化的。

七、管輅是融合儒道思想於漢代術數者

管輅《易》不僅是先秦儒家之心性天道相通思想，更是道家之泯除相對、道通於一意識思想，與漢代五行數術思想的綜合體。

下　篇
取代律卦占的人物、作品及學術內容

第伍章　費氏時位形式《易》占學概說

　　古代時占學有兩大類別，一是卜筮，一是陰陽占候。所以《後漢書·方術列傳》說：「《左傳》史蘇，晉太史，善筮者。京房字君明，善陰陽占候。」〔註1〕這兩類基本上分別繼承《易傳》三才的天道與地道思維。天道形式以時間概念組成，如十干辰、十二支辰、十二卦消息、二十四節氣、二十八星宿，以至七十二候皆屬之；地道形式則以空間概念組成，如四維、四方、八方、八宮，以及加上中央所變成的五方、九宮。而謙《象》曰：「謙亨。天道下濟而光明，地道卑而上行。」《繫辭》說：「《易》無思也，無爲也，寂然不動，感而遂通天下之故。」人類意識未介入之前，整個世界是不分的，所以《易》無思無爲；人類意識介入之後，透過感官遂二分爲陰陽，而遂能通達天下之事理。對於宇宙本體來講，何嘗有所分別？天道與地道，當然也是意識二分之後的局面，所以天道形式的十二支辰，也可用十二支辰風向之地道形式來呈現；地道形式的八方概念，也可以八節氣之天道形式來呈現。

　　戰國秦簡《日書》〔註2〕及子彈庫楚《帛書》，〔註3〕不論其談日忌或月諱，皆以天道形式十二時辰的基本形式來呈現，十二消息即爲天道時辰的形式。京房取焦延壽分卦值日、孟喜（約前 1 世紀）十二消息月卦，變化成十二消息辟卦統領其餘四十八卦而與音律結合的候卦氣法。然其將《說卦》八卦取坎、離、震、兌變化成爲四方伯卦，原即爲定位的地道形式，至後學在《易緯》修正成代表夏至、冬至等的四正卦。〔註4〕

〔註1〕　見洪北江主編：《廿五史》。中華書局，頁 2715 注八。
〔註2〕　參見吳小強（2000）：《秦簡日書集釋》。岳麓書局。
〔註3〕　參見李零（1985）：《長沙子彈庫戰國楚帛書研究》。北京中華書局。
〔註4〕　見《緯書集成·上》，頁 8～9。

　　另一方面，東漢時間盛行於民間，費直《易》占學以《易傳》解《周易》，其流傳至後世遺文的〈周易分野圖說〉，兼有十二支辰、八卦位，融合以天道形式及地道形式來呈現，似乎是前有所承而後有所繼。不僅東漢末葉鄭玄、荀爽（128年～190年）承其象數，魏代王弼亦專採其文本，是以其占術及學說影響一千餘年，以至今日。

壹、費直其人及其《易》學

　　漢代有所謂古文經學與今文經學，以《易》學範疇而言，施、孟、梁丘、京之學皆今文經學，注重師承及章句。而費直《易》則為古文經學，依照《漢書·卷八十八·儒林傳》的說法：

> 費直字長翁，東萊人也。治《易》為郎，至單父令。長於卦筮，亡章句，徒以〈彖〉、〈象〉、〈系辭〉十篇之言解說《經》上下。琅邪王璜平中能傳之。

是費直《易》所擅長者是在卦筮，注《易》方面，他並無章句訓詁，只以《易傳》十翼之言解說《周易》。對於費直《易》學的承傳，《後漢書·卷七十九·儒林列傳》則描述到：

> 田何傳《易》授丁寬，丁寬授田王孫，王孫授沛人施讎、東海孟喜、琅邪梁丘賀，由是《易》有施、孟、梁丘之學。又東郡京房受《易》於梁國焦延壽，別為京氏學。又有東萊費直，傳《易》，授琅邪王橫，為費氏學。本以古字，號古文《易》。又沛人高相傳《易》，授子康及蘭陵毋將永，為高氏學。施、孟、梁丘、京氏四家皆立博士，費、高二家未得立。

《漢書·藝文志》則說：

> 孔氏為之〈彖〉、〈象〉、〈繫辭〉、〈文言〉、〈序卦〉之屬十篇。故曰《易》道深矣，人更三聖，世歷三古。及秦燔書，而《易》為筮卜之事，傳者不絕。漢興，田何傳之。訖于宣、元，有施、孟、梁丘、京氏列於學官，而民間有費、高二家之說。劉向以中古文《易經》校施、孟、梁丘《經》，或脫去「無咎」、「悔亡」，唯費氏《經》與古文同。〔註5〕

〔註5〕 見中華書局 1962 版，頁 1704。

其擅長卦筮而無章句訓詁，只以《易傳》解說《周易》，凸顯出與今文經學派章句瑣碎的區別所在。〔註6〕雖然未能立博士，其解《易》之十翼卻出自孔氏之學，而且被稱爲「古文《易》」的文本與當時的古文相同，尚秉和（1870年～1950年4月10日）云：「夫曰與古文同，明費氏非古文也。」〔註7〕而今文經學派施、孟、梁丘《易》文本卻屢有脫漏，因此，費氏《易》占學的師承雖不明，仍舊是根源於先秦孔門的。先儒注《易》取資十翼者，首宗子夏（前507年～約前420年）《易》學，又王儉七誌引劉向（前77年～前6年）《七略》云：「《易》傳子夏，韓氏嬰也。」然從孔門、韓嬰（約前200年～前130年）、子夏傳至漢初田何及後儒，《漢書·儒林傳》均有跡可尋，唯不及費氏。是費直以雖同子夏以十翼釋《易經》，子夏至費直之間師承卻不明，豈如徐芹庭先生所云，民間輾轉相傳或得自隱者而文獻未足徵矣。〔註8〕

至於未得立博士的原因，《後漢書·八十卷·范升列傳》說：

時尚書令韓歆上疏，欲爲費氏《易》、《左氏春秋》立博士，……升退而奏曰：「……近有司請置京氏《易》博士，臺下執事，莫能據正。京氏既立，費氏怨望，《左氏春秋》復以比類，亦希置立。京、費已行，次復高氏，春秋之家，又有騶、夾。如令左氏、費氏得置博士，高氏、騶、夾，五經奇異，並復求立，各有所執，乖戾分爭，從之

〔註6〕　《漢書卷三十·藝文志第十》：「六藝之文：樂以和神，仁之表也；詩以正言，義之用也；禮以明體，明者著見，故無訓也；書以廣聽，知之術也；春秋以斷事，信之符也。五者，蓋五常之道，相須而備，而易爲之原。故曰『易不可見，則乾坤或幾乎息矣』，言與天地爲終始也。至於五學，世有變改，猶五行之更用事焉。古之學者耕且養，三年而通一藝，存其大體，玩經文而已，是故用日少而畜德多，三十而五經立也。後世經傳既已乖離，博學者又不思多聞闕疑之義，而務碎義逃難，便辭巧說，破壞形體：說五字之文，至於二三萬言。後進彌以馳逐，故幼童而守一藝，白首而後能言；安其所習，毀所不見，〔七〕終以自蔽。此學者之大患也。」
〔註7〕　又《續修四庫提要》於《費氏易》一卷（《玉函山房》本）載尚秉和云：「歷城馬國翰輯。考《漢書》，費直字長翁。東萊人也。治《易》爲郎。至單父令。長於卦筮，亡章句，徒以象象繫辭十篇之言解說上下經。費《易》既亡章句，故李氏《集解》，無有費說。陸氏《釋文》云，某字古文作某字，亦未言費氏。徒以劉向云以中古文《易》校三家，或脫去无咎悔亡，惟費氏經與古文同。夫曰與古文同，明費氏非古文也。同者言其字之多寡，同於中古文，無脫缺也。」
〔註8〕　參見徐芹庭（1975）：《兩漢十六家易注闡微》。五洲出版社，頁86～87。又參見維基文庫，http://zh.wikisource.org/zh-hant/%E5%AD%90%E5%A4%8F%E6%98%93%E5%82%B3。

則失道，不從則失人，將恐陛下必有厭倦之聽。……今費、左二學，

無有本師，而多反異，先帝前世，有疑於此，故京氏雖立，輒復見

廢。疑道不可由，疑事不可行。……，奏立左、費，非政急務。

是京房後學立為博士官學，引發費直後學的埋怨，希望比照辦理。從范升奏文陳情，得知一但一家立，將引發其他各家並復求立。所以，鑑於費氏與左氏「無有本師，而多反異」，范升以「沒有明顯師承及學術內容乖違」為由，遂連引起費氏埋怨的京氏博士官學，也一起廢立。

　　綜合以上記載，明示了費直《易》具有四項特質，其一，是費直「長於卦筮」，意味著他的《易》占學屬於卦筮象數範疇，其後學也應當和京房卦氣流派有別；〔註9〕其二，是無章句訓詁之冗言，使注《易》之文逐趨於簡潔；其三，是費氏《易》雖然未得立為博士而無法成為官學，《漢書·藝文志》謂其引《易經》為古文本，其《易》古文本較他本來得完整；其四，是只以《易傳》十翼解說《易經》，乃孔門《易》說的全面繼承者，其後學也應當和義理流派之詮釋有關。

　　為了弄清楚卦氣流派與卦筮流派的消長趨勢，有必要先瞭解卦氣流派的始末。

　　《漢書·儒林傳》記載孟喜「得《易》家候陰陽災變書」，很顯然地，孟喜是藉候氣法來講董仲舒那一套天人災變之感應。在當時《易》家們都評議為「非古法也」，乃不屬於《易》孔學正統之流，所以可知《漢書·儒林傳》記載孟喜先前「詐言師田生且死時枕喜膝，獨傳喜」〔註10〕這件事，也是屬於「改師法」的行為。又根據《儒林傳》：

　　梁丘賀字長翁，琅邪諸人也。……。於是召賀筮之，有兵謀，不吉。……

　　賀以筮有應，繇是近幸，為太中大夫。〔註11〕

梁丘賀擅長的是筮法，而他又舉證反駁其師田何獨傳孟喜候陰陽災變書一事，可見《易》學中的筮法在當時是隸屬於《易》孔學的正統，而候氣法並非如是。至於京、孟的關係為何？《漢書》說到：

　　京房字君明，東郡頓丘人也。治《易》，事梁人焦延壽。延壽字贛。……

〔註9〕 《後漢書·方術列傳》中華書局版，頁2715說：「《左傳》史蘇，晉太史，善筮者。京房字君明，善陰陽占候。」足見「卜筮」與「陰陽占候」非屬同類。

〔註10〕 見《漢書》卷八十八，中華書局第3599頁。

〔註11〕 見同上《儒林傳》，第3600頁。

其說長於災變，分六十四卦，更直日用事，以風雨寒溫爲候：各有
占驗。房用之尤精。好鐘律，知音聲。初元四年以孝廉爲郎。〔註12〕

京房受《易》梁人焦延壽。延壽云嘗從孟喜問《易》。會喜死，房以
爲延壽《易》即孟氏學，翟牧、白生不肯，皆曰非也。至成帝時，
劉向校書，……唯京氏爲異，黨焦延壽獨得隱士之說，託之孟氏，
不相與同。〔註13〕

《隋書·經籍志·易》卷三十二則云：

漢初，傳《易》者有田何，何授丁寬，寬授田王孫，王孫授沛人施
讎、東海孟喜、琅邪梁丘賀。由是有施、孟、梁丘之學。又有東郡
京房，自云受易於梁國焦延壽，別爲京氏學。嘗立，後罷。後漢施、
孟、梁丘、京氏，凡四家並立，而傳者甚眾。〔註14〕

由此看來，擅長卦氣說的京房，原本與施讎、孟喜、梁丘賀均爲孔門直傳於
田何的弟子，但由於孟喜得《易》家候陰陽災異書，京房習焦延壽《易》，焦
延壽曾問《易》於孟喜，京房遂僞造孟喜死時獨授候陰陽之密法於己，而稱
己爲孟喜弟子，其《易》大義遂與田何、楊叔、丁寬有差別。然而孟喜獲異
書宣稱得自田生，京房又將焦延壽獨得隱士之說而託之孟氏，同樣受到師傳
統《易》學之門生所排擠。但京房後學殷嘉、姚平、乘弘又學有所成，皆爲
郎、博士，殷嘉等因政爭關係，其所立之博士才又被廢。然而，筮占學與卦
候占學的爭論戰並未歇息。

另一方面，我們從《漢書·儒林傳》說：

高相，沛人也。治《易》與費公同時，其學亦亡章句，專說陰陽災
異，自言出於丁將軍。傳至相，相授子康……莽惡之，以爲惑眾，
斬康。繇是《易》有高氏學。高、費皆未嘗立於學官。

費直乃王莽擅政之前，約西漢成、哀、平帝時人，〔註15〕《易》經用古文，
注用《易傳》十翼，又長於卦筮。施孟梁丘與京氏四家皆列於學官，尚有未
立學官的費直與高相兩家，高相治《易》，亦無章句，專說陰陽災異。由於費
直《易》在兩漢期間均未立於學官，西漢時只流行於民間，東漢時學者多人

〔註12〕見同上卷七十五《京房傳》，第3160頁。
〔註13〕見同上《儒林傳》，第3601頁。
〔註14〕見洪氏出版社1974版，頁912。
〔註15〕見同前引，頁3602。

爲之作傳注。〔註16〕

然而吾人可知，費直《易》學所擅長的卦筮，絕對是源自孔門，與田何、梁丘賀所傳者性質相同。其施、孟、梁丘《易經》版本有的脫去「無咎」、「悔亡」，僅有費氏《易經》版本與古文相同，可見民間流傳的費氏《易經》，是比較完整的版本，由於東漢多人鄭玄、荀爽爲之作傳注，其後學影響力遂超越京氏後學卦氣派而取代之。除王弼《周易注》取鄭說，孔穎達（574 年～648年）《周易正義》又採用王弼本，其對後世各家文本的選取影響甚大。

除了文本選取的影響之外，還有兩個跡象可以提供探究，其一是始見《晉書》記載的費直《周易分野》說，其二是荀爽的八宮世爻說。

貳、費直其《易》注及《易》文

史籍登錄費直著作。《隋書卷三十四·經籍志·五行志第二十九》記載：「《易林》二卷（費直撰，梁五卷）《易內神筮》二卷（費直撰，梁有周易筮占林五卷，費直撰，亡）」《舊唐書卷四十六·經籍志上·第二十六·甲部經錄·易類》記載：「又四卷（《費直章句》）。」《舊唐書卷四十七·經籍志下·志第二十七·丙部子錄·五行類》記載：「《費氏周易林》二卷（費直撰）。」《新唐書卷五十七·志一·藝文志第四十七·甲部經錄·易類》：「《費直章句》四卷。」《新唐書卷五十九·志第四十九·藝文志三·丙部子錄·五行類》記載：「《費氏周易逆刺占災異》十二卷（費直）。」《宋史卷二百六·志第一百五十九·藝文志五·子類·五行類》記載：「《費直焦貢晷限曆》一卷」《清史稿卷一百四十五·志一百二十·藝文志一·經部·易類》記載：「漢費直《易注》一卷。《易林》一卷。《周易分野》一卷。」

而《續修四庫提要》柯劭忞（1848 年～1933 年）說：「按《儒林傳》：費氏無章句，……是費《易》原無章句，惟有《經》本耳。……至梁之《費氏注》，《序錄》所載之《費氏章句》，其不出於直，無疑也。」〔註17〕是《清史稿》僅

〔註16〕參考自《兩漢十六家易注闡微》，頁 291。詳見本章第肆節。
〔註17〕《續修四庫提要·周易費氏注一卷（玉函山房本）》錄柯劭忞說：「清馬國翰輯。費直字長翁，東萊人，官單父令。漢書《儒林傳》有傳。《隋書·經籍志》：梁有《漢單父令費直注周易》四卷，亡。陸德明《釋文序錄》《費直章句》四卷。新舊《唐書志》並同，亦久佚。按《儒林傳》：費氏無章句，徒以〈象〉〈象〉〈繫詞〉十篇之言解說上下《經》。劉向以中古文易校三家。惟費氏經與古文合，是費易原無章句，惟有《經》本耳。《隋志》稱《費直易》，其本

存之《費氏易注》，《新舊唐書》四卷之《費直章句》，皆出於費直後學。故徐芹庭先生說：「蓋《費氏章句》及《易林》、神筮之書，悉爲後世費氏學者所附益也，視爲費氏一派之學可也。惟此學者所附益之書，亦已亡矣。」〔註18〕

參、費氏所傳《周易分野》的原委

《晉書·天文志·十二次度數》有引費氏《周易分野》十二次的記載，其云：

> 十二次度數十二次。班固取三統曆十二次配十二野，其言最詳。又有費直說《周易》、蔡邕《月令章句》，所言頗有先後。魏太史令陳卓更言郡國所入宿度，附而次之。……自軫十二度至氐四度爲壽星，於辰在辰，鄭之分野，屬兗州。（費直《周易分野》，壽星起軫七度。）蔡邕月令章句，壽星起軫六度。）自氐五度至尾九度爲大火，於辰在卯，宋之分野，屬豫州。（費直，起氐十一度。蔡邕，起亢八度。）自尾十度至南斗十一度爲析木，於辰在寅，燕之分野，屬幽州。（費直，起尾九度。蔡邕，起尾四度。）自南斗十二度至須女七度爲星紀，於辰在丑，吳越之分野，屬揚州。（費直，起斗十度。蔡邕，起斗六度。）自須女八度至危十五度爲玄枵，於辰在子，齊之分野，屬青州。（費直，起女六度。蔡邕，起女二度。）自危十六度至奎四度爲諏訾，於辰在亥，衛之分野，屬并州。（費直，起危十四度。蔡邕，起危十度。）自奎五度至胃六度降婁，於辰在戌，魯之分野，屬徐州。（費直，起奎二度。蔡邕，起奎八度。）自胃七度至畢十一度爲大梁，於辰在酉，趙之分野，屬冀州。（費直，起婁十度。蔡邕，起胃一度。）自畢十二度至東井十五度爲實沈，於辰在申，魏之分野，屬益州。（費直，起畢九度。蔡邕，起畢六度。）自東井十六度

> 皆古字，號曰「古文易」。《隋志》所稱古字本，是恐爲費直原本，或爲費氏學者所寫定，均不可知。至梁之《費氏注》，《序錄》所載之《費氏章句》，其不出於直，無疑也。《釋文》所引之古文，與吳仁傑、晁說之所引之費氏古文，國翰輯爲一卷，題曰《周易費氏注》，并署漢費直撰，殊爲影響。至乾卦，畫一全卦，繫以象詞。再畫本卦各爻，繫以爻詞。又畫覆卦，繫以用九之辭。亦本之吳仁傑、晁說之，重複無理，費《易》決不如此。惟國翰採輯成書，亦有裨於學者，故爲之辯訂，仍著錄於提要焉。」

〔註18〕同前引書，頁 290。

至柳八度爲鶉首，於辰在未，秦之分野，屬雍州。（費直，起井十二度。蔡邕，起井十度。）」〔註19〕

唐代《開元占經‧卷六十四‧分野略例》注文亦有記載：

費直《周易分野》曰：自軫七度至氐十一度爲壽星。〔註20〕

至清代，則《清史稿‧卷一百四十五‧藝文志‧經部‧易類》有錄言：

漢費直《易注》一卷。《易林》一卷。《周易分野》一卷。

《後漢書‧郡國志第十九》「自斗十一度」按語說：

按：集解引惠棟說，謂費直《周易分野》壽星起斗十度，蔡邕月令章句壽星起斗六度，陳卓云斗十二度。……〔註21〕

《後漢書集解》乃清代惠棟後王先謙所著，是王先謙《後漢書集解》也曾引惠棟記載費直《周易分野》之語。

至於明儒來知德《周易集註》其書載有費直的「八卦分野圖」，〔註22〕將八卦方位與十二次、十二州、二十八星宿，並配上六十四卦。今就此《周易分野》說與「八卦分野圖」來探討以下幾點議題：

第一，有關於《周易分野》歸屬之作者。

關於「十二次」說，尚秉和於《續修四庫提要‧周易分野一卷（玉函山房本）》下云：

漢費直撰，歷城馬國翰〔註23〕輯，載《玉函山房輯佚》叢書中。馬氏云：「案羅泌路史：《費直易》十二篇。以《易》卦配地域，今其書佚。唯《晉書‧天文志》，引其十二次所起度數，稱費直《周易分野》。唐《開元占經》亦引之，稱名同。茲據輯錄，姑依晉志所引，題作分野。至其配卦之例，莫可稽考云云。」按十二辟卦，與十二辰十二次皆相應。路史所云十二篇，必以十二辟爲主，再由十二辟與地域相配，而地域皆與十二次相配。今觀費直所云：壽星起軫七度，至氐十度則夬辟也。以〈卦氣圖〉攷之，其域在辰方。其宿爲

〔註19〕見洪氏出版社，1975 版，頁 307～309。

〔註20〕見李零（1993），中國方術概觀，人民中國出版社，頁 641。

〔註21〕王先謙繼惠棟後又撰《後漢書集解》一百二十卷，對歷代注釋《後漢書》的成就作了一次全面性的整理，是爲集大成之作。（取自 2010 年 5 月 6 日維基網。網址：http://zh.wikipedia.org/zh-tw/%E5%90%8E%E6%B1%89%E4%B9%A6）

〔註22〕參考自徐芹庭《兩漢十六家易注闡微》，頁 93、307。

〔註23〕生平 1794 年——1857 年。

角亢，其卦起豫之四爻，歷訟、蠱、革、夬，至旅之三爻。據《漢書·地理志》。其分野爲韓。……二十八宿分野，在地理志，十二辟與十二次相配。六十卦依十二辟卦相配，皆在〈卦氣圖〉。費氏之法，雖未窺其全，其配卦之例，固莫能外此也。然不有馬氏之輯，則〈卦氣圖〉祇言某次配某宿耳。其起訖度數，莫得而詳，其功亦大矣。〔註24〕

以上爲尚秉和個人之見。只能說同在漢代的孟喜、京房和費氏後學皆講十二階段，雖然皆隸屬於陰陽開展出來的天道思維，但實用性任務不同，每階段各自有不同表述。孟喜以一卦表一月，京房一卦表六日七分，費氏則以十二星辰次分野各州。由於正史兩《漢書》並未記載費直原本有此說，而始見於《晉書·天文志·十二次度數》內容當中，故於此定調爲費直後學所爲。

　　第二，《周易分野》說的淵源。

　　從子彈庫戰國楚《帛書》，載有十二月諱曆形式。戰國睡虎地秦簡《日書》甲種，以十二時辰階段爲主軸形式，與干支相配，而且還有地支的沖（子秀午徹，徹是謂六甲相逆）、破（建寅、破申）。放馬灘秦簡《日書》甲種有月建，順行十二辰表，（正月寅，順行配以其他11地支，以見其與寅的關係）。乙種已有以十二地支記載十二時辰，並用於占文。將十二時辰與八方做對照，因時間、方位不同，產生人事不同的結果。放馬灘秦簡《日書》甲種有天官書9條，述二十八宿次第及每月的分度。〔註25〕是以戰國楚《帛書》月諱曆與秦簡《日書》均以十二階段做爲天道思維的架構，《周易分野》說其淵源似乎有跡可尋。

　　第三，從秦簡《日書》及式盤，來看「八卦分野圖」十二次配八卦的可能性。

　　放馬灘秦簡《日書》乙種，已有以十二地支記載十二時辰，並與八方做對照。漢代流行式盤，運用式盤進行觀測稱爲式法。天盤表天道之時的實務化，地盤表地道之位的實務化。1972年甘肅出土王莽（前45年～23年10月6日）時期威磨嘴子漆木式盤，其時期正在費直後，已有天道十二支辰配地道八方形式，唯尚未配以八卦。1925年出土東漢明帝（28年～75年）末或章帝（58年～88年）前後，朝鮮樂浪遺址王盱墓漆木式盤，已有天道十二支辰配

〔註24〕見《續修四庫全書總目提要（經部上冊）經部·易類》，頁7～9。
〔註25〕參見吳小強（2000）：《秦簡日書集釋》。中國：岳麓書社。

地道八卦形式。綜合以上觀之，費直本人是否爲《周易分野》作者不可考，只能將其書歸之費氏後學所爲。

來知德《周易集註》其書載有所謂費直的「八卦分野圖」，以八卦配上十二支辰。從東漢明帝末或章帝前後之王盱墓漆木式盤，也已將八卦配十二支辰，看出將「八卦分野圖」歸屬費氏後學所爲，其時間點是恰當的。

第四，費氏的《周易分野》配八卦方位圖，與《說卦傳》的淵源關係。

《漢書·藝文志》說：「孔氏爲之〈彖〉、〈象〉、〈繫辭〉、〈文言〉、〈序卦〉之屬十篇。」而《儒林傳》說費直：「徒以〈彖〉、〈象〉、〈系辭〉十篇之言解說《經》上下。」並未將《說卦傳》羅列其中，唯篇數與今日「十翼」之說相同。《隋書·經籍志·易》卷三十二則云：

> 昔宓羲氏始畫八卦，以通神明之德，以類萬物之情，蓋因而重之，爲六十四卦。及乎三代，實爲三《易》：夏曰《連山》；殷曰《歸藏》；周文王作卦辭，謂之《周易》。周公又作爻辭，孔子爲〈彖〉、〈象〉、〈繫辭〉、〈文言〉、〈序卦〉、〈說卦〉、〈雜卦〉，而子夏爲之〈傳〉。及秦焚書，《周易》獨以卜筮得存，唯失〈說卦〉三篇。後河內女子得之。〔註26〕

今傳出土漢初文帝時馬王堆《帛書周易》，並無〈說卦傳〉三篇。王葆玹先生認爲昭帝時魏相獻書談五行配卦，其書即爲〈說卦傳〉。〔註27〕然而〈說卦傳〉必然在昭帝之後又併爲《易傳》十篇之中。

京房受魏相影響只取坎、離、震、兌爲四方伯卦，但對照出費直《易》說無章句則不求妄爲新義，只用《易傳》十篇以解《周易》，其用〈說卦傳〉完整的八卦方位形式，也是順理成章而合情合理的。可以說，戰國秦簡《日書》及子彈庫楚《帛書》，其講日忌或月諱的天道十二支辰形式，被費氏〈周易分野〉說繼承。孟、京則分別配卦，以十二消息月卦和十二消息辟卦來呈現。〈說卦傳〉八卦方位形式，京房引只用其中四卦做爲四方伯卦，費氏〈周易分野〉說則完全繼承。因此從《說卦傳》八卦時位說由子夏氏之儒在民間由費直承襲，其後學將之之與十二次支辰相配，不僅可能且合乎潮流時宜。

如此一來，從盛行於兩漢之際的《易緯》之內容來看，《易》占學遂往兩

〔註26〕見洪氏出版社，1974版，頁912。

〔註27〕見〈西漢易學卦氣源流考〉。方立天主編：《中國哲學史研究》第4期（總第37期），頁74。

條主軸線發展開來：其一，是融合十二消息辟卦的京房六十律卦占法，其形式乃始於戰國日忌書或月諱書；其二，是八卦形式占法，其形式乃源自孔門《易傳》。而費氏〈周易分野〉說或所謂「八卦分野圖」，也可提供兩個視點：其一，《易緯》是費直後學鄭玄所注解的，費氏〈周易分野〉說的天道、地道合體形式，在當時也正與式法天盤、地盤之作用互通。十二次配八卦，與《易緯》內容十二消息卦氣與八卦氣並陳，這與漢末八卦氣逐漸取代京房十二消息卦氣形式，使得更有時間上的契合性。其二，鄭玄同期的荀爽作費直《易傳》，也以八宮卦世爻說解《易》，甚至於被晉代干寶（？～336 年）完全接收。〔註 28〕荀爽作費直《易傳》且發明八宮卦世爻說來看，費氏八卦方位圖的可能性大增。所以僅在象數學方面，費直《易》學的貢獻不可謂匪淺。

肆、費直《易》占學的影響

　　若要瞭解費直《易》占學的影響，吾人應先從史書上來看。

《後漢書‧儒林列傳‧孫期》云：

　　建武中，范升傳孟氏《易》，以授楊政，而陳元、鄭眾皆傳費氏《易》，其後馬融亦為其《傳》。融授鄭玄，玄作《易注》，荀爽又作《易傳》，自是費氏興，而京氏遂衰。〔註 29〕

另《隋書‧經籍志‧易》卷三十二云：

　　漢初又有東萊費直傳《易》，其本皆古字，號曰古文《易》。……故有費氏之學，行於人間，而未得立。後漢陳元、鄭眾，皆傳費氏之學。馬融又為其傳，以授鄭玄。玄作《易注》，荀爽又作《易傳》。魏代王肅、王弼，並為之注。自是費氏大興，高氏遂衰。梁丘、施氏、高氏，亡於西晉。孟氏、京氏，有書無師。梁、陳鄭玄、王弼二注，列於國

〔註 28〕在《易緯‧乾鑿度》問世之後，九宮說逐漸流行，至東漢末期趨於極盛。鄭玄詳釋九宮之說，可謂《易》學中九宮說之大成。與鄭玄同期的荀爽，將九宮說用於筮占，以九宮釋卦。李鼎祚《周易集解》引荀爽注解恒〈象〉：「恒，震世也。」意謂恒卦為震宮三世。其注解〈象〉：「解，震世也。」意謂解卦為震宮二世。其注蠱卦《象》：「蠱者，巽也。巽歸合震。」意謂蠱為巽宮之歸魂卦，巽三世至遊魂，下卦皆為震，至歸魂又盡變為巽，故云「巽歸合震」。另外，晉代干寶繼承而更擴大其說，其注解蒙卦：「蒙，離宮陰也，世在四。」意謂蒙卦是離宮四世陰爻。其注解益卦六二：「在巽之宮。」意謂益卦是巽宮三世。（引自本人所著《京房易學流變考》，頁 160）
〔註 29〕見中華書局 1962 版，2554 頁。

學。齊代唯傳鄭義。至隋，王注盛行，鄭學浸微，今殆絕矣。〔註30〕
西漢六家《易》學，到了東漢，只盛行費直一家。據《後漢書·儒林傳》、《隋書·經籍志》說，後漢陳元〔註31〕、鄭眾、馬融（79年～166年）、鄭玄、荀爽、劉表（？～208年），以及魏代王肅、王弼，皆傳費氏《易》，自是費氏大興，其它各家漸衰，尤其是主張陰陽災異的高氏、京氏兩家遂被取代。在陳、梁時代，傳費氏學的鄭玄、王弼二家《易經》，都列於國學，梁丘、施氏、高氏諸家亡於西晉，孟氏、京氏，也有其書而無其師承。至隋代，王注盛行，鄭學浸微，已幾乎成絕響矣。

鄭玄先學京房《易》，後從馬融學費氏《易》，他的《易》學是費氏兼有京氏，學者皆說鄭氏主於象數。王弼《易》學雖說出於費直，但他的《易》注捨忘象數，而主於義理。唐孔穎達依王注作疏，他在自序中推崇王注爲「獨冠古今」，由此王注盛行於後世。〔註32〕是以《易傳》十翼藉由費直《易》這一派承傳千年之久，其義理範疇聲勢看漲，超越孟、京、高等數家，影響後世學院系統之《易》學甚爲顯著。

伍、費氏《易》占學在史學上的價值

第一，《漢書》說：「或脫去無咎、悔亡，唯費氏與古文同。」由此觀之費氏《易》無章句之注疏，《易》本不受個人見解所影響，對於保持《周易》原文形貌，功不可沒。近年馬王堆發現有西漢文帝時帛書《周易》，裡頭卦爻辭用字或異於今本，十翼除了部份內容與今本十翼相同之外，其增益篇章及某段落次序，與今本也頗爲懸殊，可見西漢文帝時之《易傳》仍有它本。更何況漢初文帝時《帛書周易》並無〈說卦傳〉三篇，昭帝時魏相獻〈說卦傳〉，〈說卦傳〉在昭帝之後又併爲《易傳》十篇之中。而費氏《易》只以十翼之言解說《經》文，而不慘雜個人章句見解，這對於《易傳》文本及原義上的維護，也是有其功績的。

第二，就戴璉璋先生的見解來看，〔註33〕《繫辭傳》及《說卦傳》的作

〔註30〕見頁 912～913。

〔註31〕王莽時人。

〔註32〕參考自 http://www.dfg.cn/big5/chtwh/dyjs/dyjs-05.htm 徐醒民〈讀易簡說·象數義理〉。馬國翰云：「王弼用費《經注疏》，今存其《易》亡而不亡也。」

〔註33〕戴璉璋先生在其《易傳的形成及其思想》書中序文裡說：「把陰陽用爲宇宙論詞語的是《繫辭傳》。而《繫辭傳》的作者，是從功能的觀點上來談陰陽，他

者從功能的觀點上來談陰陽，用陰陽來說明《易》道的作用，是與心性合於一契的。秦漢之際的陰陽家、雜家，以至於影響所及的漢代《易緯》，其所持的宇宙論基點，則認爲天地萬物都是由陰陽二氣所構成，這是與先秦儒家所談《易》道作用的陰陽，兩者根本上的差別所在。《繫辭傳》及《說卦傳》作者的本體論述，無疑藉由費氏《易》占學來穿透過宇宙論述的氛圍屏障，循著魏代王弼、唐代孔穎達而向後世延續著，並開展其花葩。

第三，今本《繫辭傳》及《說卦傳》有天、地、人三才之道的主張，《說卦傳》並分別有按照「時」、「位」所發展的八卦列序。而明儒來知德《周易集註》登載有費氏後學《周易分野》或〈八卦分野圖〉之圖說，將八卦、十二次舍、十二州、二十八星宿配六十四卦，在其前的《晉書・天文志》、唐代《開元占經》均引用過，《後漢書・郡國志》注文引惠棟語亦然。〔註34〕很明顯的，費直《易》占學將《易傳》的天道、地道模式承襲下來，後學們對於象數範疇之宇宙論述也有所闡揚，而不專注義理範疇之本體論述。徐芹庭先生說現今羅盤之運用，乃起源於費氏此圖。〔註35〕事實上已出土有呂后時的汝陰侯墓漆木式盤，其干支與四門、二十八星宿相配，唯沒有配八卦。另有出土朝鮮樂浪遺址王盱墓的東漢初漆木式盤，才見配八卦。〔註36〕王葆玹先生認爲，以八卦配方位始於魏相獻〈說卦〉之後的陳述，〔註37〕但是他又將坤艮置於中央之位。是以循此線路，費氏八卦分野圖可看做是式圖之八卦形式的首創者，此模式式圖接續著影響到現今羅盤的運用。

第四，按戰國秦簡日忌書、楚帛書月諱書，皆隸屬於十二階段的天道模式，此分野圖的十二次、十二州，也是將原本十二階段爲主軸的天道模式套用在地域範疇上，變成以十二個區域爲訴求的宇宙論述。〔註38〕另外，孟、焦、京候卦氣《易》占學與費直《易》占學，似乎又有所不同。孟喜的十二月卦、七十二候說，焦延壽的六十四卦更直日用事，以及京房的四正卦分領

　　　用陰陽來説明《易》道的作用，不是説天地萬物都是由陰陽二氣所構成。個
　　　人認爲這是先秦儒家與秦漢之際的陰陽家、雜家在思想上極爲重要的分際。」
〔註34〕《後漢書・郡國志》，頁 3408 注文也載：「按：集解引惠棟説，謂費直周易分
　　　野壽星起斗十度，蔡邕月令章句壽星起斗六度，陳卓云斗十二度。」
〔註35〕【原檔缺漏】
〔註36〕參見李零（2000）：《中國方術考》。人民中國出版社，頁 85～93。
〔註37〕參見王葆玹（1989）：〈西漢易學卦氣源流考〉。方立天主編：《中國哲學史研
　　　究》第 4 期（總第 37 期），頁 74。
〔註38〕部份參考自《兩漢十六家易注闡微》，頁 291～294。

十二辟卦、四十八雜卦而配上音律的六日七分卦氣說，看來是以天道模式之節氣爲訴求的宇宙論述。整個東漢，歷經陳元、鄭眾、馬融、鄭玄、荀爽，及至魏代王肅、王弼，皆傳承費氏《易》，自是費氏大興，主張陰陽災異的高氏、京氏兩家漸衰。由此觀之，擅長卦筮的費氏《易》占學分野地道形式的宇宙論述，逐步取代主張陰陽災異的天道形式之宇宙論述。是以晉代干寶《易》占學，以八宮世應納甲支爲主體；隋代《五行大義》其「五行、九宮、八卦、八風」的論述介紹，佔全書篇幅的絕大部份；《周易集解纂疏》統計的兩漢魏晉《易》占學之「凡例」，其「納甲、納十二支、六親、八宮卦、二十四方位」亦復呈現多數。由此更可看出魏晉以降，搭建在地道形式框架上的《易》占學風潮。

第五，漢末鄭玄雖古今學兼備，既注解《易緯》宇宙論述而兼有費直《易傳》本體論述。到魏代王氏《易》占學又獨步費氏的徯徑，對後世影響頗巨。南朝齊代唯傳鄭玄《易》義。至隋代王注盛行，雜取《易緯》象數的鄭學浸微，以致成爲絕響，是以唐代孔穎達《周易注疏》只取王注本，費直採《易傳》之本體論述於是延續至今。

《說卦》八卦位說亦賦予時義，這個理念淵遠流長，整個漢代《易》占學的發展，幾乎都是在天地式盤實務功能基礎之下，形成兩條主軸，其一是以地道形式繼承《易傳》的費直《易》占學，其二是以天道形式而另闢一片天的京房六十律卦氣說。在京房從異說被排斥，其後學終被立爲學官而影響巨大。

京房音律說繁瑣難以理解，東漢後葉終因後繼無人，演變成有書無師的局面。加上費直《易》，後漢陳元、鄭眾，皆傳費氏之學。馬融又爲其《傳》，以傳授鄭玄。玄作《易注》，荀爽又作《易傳》。魏代王肅、王弼，並爲之注。於是十翼藉由費直《易》這一派承傳千年之久，其義理範疇聲勢超越孟、京、高等數家，影響後世學院派《易》學甚爲顯著。費氏《易》只以十翼之言解說《經》文而不摻雜章句，對於原義的維護有其功績的。

從象數《易》方面來看，後世象數派八宮納甲系統占學，荀爽宮世說是這系統的前身，荀爽作費直《易傳》而導致京房律卦占學衰微，所以這地道八宮系統占學可說是前京房、費直《易》占筮後學的綜合體，它終究取代了繁瑣的後京房天道律卦占學。費氏八卦分野圖，可看做是式圖之八卦模式的首創者，而其實務性功能也影響到現今羅盤的運用。從義理《易》方面來看，因爲王弼注《易》用費直本，然後孔穎達《周易注疏》又用王弼本，《易傳》的本體論述，

無疑藉由費氏《易》占學穿透過宇宙論的屏障，向後世學界開展其花葩，是以至今仍然被奉爲圭臬，而義理派《易》占學被當今學界所重視。

　　由此看來，從史學角度來看，費直《易》無疑身兼象數《易》和義理《易》兩項價值。

第陸章　漢代《易緯》大義通解

　　《易緯集成》所輯之《易緯》包含〈乾鑿度〉、〈乾坤鑿度〉、〈稽覽圖〉、〈辨終備〉、〈通卦驗〉、〈乾元序制記〉、〈是類謀〉、〈坤靈圖〉。《白虎通德論》卷八及《後漢書・律曆志》已有引〈乾鑿度〉之文。《後漢書・樊英傳》李賢註提到「七緯」一詞，記錄《易緯》則凡六篇：爲〈稽覽圖〉、〈乾鑿度〉、〈坤靈圖〉、〈通卦驗〉、〈是類謀〉、〈辨終備〉。這六篇與現行《易緯八種》中除〈乾坤鑿度〉、〈乾元序制記〉外，篇目完全相同。這說明，李賢註所引《易緯》六篇最爲可信。〔註1〕

　　長沙馬王堆漢墓帛書，其內容已有與《緯書》相似處，《緯書》至哀、平時期大盛。宣、元時，孟喜、京房皆得陰陽異書，而衍出七十二候、六十卦氣的占術，兩人適爲習正統〈大衍〉筮法之門生所排擠，而被視爲異端之說。正統《易傳》占學被費直《易》家保留完善，然在鄭眾、馬融、荀爽作費直《易傳》之前，京房後學立爲博士，與占筮流派分庭抗禮，其影響力非同小可。

　　傳統儒家《易》占學以戰國時《繫辭・大衍》爲主軸筮法，雖〈說卦〉羅列八卦卦象，〈彖〉〈象〉的斷占解釋仍趨向義理概念，而非如同後世參數之運用。由戰國至漢朝，時過而境遷，傳統儒家《易》占學必然有所變化，是以〈說卦〉敘述八卦含蘊天道、地道之時位概念，至漢遂演變成以天地式盤爲架構的式法《易》占學。其《易緯》四正說，始於〈說卦〉八卦位，確立於昭帝時魏相，京房猶有繼承而變成四時之正。四正加四門說更影響到後世的堪輿術。其《易緯》十二辟卦世爻消息，似與太一行九宮說結合，至漢末變成荀爽「八卦宮世說」；「世」似又與初三、二五、三上相「應」之學理

〔註 1〕參考《緯書集成・上・解說》，頁 2～3。

結合，而至晉代發展出儒家《易》「世應」占學。

就卦氣來講，《易緯》將發展自時、位概念的六十卦氣形式和八卦氣形式並陳，興於漢末之《易緯》包含「八卦氣」、「六十卦氣」兩大占學領域，前者繼承《易傳》八卦思維，後者演繹京房《易》學，又有注者鄭玄的加持，以一代《易》大家來融通今古文之學。是以先秦至魏晉時期，《易緯》居承先啟後的樞紐地位，絕對有其《易》學史上之研究價值所在。

壹、《易緯》的宇宙論及其影響

《易傳》提到陰陽之道出於心性的論點，其言云：

> 八卦以象告，爻象以情言，剛柔雜居，而吉凶可見矣。變動以利言，吉凶以情遷。是故愛惡相攻而吉凶生，遠近相取而悔吝生，情偽相感而利害生。〔註2〕

> 和順於道德而理於義。窮理盡性以至於命，昔者聖人之作易也。將以順性命之理，是以立天之道，曰陰與陽。立地之道，曰柔與剛。立人之道，曰仁與義。〔註3〕

> 言行，君子之樞機。樞機之發，榮辱之主也。〔註4〕

是知《易傳》所言的天道、地道、人道三者，皆性命之理開展來的。八卦的變動是以利害為基準，其當事者吉凶與否，是按照個人情感取捨而定。

關於這方面，《乾鑿度》也提到說：

> 夫八卦之變，象感在人。文王因性情之宜，為之節文。

> 善雖微細，必見吉端，惡雖纖芥，必有悔吝，所以極天地之變，盡萬物之情，明王事也。〈繫〉之曰：立象以盡意，設卦以盡情偽。〔註5〕

其意是爻之陰陽變化乃在仿效人情之動態，善惡的念頭雖然細微，都有吉凶悔吝的徵兆；無論是天地巨大的更替，萬物情感的變遷，都將在聖王所設卦象的模擬中一覽無遺。但此類似儒家理天地以立三才之道的論調，佔《易緯》篇幅成份太少，滿篇幾為認定成客觀現象存在的宇宙論。如《乾鑿度》說：

> 太易者，未見氣也。太初者，氣之始也。太始者，形之始也。太素

〔註2〕《繫辭‧下》第十二章。
〔註3〕《說卦傳》第九章。
〔註4〕《繫傳上》第八章
〔註5〕見《緯書集成‧上》，頁7、頁21。

者，質之始也。

日十干者，五音也（鄭玄注：甲乙，角也。……壬癸，羽也）。辰十
二者，六律也（鄭玄注：六律益六呂，合十二辰）。星二十八者，七
宿也（鄭玄注：四方各七，四七二十八周天也）。〔註6〕

宇宙論較本體論的特殊處，即在宇宙形象的層次化及數據的規律化。前者如
太易之虛無到太素之實有的層遞變化，後者如天道十二時辰化或地道四方化
即是。《易傳》雖企圖用陰陽模擬性情取捨變化，其「樞機之發」的主動性，
還是交給人的主體性情。反觀宇宙論卻將已開展自性情之理的道體變化，視
爲客觀存在的事實。也就是說，人的主導權已消滅而形成制式化的原理。

《易傳·繫辭》講「太極生兩儀」，它又說「《易》無思也，無爲也，寂然
不動，感而遂通天下之故」，〔註7〕是依《易傳》之見，此世界各種現象扣緊著
性情，在意識未介入前，一切內在無思、外在無爲，感覺及意識介入後，現象
界透過意識所展現最基本的二分之統攝，即陰陽兩儀。《繫辭·下》第一章說：

爻也者，效此者也。象也者，像此者也。

《易傳》作者知《易》雖是藉象數瞭解宇宙，而此象數如同文字，只是賦予
此宇宙意義的模擬符號，他仍有以性情爲主體及意識作用上的認知。

然而《易緯》的作者雖講太極二分，卻專就象數層面上，而認定它們爲
宇宙既有的現象。《乾鑿度》說：

孔子曰：《易》始於太極（鄭玄注：氣象未分之時，天地之所始也）。
太極分而爲二（鄭玄注：故生天地輕清者上爲天，重濁者下爲地）。
〔註8〕

在《易傳》，時位是天道、地道的基本概念，都是內化於意所構築之象，在《易
緯》天地卻成爲「氣」所分別之物。故漢代宇宙論調乃奠基於以氣爲根本之
論（以下簡稱氣本論），而非如同《易傳》以心爲根本之論（以下簡稱心本論）
的本體論調。

《易緯》所談卦氣，乃承自京房候卦而結合音律以生。《易緯》又襲自《說
卦》八階段時位思維，而有八卦節氣之說。受此「氣」背景的氛圍，是以《乾
鑿度》云「太初者，氣之始也」、「《易》氣從下生」，標舉著「氣」概念的旗

〔註6〕見《緯書集成·上》，頁11、頁14。
〔註7〕見《繫上》第十章。
〔註8〕見《緯書集成·上》，頁7。

幟。這種宇宙氣本論，和《易傳》奠基於個人性情而由聖人君子所理解的三才之道，是大相逕庭的。氣本論的餘緒影響甚鉅，由以下可窺其端倪：

第一，魏代管輅。

管輅自習京房《易》占學，謂從聲音角度，足以「二精並作，金石同氣」。他又以龍、虎兩者「和氣感神」，故能興雲，「二氣相感」，故能運風。〔註9〕管輅又言：

> 苟非性與天道，何由背爻象而任胸心者乎？〔註10〕

是以，管輅論調雖提到屬於漢《易》之氣，卻能捨爻象而專注於胸心，主張「性通」、「妙合」，而擁抱《易傳》性情之範疇。

第二，唐代孔穎達。

孔穎達在《周易注疏·序》中，論述《周易》性質，發揮了《乾鑿度》的「《易》三義」說。對於「變易」此議題，孔疏說：

> 然變化運行，在陰陽二氣。聖人初畫八卦，設剛柔畫，象兩氣也。
> 布以三位，象三才也。
> 以氣言之，存乎陰陽。〔註11〕

他認為卦爻變化是來自陰陽兩氣變化，奇偶或剛柔兩畫，取象於陰陽兩氣；三畫成卦，取象於天地人。〔註12〕相較於管輅性通天道的說法，孔氏將陰陽更趨於客觀化，雖他也談到《易傳》窮理盡性以至命，卻視陰陽二氣為世界運行動力的客觀因素，而不再像《易傳》把陰陽變化導源於性情的主體變化。

可知孔《易》占學雖然以王弼義理說為本，卻有受到漢《易緯》占學思想斧鑿的痕跡。

第三，宋代劉牧、周敦頤、程頤、張載。

劉牧的世界觀，是天地萬物乃太極自身分化和演變的產物，他說：

> 夫氣之上者輕清，氣之下者重濁。輕清而圓者天之象也，重濁而方者地之象也。

他認為元氣混而為一，即「《易》有太極」，其後分而為陰陽或清濁二氣。〔註13〕

〔註9〕《三國志》卷二十九，鼎文書局，頁824。
〔註10〕見同上，第814頁。
〔註11〕見《十三經注疏·周易正義序》，頁3～4。
〔註12〕參見朱伯崑《易學哲學史》第一卷，第362頁。
〔註13〕見同上注。

《易・繫辭》作者說「蓍之德圓而神，卦之德方以知」，他認爲天道、地道都是在神知方面「順性命之理」而產生的。反觀劉牧全盤接納《乾鑿度》及鄭玄注的宇宙氣本論，其陰陽天地的客觀化，是和孔穎達如出一轍。

著有《太極圖說》的周敦頤（1017 年～1073 年 7 月 24 日），則言：

> 無中稟氣，化爲眾有。

> 二氣交感，萬物化生。〔註14〕

《繫辭》說：「天地絪縕，萬物化醇。男女構精，萬物化生。」是說萬物產生是順性命之理的，強調彼此的同質性所在。在此，周敦頤卻是以氣爲存有的客觀描寫，亦是循《乾鑿度》之徑。

另外程、張也提到「氣」。程頤（1033 年～1107 年）說：

> 有理則有氣，有氣則有數。〔註15〕

張載（1020 年～1077 年）則說：

> 有氣方有象。

> 氣之生是道，是《易》。

程以盡性爲窮理，張載則先窮理以盡性。程以「天理」爲《易》學最高範疇，張是以「氣」爲最高範疇。〔註 16〕張認爲宇宙及自身之性，皆以氣爲結構，故得先理解之以參透吾人之性。程雖承認氣的存在，然氣的存在乃起因於吾人之性所理解，亦即盡悟吾人之性方能識得其理，性是做爲主體認識宇宙之理的基礎。兩者雖然都拾《易緯》「氣」的牙慧，然在理解「性」與「理」的程序上，程頤還是較接近《易傳》思維的。

由此觀之，《易傳》「順性命之理」以構築三才之道的心本論思維，變至《乾鑿度》的氣本論思維，在《易》占學領域之轉變可謂巨大。氣本宇宙論在漢《易》裡發酵，不只成爲後世象數流派主要的學理架構，甚至於義理流派如孔《正義》，程、張《易》說，也受此論調的浸染。

貳、《易緯》的律卦占學範疇

《漢書・孟喜傳》記載焦延壽問《易》於孟喜，京房藉習自焦延壽分卦直日用事以講災變。孟所得「陰陽災變書」及焦「長於災變」正說明當時講

〔註14〕見同上注，第二卷、第 94、96 頁。
〔註15〕見同上注，第二卷、第 177 頁。
〔註16〕見同上注，第二卷、第 257 頁。

災變風氣的盛行。而京房自認師承於孟喜，他的「好鐘律，知音聲」，可以說是自戰國放馬灘秦簡《日書》以律配卦法之後嶄新始頁。《易緯》之《乾鑿度》及《稽覽圖》對於京房占學有所詳述。

一、《漢書》及注文所言京房《易》占學的形式

首先談《漢書》所載京房學說。

京房《易》藉以談災異是分卦值日的候氣法，除承其師焦延壽者，有部份乃採自孟喜。《漢書》記載：孟喜得「《易》家候陰陽災變書」。孟《易》之十二消息和焦《易》的直日用事法，而京房「用之尤精」。〔註17〕《漢書·京房傳》又引京房語云：

> 房……上封事曰：「辛酉以來蒙氣衰去，太陽精明，……然少陰倍力而乘消息……。」（孟康注：「房以消息卦爲辟。辟，君也。息卦曰太陰，消卦曰太陽，其餘卦曰少陰少陽，謂臣下也。并力雜卦氣干消息也。」）

> 房……上封事曰：「臣前以六月中言遯卦不效……。」復上封事曰：「……然少陰并力而乘消息，戊子益甚，到五十分，蒙氣復起。此陛下欲正消息，雜卦之黨并力而爭，消息之氣不勝……。」〔註18〕

從孟康注文可知其學說特色：第一，以日月風雨寒溫爲候。第二，以卦氣消息爲占。六十卦中，十二辟卦之消卦代表太陽的變化，息卦代表太陰變化。其餘少陰少陽屬於雜卦，其中少陰卦代表蒙氣。於人事太陽代表人君，雜卦代表臣下。少陰之卦并力而爭，侵太陽太陰，則天象之蒙氣所以不解。是人事之象與卦象、天象互通。第三，由「六月中言遯卦不效」來看，惠棟（1697年～1758年）《易漢學》之「卦氣圖」、《周易集解纂疏·凡例》之「卦氣」例圖，其遯卦位置都與之相符。

二、《易緯》對於律卦形式的闡述

先秦戰國放馬灘秦簡《日書》已有律卦相配形式，〔註19〕在漢元、宣之

〔註17〕王葆玹先生也說孟、焦、京三者之間的差異，孟喜以乾姤等「十二月卦」配十二月，焦延壽分卦值日而一爻主一日，京房將「十二月卦」改稱爲「十二辟卦」，一卦值六日八十分之七。（見1989《中國哲學史研究》第四期。中國社會科學出版社。）

〔註18〕見《漢書》卷七十五，第3164頁。

〔註19〕吳小強於《秦簡日書集釋》，頁285〈放馬灘秦簡《日書》〉第10"占卦"下

際將此占學發揮致極者則非京房莫屬。其占學運用之事蹟均見諸《漢書》，孟康注文有所解析然尚未詳盡，後世對於其學的瞭解遂落在《易緯》上。

第一，有關六十卦氣形式。

京房六十卦氣形式，是襲取孟喜的十二消息月卦，以及焦延壽分卦值日之一卦領有一個月期，轉變成其中十二個代表君王的辟卦，各統領其餘四卦的雜卦。京房所謂「卦氣」在《漢書・京房傳》是指六十卦雜卦與消息辟卦之間所顯現的變動狀態，應驗於人事是指人臣對待君王，在天象則是指蒙氣之起伏是否遮日，三者的訊息相互連成一氣。六十卦乃爲期一週年的循環，由於卦的各別階段任務不同，其在相異的位置遂分別配上不同的月份。

《稽覽圖》曰：「甲子卦氣起中孚，六日八十分日之七。」鄭康成注云：元以候也。八十分爲一日，日之七者，一卦六日七分也。」〔註20〕「甲子」者，乃干支之始，即「甲」爲天干之首，「子」爲地支之首。凡六十之數爲干支相配之數。「六日七分圖」除坎、離、震、兌四卦爲「四正」外，除六十卦皆羅列在外圈，每卦代表一干支，正合六十甲子之數。今中孚卦位於消息十二月子之位，故其干支實屬「甲子」，故曰「甲子卦氣起中孚」。

《乾鑿度》內容有提到說：

> 昇者，十二月之卦也。……益者，正月之卦也。……隨者，二月之卦也。
>
> ……夬……，當三月之時。……剝……，當九月之時。……泰者，正月之卦也。〔註21〕

以上六十卦例及其所配置的月份，《稽覽圖》卷上後半載六十四卦亦配月份，依照上述《漢書》和「六日七分圖」所記載的相參較之，可以看見這些理論之形式大致上是符合京房學說的。

第二，關於六日七分。

京房學說「卦氣」名稱，出自《漢書・谷永傳》：「事節財足，黎庶和睦，則卦氣理效。」《稽覽圖》則說：「甲子卦氣起中孚。」後世則將京房卦氣占稱爲「六日七分」，則未見於京房本傳，而見於後生郎宗之學。《後漢書・郎

說：「有122條。記述六十律貞卜占卦的具體方法內容天降令乃出大正，間呂、六律，皋陶所出，以五音十二聲爲某貞卜……」。

〔註20〕見《惠氏易學》，頁1051～1053。

〔註21〕見《緯書集成・卷上》，頁16、17、18、19、24。

顗列傳》：

> 郎顗……。父宗，字仲綏，學京氏《易》，善風角、星筭、六日七分。
>
> 〔註22〕

郎宗爲東漢安、順帝時人，學京氏《易》，風角、星筭均爲京學衍生的範疇。由此觀之，「六日七分」是後傳者對京房學說的專稱。

經王葆玹研究，「六日七分」分配方式有二：其一，京房將四正卦分主春分、夏至、秋分、冬至，其餘六十卦每卦皆領有六又八十分之七日。其二，後學弟子段嘉等人修正之，以四正卦各主八十分之七十三日，頤、晉、井、大畜各主五日十四分，其餘五十六卦，每卦六又八十分之七日。〔註23〕

在《易緯》裡頭，佔有許多篇幅來說明「六日七分」法。如《乾鑿度》說：

> 生歲三百六十五日四分日之一，以卦用事，一卦六爻，爻一日，凡
> 六日。

《稽覽圖》說：

> 每歲十二月每月五卦。卦六日七分，每期三百六十六日每四分。
>
> 六日八十分之七（鄭玄注：六以候也，八十分爲一日，之七者，一
> 卦六日七分也）。

一年有三百六十五日四分日之一，即三百六十五點二五日也。將之除以六十卦之得數也，則每卦六點零八七五。其小數七除以八十之得數也。故《稽覽圖》所云「六日八十分之七」即每卦所得一年平均之日數也。其一日以八十分之而得其七分，即爲零點零八七五之小數也。〔註24〕

第三，關於卦氣四正卦時辰效能。

六十四卦之坎、離、震、兌被京房用於六十卦氣當中做標的，以天道形式來講即所謂四正卦，以地道形式來講即所謂四方伯卦。方伯者，地方首長之義，其方位概念是始《說卦》，如：「坎者，水也。正北方之卦也。」云云，但又云「萬物之所歸也」等含有時辰效能之義，是以配上節氣顯得順理成章。

〔註22〕見《漢書·郎顗傳》，頁1053。

〔註23〕見1989《中國哲學史研究》第四期，第79、95頁。中國社會科學出版社。

〔註24〕1815年阮元刻本《周易》卷三，頁65復卦：「《易緯·稽覽圖》云『卦氣起中孚』，故離坎震兌各主其一方，其餘六十卦，卦有六爻，爻別主一日，凡主三百六十日餘有五日四分日之一者，每日分爲八十分，五日分爲四百分四分日之一，又爲二十分，是四百二十分六十卦分之六七四十二卦，別各得七分，是每卦得六日七分也。」

關於四正卦，《稽覽圖》卷六則說：

> 冬至日在坎，春分日在震，夏至日在離，秋分日在兌。四正之卦，
> 卦有六爻，爻主一氣。

是「六日七分圖」乃以「四正卦」之二十四爻代表二十四節氣。又說：

> 四時卦，十一辰餘而從。（鄭玄注：四時卦者，謂四正卦，坎離震兌
> 四時方伯之卦也。十一辰餘者，七十三分，而從者得一之卦也。）

鄭玄另注文爲「四時卦七十三分」乃四正卦所配之時辰，一日當十二時辰八十分，《稽覽圖》謂四時卦各領七十三分，約十一辰餘，尚未足一日。

由此看來，《稽覽圖》謂六十卦氣形式每卦皆領有六又八十分之七日，稱之爲「六日七分」，此說與京房之法雷同。《稽覽圖》另以四正卦各主八十分之七十三日，則符合京房弟子段嘉的說法，是對京房卦氣說的修正版。

第四，有關音律部份。

音律與卦產生關聯，始見於戰國放馬灘秦簡《日書》。〔註25〕京房律卦繼承後將之推到極致，它是以六十卦爲期一年之天道形式來呈現的。而《易緯》卻對與有關六十卦配律方面敍述甚少，唯《乾元序制記》定姓名云云，與之相關。〔註26〕

對於律卦演變此事，《宋書·律曆志》略載說：

> 《周禮》載六律六同。《禮記》又曰：「五聲十二律，還相爲宮。」
> 劉歆、班固纂〈律曆志〉，亦紀十二律。唯京房始創六十律，至章帝
> 時，其法已亡；蔡邕雖追紀其言，亦曰「今無能爲者」〔註27〕

由此看來，京房繁複的律卦法受到嚴峻考驗，因時過境遷而後繼乏人。其衰微的另一原因，《後漢書·儒林列傳》說到：

> 陳元、鄭眾皆傳費氏《易》，其後馬融亦爲其《傳》。融授鄭玄，玄
> 作《易注》，荀爽又作《易傳》，自是費氏興，而京氏遂衰。〔註28〕

另《隋書·經籍志·易》云：

> 漢初又有東萊費直傳《易》，其本皆古字，號曰古文《易》。……故
> 有費氏之學，行於人間，而未得立。後漢陳元、鄭眾，皆傳費氏之

〔註25〕見《秦簡日書集釋》，頁285。
〔註26〕見下文第五小節。
〔註27〕見《宋書》卷十一，第215頁。
〔註28〕第2554頁。

> 學。馬融又爲其傳，以授鄭玄。玄作《易注》，荀爽又作《易傳》。
> 魏代王肅、王弼，並爲之注。自是費氏大興，高氏遂衰。梁丘、施
> 氏、高氏，亡於西晉。孟氏、京氏，有書無師。〔註29〕

可見京氏《易》的沒落，其一是律法過於繁瑣複雜，導致無人可及，〔註30〕
到後漢章帝時這套律法已亡佚。其二是費直《易》以《易傳》十翼解《周易》，
被時人所接受而趨於普及。於是，《易傳・說卦》八卦地道形式遂逐漸取代六
十卦天道形式。音律遂向八卦形式靠攏，而與之結合。所以《乾鑿度》說：

> 五音六律七變，由此作焉。故大衍之數五十，所以成變化而行鬼神
> 也。日十干者，五音也（鄭玄注：甲乙，角也。丙丁，徵也。戊己，
> 宮也。庚辛，商也。壬癸，羽也）。辰十二者，六律也（鄭玄注：六
> 律益六呂，合十二辰）。

〈繫辭〉載有「大衍之數」，僅爲筮法的介紹，《易傳》占法則以〈彖〉〈象〉
爲根據。而《乾鑿度》的敘述，說明了《乾鑿度》將干支及五音六律，融入
到《易傳》占法中。

今就《易》學史的角度來看，五音六律是六十律卦占學的主要參數，原
本是屬於京房六十卦氣的參數，京房將陰陽五音和六律六呂循環相配三百六
十爻，由於五音的陰陽化剛好可配十天干，六律加六呂剛好可配十二支辰，
後世魏代時納甲法確立，遂導致六十律卦納音轉變成八宮卦納音，最後八卦
四十八干支相配而完全取代六十律卦納音。晉代干寶（？～336 年）就採納干
支爲參數，在當時候也被稱爲「納音」。抱朴子將納干支稱爲「納音」，足見
它與六十律卦納音關係匪淺。

《乾鑿度》將之與《易傳》大衍相結合，意味著音律與八卦地道形式占
學確立了關係，成爲漢以後八宮納甲納音占的伏筆。

第四，有關《易》用事部份。

根據《史記・周本紀第四》：〔註31〕「幽王以虢石父爲卿，用事，國人皆
怨。」《史記・樂書第二》：〔註32〕「集解鄭玄曰：……樂動禮靜，其並用事，

〔註29〕 第 912～913 頁。
〔註30〕 《舊五代史・樂志下》第 1939 頁：「京房善《易》、別音，探求古議，……遭
漢中微，雅音淪缺，京房準法，屢有言者，事終不成。錢樂空記其名，沈重
但條其說，六十律法，寂寥不傳。」
〔註31〕 第 149 頁。
〔註32〕 第 1197 頁。

如天地閉物有動靜也。」吾人可知所謂「用事」，在人，指某人擔任某職務；在卦，指某卦氣對某事產生感應效果。

史籍中記載卦氣的運用見於《漢書‧眭兩夏侯京翼李傳》，文中提到京房師父焦延壽說：

> 贛……其說長於災變，分六十四卦，更直日用事，以風雨寒溫爲候：各有占驗。房用之尤精。〔註33〕

指焦延壽卦氣法爲坎離震兌每卦各主一日，其餘六十卦共三百六十爻，一爻主一日，輪番產生反應。《乾鑿度》說：

> 所生歲三百六十五日四分日之一，以卦用事，一卦六爻，爻一日，凡六日。初用事：一日，天王諸侯也；二日，大夫也；三日，卿；四日，三公也；五日，辟；六日，宗廟。爻辭善則善，凶則凶（鄭玄注：辟，天子也。……又本察所生發，於卦用事六日七分之中，以知起者之事，來諸侯，受其吉凶者，惟天子而已。天子之吉凶，皆倣此者也）。〔註34〕

此《乾鑿度》所詮釋的六日七分，當卦值日對應到某人事，因爲一卦六爻，各爻值一日餘，凡六日又八十分之七爲一週期。由初爻開始，對照人事發生順序，視爻辭善惡決定吉凶。按京房六十卦氣是延攬孟喜十二消息，以之爲十二辟卦，包含太陽太陰各六卦，代表君王的一年消週期。其餘爲四十八雜卦，分屬爲少陽少陰各二十四卦，代表臣子。視其少陰雜卦氣強弱而是否侵犯辟卦，而應驗之於天象及人事政局。這裡代表天子的辟卻是著眼於第五爻，初二三四是人臣，按照日期發生在初二三四，視其與第五爻相應吉凶，使整卦的卦氣作用在第五主爻天子上。這樣的說法與《漢書‧京房傳》或《儒林傳》的描述，有很大的差異。

第五，有關定姓名部份。

《漢書‧京房傳》卷七十五：

> 房本姓李，推律自定爲京氏。〔註35〕

而《乾元序制記》云：

> 復，姓角名宮，赤黃色，長八尺一寸，三十六世。臨，姓商名宮，……

〔註33〕見《漢書》卷七十五。
〔註34〕見《緯書集成‧上》，42 頁。
〔註35〕見第 3166 頁。

泰，姓商名宮，……。大壯姓商名角，……。姤姓角名商，……。
遯姓宮名商，……。否姓宮名商，……。觀姓宮名角，……。剝姓
商名宮，黃白色，長五尺九寸九分，百二十世。古君子得眾人所助。

乾姓商名商，白色，享國百二十。坤姓商名宮，黃色，享國百二十。……
艮名宮，黃色，享國七十二。〔註36〕

以上《乾元序制記》的記載似乎與京房定姓名有關。上一段疑因脫簡缺夬、
乾、坤三卦的解說，不過吾人可知它是以天道十二消息辟卦形式，講君子、
聖人、大人姓名與五音的關係，以及膚色（或偏好之顏色）、身高、出現世代
等。下一段則以地道八卦形式，講姓名與五音的關係之外，兼談膚色（或偏
好之顏色）、壽命。兩段比較之，上一段按照十二消息卦來談論，似乎與京房
姓名占較爲接近，但是京房自云「推律自定爲京氏」，是京房定姓乃參照「十
二律」，不像這裡只有用五行成份的五音來參照。

　　不論如何，《乾元序制記》的定姓名，是以時階段之天道循環形式來統領
人道之特質，形成一套類似式盤輪番轉動的宇宙論述。唯其陳述似乎都接近
宿命之說，而此種論述方式並不見於〈京房傳〉。

　　經過《易緯》的闡述，吾人可知六十卦氣形式其實是源自戰國秦簡日書、
子彈庫戰國楚帛書，無論其爲講日忌或者談月諱，都是以十二消息天道形式。
〔註37〕日忌書或月諱書均是陳列圖表形式來呈現，而非如《易傳》大衍之數
依靠蓍草來起個筮數而產生卦畫。就這一點來講，日忌書或月諱書影響到孟
喜、焦延壽及京房，三者顯然均承襲其蔭。〔註38〕至《稽覽圖》卷下有「推

〔註36〕見《緯書集成・上》，頁272～273。
〔註37〕吳小強《秦簡日書集釋》，頁27〈睡虎地秦簡《日書》甲種〉：「秦除：正月，
　　　　建寅，除卯，盈辰，平巳，定午，執未，被（破）申，危酉，成戌，收亥，
　　　　開子，閉丑。二月，建卯……」，頁184〈睡虎地秦簡《日書》乙種〉：「除：
　　　　正月，建寅，余（除）卯，吉辰，實巳，……」除此之外，還有十二月配動
　　　　物生肖，頁32引饒宗頤《雲夢秦簡日書研究》語云：「建除十二直所代表的
　　　　神明執掌人間吉凶內容不同。除與秦除有一點是相同的，即用建除十二直配
　　　　地支十二辰，……用以指導一年十二個月每日的吉凶安排。」李零《長沙子
　　　　彈庫戰國楚帛書研究》，頁45：「帛書與《月令》等書相同也僅有四時、十二
　　　　度。各書缺八位。……另外，它的四時十二月也沒有與五行說的各要素相
　　　　配。……帛書有月無日，只能算是月諱之書。」
〔註38〕李零《中國方術考》，頁134：「表中所見十二時制……，據睡虎地秦簡和放馬
　　　　灘秦簡，都是秦代已有存在。……包括年、月、日、時在內的整個十二辰系
　　　　統的一部份，應是比較原始的劃分。」

軌當日術」及「推坼當日術」，也是十二消息形式以循其卦氣的軌跡線索，可推至數千數萬年的時期，〔註39〕日後的推日術如宋代邵雍（1011 年～1077 年，宋眞宗大中祥符四年至神宗熙寧十年）的《皇極經世》、劉伯溫（1311 年 7 月 1 日～1375 年 4 月 16 日）《燒餅歌》皆應當與之相類。

由此觀之，《乾鑿度》、《稽覽圖》等對於京房是有所繼承，且稍做變更。京房之四正卦分主春分、夏至、秋分、多至，而《稽覽圖》將四正卦修正各主八十分之七十三日，後學也有將四正卦二十四爻配二十四節氣數。《乾鑿度》也將京房律法之與大衍相結合，成爲漢以後八宮納甲納音占的淵源。京房卻只以十二消息各卦爲辟，《乾鑿度》卻將代表天子的辟置於每卦第五主爻上。《稽續圖》推日術之「世」或《乾鑿度》消息之「世」，與《乾鑿度》之「應」結合後，遂轉變成八宮卦形式之「世」爲主爻，而不拘泥於五爻天子之位了。而《乾元序制記》依五音的定姓名，某十二消息卦部份承接京氏學說，然而後半所載終究也轉向八卦律形式。

參、《易緯》八卦占學

以物理學來講，時間是空間物體移動情況的描述。所以「時」是離不開相對「位」的變化，「位」的變化也成爲「時」的依據。《易傳》區分了天、地、人三才之道，天道是時間概念的來源，地道是空間概念的來源，然而時間的界定是依照空間物象移動狀態而來，空間的位移是依照時間階段演進狀態而來，所以時間、空間原本就是一體兩面的概念。這種回歸整體的描述，《易傳》也是有的。

《說卦》第五章整段說到：

> 帝出乎震，齊乎巽，相見乎離，致役乎坤，說言乎兌，戰乎乾，勞乎坎，成言乎艮。萬物出乎震，震，東方也。齊乎巽，巽，東南也。……艮，東北之卦也。萬物之所成終而所成始也，故日成言乎艮。

從這章第一節「帝出乎震，……成言乎艮。」這段句子來看，它看似是空間的靜態描述，然而「出、相見、致役、說言、戰、勞、成言」等詞語，其實已經突顯了物象連續變化的描寫，所以第二節描述艮卦是「萬物之所成終而所成始也」，其含義代表此階段是個結束，也是另一開始。若八卦方位僅是地

〔註39〕見《緯書集成・上》，頁 153 以後。

道形式，則震、巽等也只是「地方」概念之下的靜態描述。但《說卦》於此又隱含著「天圓」循環、時間週期思維的含義，所以它又是一種天道形式的呈現。

《繫辭》說：「太極生兩儀。」又說：「《易》無思也，無爲也，感而遂通天下之故。」太極之前性與宇宙相通而混一不分，心與物相接觸則意識產生作用，遂有陰陽二元化的趨勢。天道、地道是人們主體意識所區分出來的，在意識尚未介入之前，它們是一體的。謙〈象〉說：「天道下濟而光明，地道卑而上行。」可見天道、地道雖然二分，事實上是互相滲透的，所以中國古人依照「地方」思維來講地道八卦，其實也離不開「天圓」思維的含義。

兩漢式法繼承《易傳》三才思維而將它做實質化的運用，因此，當時在這氛圍之下所產出的《易緯》文獻，其某些段落雖然主述地道八卦形式，卻也是常常配以天道的時間概念。

一、《易緯》將《說卦》八卦地道形式賦予天道形式之時間參數

《易緯》講八卦形式，將地道配以天道時間概念，而較《說卦》更細緻化。《乾鑿度》說：

> 八卦成列，……其布散用事也，震生物於東方，位在二月；……艮終始之於東北方，位在十二月。八卦之氣終，則四正四維之分明。故艮漸正月，巽漸三月，坤漸七月，乾漸九月，而各以卦之所言爲月也。
>
> 乾者天也，終而爲萬物始，北方萬物所始也，故乾位在於十月。艮者止物者也，故在四時之終，位在十二月。巽者陰始順陽者也，陽始壯於東南方。故位在四月。坤者地之道也，……。〔註40〕

以上是配月份。《乾鑿度》又說：

> 孔子曰：乾坤陰陽之主也。陽始於亥，形於丑，乾位在西北，陽祖微據始也。
>
> 陰始於巳，形於未，據正立位，故坤位在西南，陰之正也。
>
> 君道倡始，臣道終正，是以乾位在亥，坤位在未。〔註41〕

以上是配地支。

〔註40〕見《緯書集成・上》，頁8～9。
〔註41〕見《緯書集成・上》，頁9～10。

《乾鑿度》的八卦卦位形態與《說卦》相同，故《乾鑿度》八卦位說乃承接自《說卦》而來。所謂「乾位在亥」，即為「乾剝之於西北方，位在十月」，而十月即為亥月。所謂「坤位在未」，即為「坤養之於西南方，位在六月」，而六月即為未月。可知《乾鑿度》在此把《說卦》八卦賦予天道循環的時間週期定為一年，使各卦位有它們相對的月份階段。

按朝鮮樂浪遺址王旴墓出土的漆木式盤，其圖式符合《乾鑿度》所描述的。式盤以圓形盤模擬天圓概念的結構，以方形盤模擬地方概念的結構。按照先秦《日書》來看，天干、地支僅表時辰階段，其下再配以各別的物象、吉凶狀態。而漆木式盤之天盤、地盤都配有天干、地支，表示干支至此已經地道方位化。唯獨八卦仍然置地盤當中，可見八卦原屬於地道概念，是不會錯的。

《緯書集成》作者說《乾鑿度》的原形在東漢已經完成，而《中國方術考》也說王旴墓出土的式盤是東漢初期之物。〔註42〕足見這漆木式盤圖式的構成，與《乾鑿度》八卦配月份地支思維的構成，是屬於接近同一時期的產物。

《乾鑿度》將方位配上時間，並賦予含義之說明，這是《說卦》所沒有的。

二、確立八卦卦氣形式

依照漆木式盤圖式，八卦原本是地道形式的。而《乾鑿度》說：

> 皆《易》之所包也，至矣哉！《易》之德也！孔子曰：歲三百六十
> 日而天氣周，八卦用事，各四十五日方備歲焉。

在這裡，八卦將三百六十日均分，是以每卦各領四十五個用事日。此八卦用事的描述，明顯地將《說卦》八卦方位地道形式，完全演變成天道形式的八卦節氣。《說卦》八卦週期未明確訂定，《乾鑿度》則將八卦週期定為一年。八卦天道化的結果並不只是卦配某月份而已，它們是具有實用性的。

三、確立八卦配五行音律的原理

《說卦》未明顯確立八卦配五行，至魏相獻《說卦》並加以陳述才有八卦配五行說。京房卦氣將五行隱含在音律配卦的五音當中，對於原理則沒有多加闡述。

《乾鑿度》則說：

> 是故八卦以建，五氣以立，五常以之行。

〔註42〕見《緯書集成‧上》，頁2，《中國方術考》，頁84。

> 孔子曰：八卦之序成立，則五氣變形，故人生而應八卦之體，得五
> 氣以爲五常，仁義禮智信是也。夫萬物始出於震，震東方之卦也，
> 陽氣始生，受形之道也，故東方爲仁。

由上看來，八卦爲事物的象徵，八卦確立其五行時位，就占學象數來講，五行才得以確立配八卦的秩序；就義理來講，五行之氣才得以附著形象，而在人道上各顯現其五種特徵。從當時的式圖來看，雖然沒有五行的標識，但四方加中央的形式，其實就是在配合五行。〔註43〕

至於《易緯》八卦配律之篇幅，更是多於六十卦律之說。例如《通卦驗》卷上云：

> 八卦以推七九之微，……八風二十四氣，其相應之驗，猶影響之應
> 人動作言語也。……，或調黃鐘，或調六律，或調五聲，或調五行，
> 或調律歷，或調陰陽，政德所行，八能以備。……天地以和應，黃
> 鐘之音得，蕤賓之律應。〔註44〕

以上所敘述，指天地之氣和，則四時、八風、聲律、二十四節氣，影響著人道，而反應在人的動作言語上。按其意，很顯然地這些都是與八卦有相應之驗證，是就八卦律形式而言，而非六十卦律範疇。至於《通卦驗》卷下：

> 凡《易》八卦之氣，驗應各如其法度，則陰陽和，六律調，風雨時，
> 五穀成熟，人民取昌，此聖帝明王所以致太平法。……八卦氣不效，
> 則災異氣臻，八卦氣應失常。〔註45〕

《通卦驗》卷下全篇也依八卦氣形式來說。卦氣與音律結合之形式，又從六十卦形式轉回到《易傳》八卦形式上面，而向後世八宮卦邁進。

四、銜接《易傳》到八宮卦

《說卦傳》的八卦位說，綜合地道之位和天道之時兩大概念，影響後世深遠，漢代《易緯》的四門、四方伯卦、九宮皆受其餘威所及，而九宮思維到漢末影響荀爽「宮世說」。〈彖〉〈象〉的「應」，也被《乾鑿度》「初四、二五、三上」之「應」銜接。「應」似乎與推日術之「世」而結合成「世應說」。

〔註43〕李零《中國方術考》，頁121：「五位的重要性是在配合五行。如式圖以甲乙、
　　　　丙丁、庚辛、壬癸八個天干分配東、南、西、北，而以戊己居中宮，出入天、
　　　　地、人、鬼四門，就是配合五行的概念。」
〔註44〕見《緯書集成·上》，頁198～202
〔註45〕見《緯書集成·上》，頁205。

這等占學到晉代全被干寶所運用。

第一，關於「八宮」部份：

「宮世」說始於漢末荀爽（128 年～190 年），其與注《易緯》的鄭玄同時，足見「宮世」說之八宮卦名義，當從《乾鑿度》九宮卦變來。至晉影響干寶以降「世游八宮卦」。由此看來，《乾鑿度》「八宮卦」繼承了《說卦》八卦位形式，下開荀爽的「宮世」體例，而才得與納甲、納音相配，至干寶發展成至現今猶可見到的八宮納甲占學體系。

第二，關於「應」部份：

「應」例始見於《易傳》。

　　　師卦《象》：剛中而應。

　　　小畜《象》：柔得位而上下應之曰小畜。

　　　大有《象》：柔得尊位大中，而上下應之，曰大有。

　　　履《象》：柔履剛也，說而應乎乾。

足見《象傳》之應，並不限定於兩單爻的相感應，它可以是卦中一陽爻與其他五陰爻的感應，也可以是卦中一陰爻與其他五陽爻的感應。也可以是，如履卦的內陰卦兌與外陽卦乾，屬於上下兩卦的感應。

而《乾鑿度》說：

　　　初以四，二以五，三以上，此之謂應。〔註46〕

很顯然，《乾鑿度》這種爻的對應狀態，僅止於隔兩爻的單爻對，已經與「世應」隔兩爻對應是一樣的。

由此看來，「宮世」說晚於「應」例說，「應」是在「宮世」之先前階段形成，也就是說，等到「宮世」說形成之後才有「世應」說。「應」的體例，在《象傳》是一陽爻可應其他五陰爻，一陰爻可應其他五陽爻，至《乾鑿度》才訂定為「初以四，二以五，三以上」，這些都是指一爻與它爻對應，或兩爻彼此的相對狀況。而「世應」說之「世」是以主爻為世爻，「應」指的是與「世爻」相對之爻為「應爻」，這與《乾鑿度》、《象傳》含義也有所不同。

五、銜接律卦到八宮卦

《稽覽圖》說：「甲子卦氣起中孚。」〔註47〕又查《易漢學一‧卦氣圖說》

〔註46〕見《緯書集成‧上》，頁 13。
〔註47〕見《緯書集成‧上》，頁 122。

中孚卦正逢子月冬至的位置，其中乾坤兩卦分屬十二辟卦。而《乾鑿度》「爻辰」屬於黃鐘支辰子卻首配在乾卦初爻，此與六十卦氣始於中孚卦截然不同。足見不論兩者的外在形式或內在參數配置，其間差異甚大。另外，律卦、八宮卦兩者爻所配置參數，後世均稱爲納音。納音律到由納甲支取代，「爻辰」似乎扮演了重要的關鍵角色。

第一，從音律到支辰。

《乾鑿度》說：

> 五音六律七變由此作焉。故大衍數五十，所以成變化而行鬼神也。
>
> 日十干者，五音也。辰十二者，六律也。〔註48〕

京房六十卦律形式逐漸被八宮卦取代，其中關鍵即是地道系統陰陽五音和十干之間，與天道系統六律六呂和十二支辰之間的轉變。唐代《開元占經》記載「納音」爲六十干支配陰五音和陽五音，另以八宮卦之納甲支爲「五音六屬」，其「納音」與京房卦律相配之形式最爲接近，當是最早「納音」形式的記錄。晉代《抱朴子》之「納音」雖未配八卦，也以支辰去配八卦所配之天干。唐代《五行大義》卻以《開元占經》之「五音六屬」形式直接署名爲「納音」。「納音」在清代《周易集解纂疏‧凡例》則變爲「納十二支」，它其實早在晉代干寶時，已經成爲八宮卦占學體系所配的參數之一。

第二，爻辰

徐芹庭先生在《兩漢十六家易注闡微》「鄭氏《易》闡微」一節說到：「是爻辰之說，初具於《乾鑿度》，大備於劉歆（約前50年～後23年）三統曆。而鄭注《周禮》、韋昭（204年～273年）注《國語》，亦足互徵云。」〔註49〕

依《五行大義》之言，可知「納音」者以納五音十二律爲準，乃與爻所配的五行和五音有關，而且又仿造《說卦傳》「父母六子」形式，除乾坤二卦之外，又擴增至震卦、巽卦、坎卦、離卦、艮卦、兌卦等六卦。「爻辰」乃就乾坤二卦配十二支而言，其與「納音」其間的關鍵，似乎在於天道概念與地道概念的差別。從《乾鑿度》及鄭玄注解，其坤卦爻辰看來是本於十二月律而次序順行，是按照天道概念所制定的。然而五行八宮的空間概念，逐漸取代時辰概念而發展起來。李道平所指的「京氏爻辰」，即今天所見《京氏易傳》〔註50〕的納十二

〔註48〕見《緯書集成‧上》，頁14。

〔註49〕見第384頁。

〔註50〕見〔宋〕晁說之輯（1992）。京氏易傳。〔明〕程榮纂輯：《漢魏叢書》。吉林

支，其前身即爲「納音」，其坤的支辰次序逆行，李道平說明爲「京氏本乎合聲，故爻辰亦逆」。此合聲的解釋，按《抱朴子》所提到的「五音六屬」，以及《南齊書》、《五行大義》提到的「論納音數」所述來看，無論是地支配天干，或天干配卦，其一系列都是起源於五行原理的地道概念。〔註51〕

六、影響後世占學之說

第一，關於「世」部份。

流傳至今日的「世應」，其體例於《卜筮正宗》可見說明：「凡卦中世應二爻，世爲自己，應作他人。」〔註52〕但是從《易緯》來看，在漢代時期並未連結在一起運用。

《稽覽圖》卷下說：

> 推之術：……從乾坤始數算外，主卦而取世陰陽斷之，世陽從陽，
> 陽爻三十六。世陰從陰。〔註53〕

又《乾鑿度》卷下說：

> 孔子曰：復十八世消……。臨十二世消……。泰三十世消……。大
> 壯二十四世消……。夬三十二世消……。
> 孔子曰：姤一世消……。遯一世消……。否十世消……。觀二十世
> 消……。剝十二世消……。〔註54〕

此爲世爻遊十二消息卦，與荀爽宮世、干寶所傳流通至今的世遊八宮卦有別。其世數由來未明，唯可知是它在荀爽「宮世說」之前。

《稽覽圖·推圻當日術》卷下說：

> 一乾（世戌初子），坤（世酉初未）。……二屯（世寅初寅），蒙（世
> 戌初巳）。……三十二既濟（世亥初寅），未濟（世未初巳）。
> 乾初子，坤初未。……乘軌圻之術，世屬陽卦者，……。世屬陰卦
> 者，……也。〔註55〕

其以爻爲世，然除了「乾世戌初子，坤世酉初未」符合干寶流傳至今，以乾

　　　大學出版社。
〔註51〕以上參見本人所著《京房易學流變考》，第三章〈京氏學派《易》學的演變〉，
　　　二〈京氏《易》學流變史概述〉。
〔註52〕見頁21。
〔註53〕見《緯書集成·上》，頁165。
〔註54〕見《緯書集成·上》，頁46～47。
〔註55〕見《緯書集成·上》，頁157～165。

坤爲上世，乾世配戌、初爻爲子，坤世配酉、初爻爲未，其餘六十二卦偶有合而大多不合。如屯卦今屬坎宮二世值寅，內卦爲震，初爻爲子，然「世寅初寅」之「世寅」合，「初寅」則不合子，是否指坎宮初爻爲寅？若「世戌初子」等爲《稽覽圖》原本之〈推坼當日術〉圖表內文，則顯示鄭玄之前及所納爻辰，尚未如今例之成熟。而且《稽覽圖》此圖卦序與《周易》卦序相同，尚未有八宮卦形式。

「世」配八宮卦，始於荀爽。李鼎祚《周易集解》引荀爽注解恒〈象〉：「恒，震世也。」意謂恒卦爲震宮三世。另外，晉代干寶繼承而更擴大其說，其注解蒙卦：「蒙，離宮陰也，世在四。」意謂蒙卦是離宮四世陰爻。「世」與另一「初以四，二以五，三以上，此之謂應」的說法結合，當爲干寶「世應」說的來源，而且是在干寶時期是配上八宮卦形式的。

第二，四正四門說。

漢初魏相始將八卦配以五行方位，其後於是有幾個脈絡可見：其一，是京房卦氣形式裡，有坎、離、震、兌四方伯卦，顯然是遺留了《說卦》的地道形式。[註56] 其二，是「天、地、人、鬼」四門配四維卦。《易緯・乾坤鑿度・卷上》：「立乾坤巽艮四門。乾爲天門，……。坤爲人門，……。巽爲風門，亦爲地戶。……艮爲鬼冥門。」我們又可從安徽阜陽雙古堆漢墓出土的西漢時期漆木式盤，僅有「天、地、人、鬼」四門而無八卦；到甘肅武威磨嘴子出土的西漢末王莽時期漆木式盤，僅有八卦而無四門；中國歷史博物館藏的東漢銅式盤，僅有「天、土、人、鬼」四門而無八卦；到上海博物館藏銅式盤的乾、巽、坤、艮四卦分別配「天、地、人、鬼」四門。足見四門與四維卦在西漢時期原本各自爲政，乾、巽、坤、艮四維卦之配「天、地、人、鬼」四門，當在東漢《乾坤鑿度》前後約略之同時期。[註57] 其三，是《乾鑿度》卷下「太一行九宮」說，即八方卦加中宮位得之。[註58]

八卦中的震兌坎離四卦在京房卦氣，若以地道形式呈現稱「四方伯卦」，若以天道形式呈現才稱之爲「四正卦」。式法中有四門，後來才配上乾坤巽艮四卦。

〔註56〕惠棟《易漢學・一》之「卦氣圖說」節、《周易集解纂疏・凡例》之「卦氣」皆有。王葆玹先生認爲是代表「春分、夏至、秋分、冬至」四正，那麼此說四正已轉變爲天道。

〔註57〕見《中國方術考》。

〔註58〕見《緯書集成・上》，頁32。

《乾坤鑿度》說：

> 立乾坤巽艮四門。
>
> 乾爲天門，……。坤爲人門……。……巽爲風門，亦爲地戶。……
>
> 艮爲鬼冥門，艮者，止也。……故曰鬼門。
>
> 庖犧氏畫四象，立四隅，以定群物。發生門，而後立四正。四正
> 者：……，天地德正四（鄭玄注：……德正四象氣滿）。
>
> 立坎離震兌四正。〔註59〕

《說卦》爲戰國文獻，原本即有八卦配八方的說法。安徽阜陽雙古堆出土的
西漢初文帝時汝陰侯灶墓〔註60〕漆木式，已經有四門，但尙未配卦。四正卦
說乃漢昭帝魏相獻《說卦》時提出的，〔註61〕是在汝陰侯灶墓漆木式之後，
足見「立四隅，以定群物。發生門，而後立四正」，由此看來，先有四門再有
四正，是無誤的。

震兌坎離爲天道形式「四正卦」，原本是京房律卦法做爲節氣之正，如今
《乾坤鑿度》說四正卦爲「天地德正四」，又使之趨向人道形式而成爲四種規
範。今所見之羅盤上即有代表四門四正之八卦，亦爲當時式盤之遺跡，〔註62〕
其說影響後世堪輿學可以見之。

第三，八風說。

古代候風也是採用吹律聽聲，京房用之以定姓之外，以驗卦象用事之效。
所以《乾坤鑿度》卷下說：

> 定風尌信，聖人尌立卦也，卦，信風以能相應。《萬形經》曰：風者，
> 天地之大信。

風角術原本應該是測十二風向的，〔註63〕後學去蕪存就簡，將京房六十卦氣轉

〔註59〕　見《緯書集成・上》，頁74、78～81。

〔註60〕　《史記卷二十二・漢興以來將相名臣年表》：「索隱汝陰侯，夏侯嬰也。」乃
　　　　　文帝時人。

〔註61〕　《漢書・魏相丙吉傳》，頁3139：「……東方之神太昊，乘震執規司春；南方
　　　　　之神炎帝，乘離執衡司夏；西方之神少昊，乘兌執矩司秋；北方之神顓頊，
　　　　　乘坎執權司冬；中央之神黃帝，乘坤艮執繩司下土。……」

〔註62〕　出土式盤見《中國方術考》，頁83～95。並參見程建軍（2005）。《中國風水羅
　　　　　盤》，頁35。

〔註63〕　如《易緯・易稽覽圖》卷上：「然息之卦當勝雜卦也。降陽爲風，降陰爲雨，昇
　　　　　氣上，降氣微，是故陽還，其風必暴。陰還，其雨亦暴。」《魏書・管輅傳》，
　　　　　頁816：「輅至列人典農王弘直許，有飄風高三尺餘，從申上來。」及唐代《乙

變爲八卦氣形式，變成八風向，仍然配以宮律。因爲京房律法，在後漢章帝時已成絕響。六十卦氣天道形式，到漢末終於被八卦地道形式取代。所以京房後學擅長風角術，也多是八風向形式，這方面特性就顯現在《易緯》上。〔註64〕

肆、《易緯》義理範疇的論述

一、詮釋《周易》含義

第一，關於「上下經卦序」部份。

《易緯·乾鑿度》卷上說：

> 乾、坤者，陰陽之根本，……故以坎、離爲終。咸、恒者，男女之
> 始，夫婦之道也。人道之興，必由夫婦，……既濟、未濟爲最終者，
> 所以明戒愼而存王道。〔註65〕

此文闡述今本卦序上下經含義，後世暸解其含義始於此說。

第二，關於「六位」部份。

首先，是確立人倫尊卑主從關係，闡述「六位」源自三才之道。（見下）接著《乾鑿度》將氣由下往上的視覺，來闡述六爻每階段概念上的原理。它說：

> 天地之氣，必有終始，六位之設，皆由上下，故《易》始於一。分
> 於二。通於三。□於四，□□□□□□□□。（鄭玄注：按原本脫於
> 四二字及闕文九方空，今據錢本補入）。盛於五。終於上。
> 初爲元士。二爲大夫，三爲三公，四爲諸侯，五爲天子，上爲宗廟。

〔註66〕

其實按《周易》爻辭，有描寫上下立體之象，如乾卦、剝卦、鼎卦、井卦、艮卦，均符合這立體形勢。

但更多是平面運動的描述，如坤卦履霜到戰於野；同人集合於庭門，到集合郊外。漸卦大鳥飛行到水岸到高原，則兼立體及平面運動方式。以上描寫，或爲靜態或爲動態，不一而足。所以《乾鑿度》此文只注意到「上下」而忽略了「內卦、外卦」或「由內而外」的物象原理。

已占》，頁166有「十二辰風占」一節。除八方風占之外，又有配音律的五音風占法。

〔註64〕《易緯·通卦驗》卷下談八卦配八節氣、八風。
〔註65〕見《緯書集成·上》，頁15。
〔註66〕見《緯書集成·上》，頁20～21。

　　《乾鑿度》將官爵制式化，驗之《周易》諸卦，譬如我為益卦六三、六四告公之當事人，我並非公矣，則六爻之位皆可為我的時位。小過卦六五描述公打獵射箭之時，以內外卦來看，乃是郊野所在，則何須拘泥於「三為三公」？大有九三「公用亨于天子」，是指君臣互動，若以天子為主，天子也可於此時蒞臨三位。離卦六五乃我離王公而去，乃講「時」則不一定非其天子之「位」不可。

　　足見「上下無常，不可為典要」才是通變之道，《乾鑿度》「初為元士」云云乃將官爵靜態化，原本是配合六日七分占術，初至四爻之吉凶，視為五爻天子之吉凶。這套占術乃呈給天子參酌用事。後來推日術及十二消息之「世」，到漢末變成「世應」例，則每個卦有固定的「世」位，成為當事者之主爻，就若加入「時」「空」參數，例如父母問女兒婚嫁之事，則求問之人不必然值「世」，可以是值六親的父母爻位。不再類似《乾鑿度》為配合六日七分占術，為服務天子而拘泥於五爻天子位了。

二、詮釋《易傳》含義

第一，關於「三才」部份。

　　「六位」是《周易》原有爻象範疇，將「六位」溯源自「三才之道」者則是《易傳》作者。

　　《乾鑿度》說：

　　　孔子曰：《易》有六位三才，天地人道之分際也。三才之道，天地人也。天有陰陽，地有剛柔，人有仁義，法此三者，故生六位。……上者專制，下者順從。正形於人民，則道德立而尊卑定矣。此天地人道之分際也。〔註67〕

此段基本上在闡揚《繫辭》《說卦》三才之道為六位之始的大義。《易傳》作者將此三才之道概念，認定乃「順性命之理」而得之，一如視覺上日月移動、寒暑交替，才會產生天道時辰節氣的概念。然而《繫辭》所陳述的「天尊地卑，乾坤定矣；卑高以陳，貴賤位矣」等靜態說詞，或「天施地受」等動態說詞，其實只是眾人意識的展現，僅僅是眼前的對比，加以綜合歸納並抽象概念化而已。

　　「上下無常，不可為典要」的「變通」特性，事物之間的「理」也是出

〔註67〕見《緯書集成・上》，頁 19～20。

自人的性命所安排，這樣才是《易傳》眞正要旨所在。《乾鑿度》則變成捨棄主體性命，來談三才之道之間必然之關聯現象。

第二，關於「太極生次」部份。

例如：《乾鑿度》卷上：

> 孔子曰：《易》始於太極。太極分而爲二。故生天地。天地有春秋冬夏之節，故生四時。四時各有陰陽剛柔之分，故生八卦。八卦成列，天地之道立，雷風水火山澤之象定矣。〔註68〕

此針對《繫辭》「《易》有太極，是生兩儀，兩儀生四象，四象生八卦」這一句來做宇宙氣本論的闡述。《乾鑿度》卷上又說：

> 太初者，氣之始也。太始者，形之始也。太素者，質之始也。〔註69〕

這從無到有的理論對周敦頤「無極而太極」的啓示有一定的影響。就變化程序而言，未見氣的「太易」便是周敦頤的「無極」概念，氣之開始未分狀態的「太初」，便是周敦頤的「太極」。而形之始的「太始」，便是《乾鑿度》自謂「太極分而爲二，故生天地」。

《繫辭》是以心本論爲出發點，其言「《易》無思也，無爲也，寂然不動，感而遂通天下之故」，是以意識介入與否來區分有無，此心本論與以上氣本論有著根本的差異所在。

第三，討論失位正位之象。

例如《乾鑿度》說：

> 孔子曰：陽三陰四，位之正也。……陰陽不正，皆爲失位（初六陰不正，九二陽不正。按錢本作「陰陽失位，皆爲不正」）。……孔子曰：易六位正，王度見矣。……孔子曰：既濟九三，……。九月之時，陽失正位，盛德既衰，而九三得正下陰，能終其道，濟成萬物。

此說所謂三爲奇、四爲偶，陽爻正位爲初、三、五爻，二、四、上爲不正；陰爻正位爲二、四、上爻，初、三、五爲不正。源自〈彖〉〈象〉當位不當位之義明矣。

第四，關於「三易」說。

《乾鑿度》言「三易」云：

〔註68〕見《緯書集成・上》，頁7～8。
〔註69〕見《緯書集成・上》，頁11。

孔子曰：易者，易也，變易也，不易也。管三成爲道德苞籥。

其言「易」云：

易者以言其德也，通情無門，藏神無內也。光明四通，俲易立節。

「易」之意主訴以德，內外無所區隔，則生活簡樸；若有價值落差區別，則生活上將求取繁夥而需索無度。其言「不易」云：

不易也者，其位也。天在上，地在下，君南面，臣北面，父坐子伏，

此其不易也。

則乾上坤下不變，形成恆常的宇宙論。又言「變易」云：

變易也者，其氣也。天地不變，不能通氣（鄭注：否卦是也）。

則氣既然爲變化動力，天地爲氣所組合以成，所以天地永遠在變化。下面卻又講有天地不變而不通氣的情況，這是犯了因果矛盾之論。

《繫辭》說：「上下無常，非爲邪也。進退無恆，非離群也。君子進德脩業，欲及時也。」又：「《易》之爲書也，不可遠，爲道也屢遷，變動不居，周流六虛，上下無常，剛柔相易，不可爲典要，唯變所適。」這句是上下無常的心本論，指變通不拘泥行事，此爲「變易」之旨。坤〈象〉：「先迷失道，後順得常。」坎〈象〉說：「習坎，君子以常德行，習教事。」是獲得慣性原則而固守不變，此爲「不易」之旨。是不易之「常」爲內在認同相同條件而重複同樣反應之本性，但是如果太過依賴則怠慢懶散，一旦環境改變又固執陋習而將敗事，故條件改變之變易雖有無常之感，未嘗不是從固守陰或固守陽中超拔出來，內外無所區隔而遊刃有餘，趨向簡易之道。而《易傳》闡述乾坤總原理，其實是從男女特性上開展而得之，故《繫辭》說：「易簡而天下之理得。」

是以《乾鑿度》所謂的「三易」，在《易傳》來講是不離人的主體性命的。故變或不變，《易傳》主心，有簡易之心則可掌握現象易或不易。《乾鑿度》主氣，則缺乏「樞機」動力所在。

伍、《易傳》本體論述和《易緯》宇宙論述之討論

《繫辭》認爲卦爻完全按照當事人利害而有所變動，吉凶也是隨著當事人情感起伏而有變遷。是吾人可知《易》的卦爻辭只是當事人眼前的參照物，當事人心態一轉變，導致時空條件也轉變，其顯現的卦爻和辭也必然有所更改。

　　但我們看到《易緯》同式盤，是機械式的，參數是預定的、客觀的而不視當事者的主體情感來顯示。或者說，在《易傳》，卦象不是機械式的次序變化，它是視當事者的主體情感，與時空條件是否相應相敵，而顯現某個卦爻辭當做參考，當事者仍然有取捨轉變的餘地。而《易緯》把宇宙當機械式的變化，人們必須對號入座，而將爻辭當成預言書，似乎成為無法改變的預定情況。

　　《易傳》以人為主，天地同陰陽均為意識所開展出來的，是人的性命透過感覺將此世界編排成理，理的流動互通即為道的呈現。《易緯》卻以天地為既定存在，以氣為構成宇宙的根基。《易傳》的象數是因人而顯現，《易緯》卻把人歸入象數行列當中。由《易緯》的詮釋，我們更可以瞭解京房卦氣說，將未知的現象透過人訂定的規律來解釋。然而藉由這套術數企圖警示君王，終究會落入式盤或圖書之徵兆而變成推諉責任之藉口。所以從董仲舒、京房到《易緯》作者，最後仍然不得不提出「君德」這主體意識成份，做為改善局面的主體動力，而不只是看式盤圖面來決定。

陸、《易緯》的特色

一、律卦形式方面

第一，《乾鑿度》以「甲子卦氣起中孚」說來詮釋京房學說。

第二，以「六日七分」來做為京房卦氣學說之專稱，以六十卦配置月份來詮釋此學說。

第三，《稽覽圖》修正京房卦氣之四正卦各主八十分之七十三日。

第四，《乾元序制記》按照十二消息卦來談論姓名與五音的關係，與京房姓名占較為接近。京房推律定姓乃參照「十二律」，而此修正為用五音來做參數。

第五，因為京氏《易》的沒落，《乾鑿度》將音律干支相配，並與《易傳》大衍相結合，意味著音律與八卦形式確立關係，成為漢以後八宮納甲納音占的伏筆。

第六，《乾鑿度》以第五主爻天子爻位用事，承擔初二三四人臣爻之吉凶。這與《漢書》所載少陰雜卦生蒙氣侵擾天子辟卦之情況，有很大的差異。

二、八卦形式方面

第一，《易緯》講八卦形式，將地道配以月份、地支等天道概念，而較《說卦》更加細緻化。

第二，《說卦》八卦週期未明確訂定，《乾鑿度》變更八卦氣爲一週年期，每卦階段作用時效爲期四十五日。

第三，式盤原先置八卦於地盤，《易緯》八卦用事的描述，將《說卦》八卦方位地道形式，演變成天道形式的八卦節氣。

第四，八卦天道化的結果並不只是卦配某月份而已，它們是具有實用性的。一樣可承襲風角術、合音律、定姓名。

第五，風角術原本是十二風向，後學去蕪存就簡，將京房六十卦氣轉變爲八卦氣形式，變成八風向而仍然配以宮律。

總之，《易傳》三才思想影響漢代式法、式圖，遂產生以天道六十卦氣形式和地道轉天道之八卦氣形式爲背景的漢《易》占學體系，《易緯》於是在律卦、節氣、定姓名、卦氣用事週期等各方面，兼談這兩種形式。

柒、《易緯》的史學價值

第一，可看出「氣」的宇宙論，影響到唐代孔穎達、宋代周敦頤《易》圖派，及程、張載等理學派「氣」本論之間的脈絡關係。

第二，可看出漢代《易》占學的全貌。舉凡從星占、律占、卦氣占、推日術、候風占、消息五音推姓名年命……等等，樣式繁複，不一而足。

第三，可看出漢代卦氣占學全貌，做爲繼承京房六十卦氣，並然後轉移到八卦氣的樞紐，並做爲八宮卦納甲形式的先聲。《易緯》八卦配音律之篇幅，多於六十卦律之說。卦氣與音律結合之形式，從京房六十卦形式轉回到《易傳》八卦形式上，而向後世八宮卦邁進。

第四，可劃出漢代《易》占學與後世體例的分水嶺，看得出八宮納甲形式的完成，並不在漢代。當時只有「太一行九宮」說，「世」當時只是十二消息卦或推日術之「世」，而非八宮卦之「世」，「應」也只是隔兩爻的對應關係，而非干寶世爻對應爻之「應」。因爲當時世應說猶未成熟或結合，也就是說，《易緯》時期「八宮」、「世」、「應」並未結合。七《易緯》尚未有納甲法，故尚未形成晉代納

音（納干支）理論。八宮卦還止在「行九宮」，尚未配其納甲納音。
〔註70〕

第五，《乾鑿度》「太一行九宮卦」之八宮卦，不僅繼承了《說卦》八卦位形式，且下開荀爽的「宮世」體例，而其後才得與納甲、納音相配，至干寶發展成至現今猶可見到的八宮納甲占學體系，由是可藉此導正對《京氏易傳》的誤解。

第六，可看出詮釋《周易》卦序、六爻位的含義，並闡發《易傳》三才、太極生次、失位、三易的含義。

第七，可看出對後世《易》占學的影響。如式盤配八卦、干支、二十四節氣影響到堪輿術，八卦氣到荀爽到八宮卦、八風角，「世」、「應」到晉干寶的「世應說」，律呂、爻辰理論到納干支，十二消息推日術到《皇極經世》術等等。

〔註70〕《易中備·補遺》載《正義》引《中備》孔子提及八宮納甲之語，此段疑是偽造，是不足為信之作。

第柒章　京房《易》後學之辨正
——以荀爽、虞翻和干寶爲例

今世皆謂八宮卦世爻納甲支，爲京房《易》所創制，則漢末用八宮卦世爻釋《易》的荀爽、魏代用納甲法釋《易》的虞翻，以及晉朝用八宮卦世爻納甲的干寶，都應該是京房《易》後學才是。但是八宮卦占學，是否在漢元帝時已成定局？荀爽爲費直《易》作傳，則八宮世爻占學應該是隸屬於費直《易》才是。虞翻納甲法占學，如果是變自東漢《參同契》「月體納甲」，則納甲法應該是源自於東漢道教。

干寶雖然偶而引用到與京房《易》相近的說法，然而他是否用京房《易》做爲注《易》文本？其引用漢代荀爽、虞翻《易》諸家的條例，絕大多數屬於卜筮流派的範疇？還是卦氣流派的範疇？有學者根據《京氏易傳》這部書，認爲荀爽、虞翻和干寶所述及的八宮世爻納甲支爲京房《易》範疇，而全然將干寶的八宮納甲學說視爲京房《易》之繼承。八宮卦占學與京房《易》卦氣說體例範疇及流傳之前後界限到底爲何？爲了進一步釐清一點，這一篇重點則放在荀爽、虞翻和干寶三位學者身上。

壹、從史書記載的生平事蹟來看

一、荀爽生平

荀爽（128 年～190 年），字慈明，東漢潁陰（今河南許昌市）人。荀氏爲潁陰望族。荀爽也是荀彧叔父，爽父荀淑（83 年～149 年）爲戰國荀卿第十一世孫，品行高潔，博學多識，有「神君」之稱。荀爽兄弟八人俱有才名，當時被人稱爲「荀氏八龍」。

　　荀爽是「荀氏八龍」中的第六位，若論才學，則數第一。當時有「荀氏八龍，慈明無雙」的評贊。他自幼聰敏好學，潛心經籍，刻苦勤奮。漢桓帝延熹九年（166 年），太常趙典舉荀爽至孝，拜郎中，對策上奏見解後，棄官離去。為了躲避黨錮之禍，他隱遁漢水濱達十餘年，專以著述為事，先後著《禮》、《易傳》、《詩傳》、《尚書正經》、《春秋條例》、《漢語》、《新書》等，號為碩儒。黨錮解除，司空袁逢薦荀爽為官，不就。獻帝即位，爽避而不及，遂為平原相。行至宛陵（今安徽宣城）追為光祿勳。任職三天，又遷司空。荀爽見董卓殘暴，參與司徒王允謀除董卓之義舉，舉事前病卒。〔註 1〕

　　荀爽曾為《周易》作注十一卷，已佚。清朝馬國翰所著《玉函山房輯佚書》輯有《周易荀氏注》三卷，孫堂《漢魂二十一家易注》輯有荀爽《周易注》一卷。惠棟撰《易漢學》、張惠言撰《周易荀氏九家義》，對荀爽《易》學亦有闡發。〔註 2〕

二、虞翻生平

　　虞翻（164 年～233 年），字仲翔，會稽餘姚（今浙江餘姚）人。三國時期著名經學家、哲學家，為吳國大臣，虞翻為文武全才，既能統兵打仗又著書立說，又通醫理和占卜，堪稱東南俊傑。官至騎都尉。

（一）早年任官

　　虞翻起初在會稽被太守王朗任命為功曹。王朗被孫策擊敗，虞翻護送王朗逃走。虞翻回去後，孫策讓他復任會稽功曹，並和他結交。孫策經常輕騎出遊獵，虞翻曾勸阻，孫策雖然同意，但依舊出遊。後來虞翻轉任富春縣長，此時孫策卻被許貢門客行刺而死，但虞翻認為江東未定，不令賊匪和變民有機可乘，於是留守在富春服喪；其他各縣官員都效法，維持了江東各縣的安定。孫權後來任命他為騎都尉，但虞翻多次大膽向孫權進諫，已令孫權頗為不滿，最終被流放到涇縣。後來，呂蒙意圖襲取荊州，當時城內果然設有伏兵，因為呂蒙接納虞翻的勸告才不成功。

（二）直率獲罪

　　關羽被俘殺後，被關羽俘獲的于禁獲孫權釋放，于禁聽到演奏的樂曲時傷心流淚，虞翻又指于禁是裝可憐。虞翻對于禁的態度令孫權很不高興。黃武元

年（222 年），孫權稱吳王，大宴群臣，宴會末段孫權向各臣進酒，孫權到虞翻座位時見他醉倒地上，於是走過；但孫權走過後虞翻卻又坐起來，孫權見此大怒，持劍要殺虞翻。幸好大司農劉基立刻抱著孫權，並勸孫權饒恕虞翻，虞翻才得以免死。及後虞翻又曾辱罵糜芳和稱神仙只是死人，世上並沒有甚麼仙人。因爲以上種種事件，孫權對他大爲不滿，於是將他流放到交州。

（三）交州生活

虞翻到交州後，在那裏講學，學生時常也有數百人；又爲《老子》、《論語》和《國語》等書籍作注。虞翻雖被流放，但仍然十分關心國家，如在黃武七年（228 年），遼東公孫淵派使節向孫權聯絡。嘉禾元年（232 年）孫權於是大感後悔，並想起虞翻，於是命人到交州找尋虞翻，找到就護送他回建業；若已死，則送還會稽，並讓兒子仕官。此時虞翻逝世，享年七十。

（四）性格特徵

虞翻爲人直率，史載他對孫權「數犯顏直諫」，又「又性不協俗，多見謗毀」，似乎表示他並不受很多朝臣的歡迎，孫權亦甚爲不滿。及至後來多次因爲直言責罵于禁等而令孫權更爲不快，又因酒後有過失，最終被流放到交州。雖然虞翻爲人對東吳盡忠，從東漢和曹操兩次徵命都堅持拒絕，但他的直率不曾爲孫權所喜歡。直至遼東失利後才記起虞翻，但爲時已晚，令虞翻十多年來只能在交州憂國，無法爲東吳作出更多的貢獻。〔註3〕

有關於虞翻《易》的著作，《隋書‧經籍志》記載：「《周易》九卷（吳侍御史虞翻注）；《周易日月變例》六卷（虞翻、陸績撰）。」〔註4〕又《隋書‧五行志》：「《周易集林律曆》一卷（虞翻撰）。」〔註5〕《隋書‧經籍志》：「《易律曆》一卷（虞翻撰）。」〔註6〕《舊唐書‧經籍上‧易類》：「《易》……又九卷（虞翻注）。」《新唐書‧藝文志‧五行類》：「虞翻《周易集林律曆》一卷。」〔註7〕《宋史‧藝文志‧五行類》：「虞翻注《京房周易律曆》一卷。」〔註8〕《清史稿‧藝文志‧易類》：「吳虞翻《周易注》十卷。」〔註9〕

〔註3〕 取自維基百科 http://zh.wikipedia.org/wiki/%E8%99%9E%E7%BF%BB。
〔註4〕 分別見卷三十二，頁 909、911。
〔註5〕 見卷三十四，頁 1033。
〔註6〕 見卷三十四，頁 1034。
〔註7〕 見卷五十九，頁 1553。
〔註8〕 見卷二百六，頁 5238。
〔註9〕 見卷一百四十五，頁 4225。

三、干寶生平

干寶（？～336），字令升，新蔡（今河南省新蔡縣）人。他是東晉初著名史學家，祖父干統，爲吳奮武將軍，父干瑩爲丹陽丞。干寶少勤學，博覽群記，以才器召爲佐著作郎，又因平定杜 之亂有功，賜爵關內候。

干寶于《易》學造詣極深，《晉書》稱干寶：「性好陰陽術數，留思京房、夏侯勝等傳」，「又爲《春秋左氏義外傳》，注《周易》、《周官》凡數十篇，及雜文集皆行于世。」明言干寶注《周易》。《隋書・經籍志》載有：「《周易》十卷，晉散騎常待干寶注，又《周易爻義》一卷，干寶撰，梁有《周易宗涂》四卷，干寶撰。」其中《周易宗涂》《隋志》謂已亡佚，而兩唐志皆不錄。而《周易注》、《周易爻義》二書，兩唐志則收錄之。《宋史・藝文略・經類》及胡一桂《周易啓蒙翼傳》等也錄《周易注》十卷。

干寶的易學著作今皆散佚，其《易》注主要散見于唐人李鼎祚的《周易集解》、陸德明《經典釋文》中。後人有輯本，《續修四庫全書總目提要》尙秉和語：「元時有屠曾者，始輯其佚。明代下德時孫勛重訂，其書刻在《鹽邑志林》，即今孫堂《漢魏二十一家易注》所據而補訂，武進張惠言梓入《易義別錄》，馬國翰、黃奭又據而參校習刊之，載《玉函山房輯佚書》、《漢堂叢書》中。孫、馬、黃三家輯本，互有詳略，然馬、黃多者二事，孫多者七事，較其得失，孫本爲優」。

貳、從《易》注文及文本來看

今人謂八宮卦世爻納甲法乃京房所創立之占術，意味著主張宮世說的荀爽、主張納甲說的虞翻，和集大成的干寶當爲京房嫡系後學。然而由許多跡象顯示，這說法有修正之必要。

一、荀爽《易》注

從荀爽《易》注來看，其注恆卦《象》：「恆，震世也。」其注解卦《象》：「解者，震世也。」〔註10〕按照八宮卦世爻法，恆卦即爲震宮三世，解卦即爲震宮二世，很顯然荀爽是講八宮卦世爻。

《後漢書・儒林傳》記載：「建武中，范升傳孟氏《易》，以授楊政，而

〔註10〕見《周易集解》恆卦《象》「恒亨，無咎，利貞，久於其道也」下注文。解卦《象》「雷雨作而百果草木皆甲宅」下注文。

陳元、鄭眾皆傳費氏《易》，其後馬融亦爲其傳。融授鄭玄，玄作《易》注，荀爽又作《易傳》，自是費氏興，而京氏遂衰。」足見荀爽師承馬融而作《易傳》，馬融乃以費氏《易》文本，從荀爽著《易傳》之後，自是費氏《易》學興起取代卦氣學派而京氏遂衰。然則荀爽所講的宮世，也應當隸屬於費氏《易》筮占學派之範疇。

二、虞翻《易》注

〈繫辭傳〉謂：「懸象著明，莫大乎日月。」虞翻注云：

> 日月懸天成八卦象。三日暮，震象出庚。八日，兌象見丁。十五日，乾象盈甲。十七日旦，巽象退辛。二十三日，艮象消丙。三十日坤象滅乙。晦夕逆旦，坎象流戊，日中則離，離象就己。戊己土位，象見於中，日月相推而明生焉。

坤〈象傳〉：「西南得朋，乃與類行。東北喪朋，乃終有慶。」虞翻注云：

> 此指說《易》道陰陽消息之大要也。謂陽月三日，變而成震，出庚。至月八日，成兌、見丁。庚西丁南，故西南得朋，謂二陽爲朋。二十九日消乙入坤，滅藏於癸。乙東癸北，故東北喪朋，謂之以坤滅乾，坤爲喪也。

虞氏納甲以明月之消息，震示初三月象，爲初九潛龍之象。對於「納甲」，清代李道平謂「其說未詳所自始」，其引《參同契》言「載籍言納甲者，唯見於此。……虞氏本此以說《易》。」〔註11〕是李道平並未將虞翻「納甲」視爲承襲自京房，而認爲源自魏伯陽《參同契》。

至於虞翻的著作，我們可重新歸納：第一，《隋書》記載虞翻的《周易》九卷，即《舊唐書》九卷《易》，《清史稿》則爲十卷本《周易注》。第二，《隋書》記載的《周易集林律曆》一卷，又爲《易律曆》一卷，即《新唐書》的《周易集林律曆》一卷，皆載明虞翻撰，並無涉及到京房，到《宋史》反而改爲虞翻注《京房周易律曆》一卷，猜測是受到出現於北宋的《京氏易傳》

〔註11〕見《周易集解纂疏·諸家說易凡例》，頁 17。魏伯陽《參同契》：「故《易》統天心，復卦建始萌，長子繼父體，因母立兆基，消息應鐘律，升降據斗樞，三日出爲爽，震受庚西方，八日兌受丁，上弦平如繩，十五乾體就，盛滿甲東方，蟾蜍與兔魄，日月氣雙明，蟾蜍視卦節，兔者吐生光，七八道已訖，屈折低下降，十六轉受統，巽辛見平明。艮直於丙南，下弦二十三，坤乙三十日，陽路喪其朋，節盡相禪與，繼體復生龍，壬癸配甲乙，乾坤括始終。」（http://www.qztao.url.tw/chou-yi04.htm 全眞仙宗第四章）

所影響。

　　而從虞翻注文，其納甲說以日月消息變化為根基，是其《隋書》所載的《周易日月變例》一書，當是除《律曆》、《周易注》之外，最有可能在講日月消息納甲的著作。

三、干寶《易》注

　　黃慶萱先生根據注文所引用之字彙做參照，干寶注《周易》乃採王弼本為底本，而不從京房本。〔註12〕由此看來，干寶《易》與京房《易》的關係有一段距離。

　　至於注文內容是否提及京房《易》說？以下羅列數項，茲以證明其干寶引用京房者僅為卦氣《易》法。干寶之八宮、納甲、世應《易》說應非非承襲自京房：

　　第一，有關於八卦六位納甲支部份。其注乾卦九四：「四以初為應，謂初九甲子，龍之所由升也。」其注坤卦上六：「陰在上六，十月之時也。」其注蒙卦初六：「初六戊寅。」其注井卦初六：「體本土爻。」按納甲納支法巽初六值辛丑土。其注震卦六二：「六二木爻。」按納甲納支法震卦六二值庚寅木。

　　第二，有關於世應部份。其注蒙卦：「蒙者離宮陰也，世在四。」噬嗑初九：「以震掩巽。」按噬嗑為巽宮五世卦。其注益卦六三：「在巽之宮。」按益卦為巽宮三世卦。其注井卦辭：「自震化行，至于五世。」按井卦為震宮五世卦。其注豐卦：「豐坎宮，陰世在五。」按豐卦為坎宮五世卦。注《序卦》：「需，坤之游魂。」按需卦為坤宮游魂卦。

　　第三，有關於爻等部份。其注《繫辭下》「爻有等，故曰物。」：「五星、四氣、六親、九族、福德、刑殺。眾形萬物皆來發於爻，故總謂之物。」其注比卦六三：「六三乙卯，坤之鬼吏。」按坤卦六三乙卯剋坤宮土，故值六親之官鬼。

　　第四，有關於世卦起月部份。其注蒙卦：「蒙者，離宮陰也，世在四，八月之時。……而息來在寅，故蒙於世為八月，於消息為正月卦也。」按京房卦氣法以十二辟卦消息為準，蒙卦值泰為寅，故為正月卦。《京氏易傳》則用世卦起月法，用乾坤十二爻消息為準，陽世從子數、陰世從午數，四世則四數至酉，故為八月，此二者之不同也。

〔註12〕見《魏晉南北朝易學書考佚》，頁313、319。

從上干寶《易》注文看來，有關於八卦六位納甲支、世應、爻等、世卦起月之注文內容，未提及引京房《易》說。干寶他所引注文，只有消息和京房卦氣法之十二辟卦消息有相同之處。

參、從史錄《易》說來看

從《後漢書》得知：

> 建武中，范升傳孟氏《易》，以授楊政，而陳元、鄭眾皆傳費氏《易》，其後馬融亦為其傳。融授鄭玄，玄作《易》注，荀爽又作《易傳》，自是費氏興，而京氏遂衰。〔註13〕

由此觀之，荀爽乃費直《易》學派而非京房學派，如此一來，可知八宮卦世爻法乃沿襲自費直《易》學，而非京房《易》學。《後漢書·卷六十二·荀韓鍾陳列傳第五十二·荀爽傳》：

> 延熹九年，太常趙典舉爽至孝，拜郎中。對策陳便宜曰：臣聞之于師曰：「漢為火德，火生於木，木盛於火，故其德為孝，其象在《周易》之《離》。」夫在地為火，在天為日。在天者用其精，在地者用其形。夏則火王，其精在天，溫暖之氣，養生百木，是其孝也。冬時則廢，其形在地，酷烈之氣，焚燒山林，是其不孝也。
>
> 臣聞有夫婦然後有父子，有父子然後有君臣，有君臣然後有上下，有上下然後有禮儀。禮義備，則人知所厝矣。夫婦人倫之始，王化之端，故文王作《易》，上經首《乾》、《坤》，下經首《咸》、《恒》孔子曰：「天尊地卑，乾坤定矣。」夫婦之道，所謂順也。
>
> 孔子曰：「昔聖人之作《易》也，仰則觀象於天，俯則察法於地，睹鳥獸之文，與地之宜。近取諸身，遠取諸物，以通神明之德，以類萬物之情。」今觀法於天，則北極至尊，四星妃後。察法於地，則昆山象夫，卑澤象妻。睹鳥獸之文，鳥則雄者鳴鴝，雌則順服；獸則牡為唱導，牝乃相從。近取諸身，則乾為人首，坤為人腹。遠取諸物，則木實屬天，根荄屬地。陽尊陰卑，蓋乃天性。
>
> 夫寒熱晦明，所以為歲；尊卑奢儉，所以為禮：故以晦明寒暑之氣，尊卑侈約之禮為其節也。《易》曰：「天地節而四時成。」

〔註13〕見《後漢書·儒林列傳》，頁2554。

是以，吾人察看以上所載，「天尊地卑，乾坤定矣」、「昔聖人之作《易》也……」、「近取諸身，遠取諸物」乃取之《繫辭》，「乾爲人首，坤爲人腹」乃取之《說卦》，「天地節而四時成」乃取之節卦〈象〉。是荀爽《易》注乃依循費直以《傳》解《經》的模式。有關於八宮卦世爻、飛伏和升降的部份，其述說諸例之內容，而正史非但未曾提到採用自京房，〔註14〕也沒有任何注京房《易》之史料。

從虞翻史錄來看，納甲說始見於道教《周易參同契》。〔註15〕《周易參同契》用月體變化代表卦象消息，按照移動方位代表所納天干，而且有壬癸配甲乙的解釋，然而都沒有提及採用自京房。〔註16〕虞翻除了用納甲之外也用飛伏解釋《周易》例句，都沒有提到採用自京房。〔註17〕《三國志·虞翻傳》記載其五世皆用孟氏《易》，〔註18〕《宋史·藝文志》也有虞翻注《京房周易

〔註14〕第一，有關於八宮卦世爻部份。其注恆卦《象》：「恆，震世也。」（按：三世。筆者引《周易集解》及惠棟《易漢學》注，下同）注解卦《象》：「解，震世也。」（筆者按：二世）其注蠱卦《象》：「蠱者，巽也。巽歸合震。」按蠱爲巽宮歸魂之歸魂卦，巽三世至遊魂，下卦皆爲震，至歸魂又盡變爲巽，故云巽歸合震。第二，有關於飛伏部份。其注坤卦《文言》：「坤下有伏乾」、「六三陽位，下有伏陽」。注《繫上》「樂天知命，故不憂」：「坤下有伏乾，爲樂天。」第三，有關於升降部份。惠棟《易例》的「乾升坤降」例說到：「荀慈明論《易》，以陽在二者當上升坤五爲君，陰在五者當降居乾二爲臣。」他引荀爽注「水流濕，火就燥」說：「陽動之坤而爲坎，坤者純陰故爲濕；陰動之乾而成離，乾者純陽故曰燥。」荀爽以乾九二當升變爲坤五爲坎，坤六五當降變爲乾二爲離。
〔註15〕見《周易集解纂疏》，頁17。
〔註16〕見 http://www.tianyabook.com/zongjiao/daojiao/016.htm《周易參同契》天符進退章第四。
〔註17〕第一，有關於納甲部份。《周易集解纂疏》在坤《象》的「西南得朋，乃與類行」一句下引虞翻曰：「謂陽得其類，月朔至望，從震至乾。」疏：「此以納甲言也」。虞注蹇卦《象》、歸妹卦《象》、《繫辭上》「在天成象」、「四象生八卦」、《繫辭下》「八卦成列，象在其中矣」、《說卦》「水火不相射」，及「萬物出乎震」整段句子，也都用納甲解釋，而且都沒有提到採用自京房。第二，有關於飛伏部份。虞注睽卦《象》：「剛謂應乾五伏陽，與鼎五同義。」其注困卦《象》：「君子謂三伏陽也。」注益卦六三：「公謂三伏陽也。」
〔註18〕見《三國志·吳書十二·虞翻》，頁1322……注二翻引《別傳》曰：「臣聞六經之始，莫大陰陽，是以伏羲仰天縣象，而建八卦，觀變動六爻爲六十四，以通神明，以類萬物。臣高祖父故零陵太守光，少治孟氏易，曾祖父故平輿令成，續述其業，至臣祖父鳳爲之最密。臣亡考故日南太守歆，受本於鳳，最有舊書，世傳其業，至臣五世。前人通講，多玩章句，雖有祕說，於經疏闊。臣生遇世亂，長於軍旅，習經於枹鼓之間，講論於戎馬之上，蒙先師之說，依經立注。又臣郡吏陳桃夢臣與道士相遇，放髮被鹿裘，布《易》六爻，撓其三以飲臣，

律曆》的記載，〔註19〕卻沒有任何虞翻注《京房易》之史料記錄。由納甲形式來看，他也捨棄孟喜十二月卦、京房十二辟卦卦氣形式，改採《參同契》八卦消息形式，回歸到正統路線上。

至於干寶，《晉書》、《宋書》內容有其說與京房《易》說並引之處。二書言到：

> 《京房易傳》曰：「足少者，下不勝任也。」干寶以爲：「獸者陰精，居于陽，金獸也。南陽，火名也。金精入火而失其形，王室亂之妖也。」〔註20〕

> 《京房易傳》曰：「庶士爲天子之祥也。」……干寶以爲「……承廢故之家得位，其應也。」〔註21〕

> 武帝太康中，有鯉魚二見武庫屋上。干寶以爲：「武庫兵府，魚有鱗甲，亦兵類也。魚既極陰，屋上太陽，魚見屋上，象至陰以兵革之禍干太陽也。……」《京房易傳》曰：「魚去水，飛入道路，兵且作。」〔註22〕

> 晉武帝太康中，有鯉魚二見武庫屋上。干寶曰：「武庫兵府……象至陰以兵革之禍干太陽也。」……《京房易妖》曰：「魚去水，飛入道路，兵且作。」〔註23〕

二書記載與干寶《易》說並陳之京房《易》說，皆爲災異警訊或祥瑞之語，是與《京房易傳》之內容相類。而干寶「象至陰以兵革之禍干太陽」云云，和《京

臣乞盡吞之。道士言《易》道在天，三爻足矣。豈臣受命，應當知經！所覽諸家解不離流俗，義有不當實，輒悉改定，以就其正。孔子曰：『乾元用九而天下治。』聖人南面，蓋取諸離，斯誠天子所宜協陰陽致麟鳳之道矣。謹正書副上，惟不罪戾。」翻又奏曰：「經之大者，莫過於《易》。自漢初以來，海內英才，其讀《易》者，解之率少。至孝靈之際，潁川荀諝號爲知《易》，臣得其注，有愈俗儒，至所說西南得朋，東北喪朋，顛倒反逆，了不可知。孔子歎《易》曰：『知變化之道者，其知神之所爲乎！』以美〈大衍〉四象之作，而上爲章首，尤可怪笑。又南郡太守馬融，名有俊才，其所解釋，復不及諝。孔子曰『可與共學，未可與適道』，豈不其然！若乃北海鄭玄，南陽宋忠，雖各立注，忠小差玄而皆未得其門，難以示世。……荀諝，荀爽之別名。」
〔註19〕見《宋史・藝文志・五行類》，頁5238。
〔註20〕見《晉書・五行志中》，頁850。
〔註21〕見《晉書・五行志中》，頁853，《宋書・五行二》，頁925。
〔註22〕見《晉書・五行志下》，頁880。
〔註23〕見《宋書・五行志四》，頁970。

房易傳》「然少陰倍力而乘消息……蒙氣復乘卦，太陽侵色」之語 〔註24〕 相類似，而與《京氏易傳》八宮、納甲條例毫無雷同之處。列傳裡記載干寶「留思京房、夏侯勝等傳」，「又爲《春秋左氏義外傳》，注《周易》、《周官》凡數十篇，及雜文集皆行於世」。前句之文提及京房，後句說到他的著述，〔註25〕 而列傳內容並未提及干寶研習京房《易》的任何事蹟。今察隋唐兩朝之《經籍志》、《藝文志》，也未提及干寶曾注解過京房《易》。〔註26〕

肆、就卜筮與卦氣之區分來看

卜筮與卦氣雖同出孔門，流派卻不相同。

正史將「筮」與「陰陽占候」區別是極其分明的。《後漢書・方術列傳》說：

> 《左傳》史蘇，晉太史，善筮者。京房字君明，善陰陽占候。〔註27〕

《舊唐書・方伎列傳・序言》也說：

> 夫術數占相之法，出于陰陽家流。自劉向演鴻範之言，京房傳焦贛之法，莫不望氣視祲，懸知災異之來；運策揲著，預定吉凶之會，固已詳於《魯史》，載彼《周官》。〔註28〕

〔註24〕 見《漢書・眭兩夏侯京翼李傳列傳》，頁 3164。引孟康注曰：「房以消息卦爲辟。辟，君也。息卦曰太陰，消卦曰太陽，其餘卦曰少陰少陽，謂臣下也。并力雜卦氣干消息也。」

〔註25〕 見《晉書・干寶傳》。

〔註26〕 《隋書・經籍志・易》，頁 909：「《周易》十卷，晉散騎常侍干寶注。」《隋書・經籍志・禮》，頁 919：「《周官禮》十二卷，干寶注。」《舊唐書・經籍志上・易類》，頁 1967：「又十卷，干寶注。」《舊唐書・經籍志上・禮類》，頁 1971：「又十二卷，干寶注。」《新唐書・藝文志・易類》，頁 1424：「干寶注十卷。」《新唐書・藝文志一・禮類》，頁 1431：「干寶注《周官》十二卷。」《新唐書・藝文志一・春秋類》，頁 1438：「干寶《春秋義函傳》十六卷。」《新唐書・藝文志二・正史類》，頁 1455：「干寶《晉書》二十二卷。」《新唐書・藝文志二・編年類》，頁 1459：「干寶《晉紀》二十二卷。」《新唐書・藝文志二・職官類》，頁 1476：「干寶《司徒儀注》五卷。」《新唐書・藝文志二・儀注類》，頁 1490：「干寶《雜議》五卷。」《新唐書・藝文志三・儒家類》，頁 1511：「干寶《正言》十卷。」《新唐書・藝文志三・小說家類》，頁 1540：「干寶《搜神記》三十卷。」《新唐書・藝文志四・別集類》，頁 1587：「《干寶集》四卷。」《新唐書・藝文志四・總集類》，頁 1620：「干寶《百志詩集》五卷。」

〔註27〕 見前書，頁 2715 注八。

〔註28〕 〔後晉〕劉昫撰：《舊唐書》。洪北江主編：《廿五史》，臺灣，洪氏出版社 1977 年版頁 5087。

由此可見至少在漢唐時期之階段，「筮」與「陰陽占候」是有區別的。《左傳》、《周官》詳載的「筮」是「運策揲著，預定吉凶之會」之術，而京房「陰陽占候」是「望氣視祲，懸知災異之來」之術，兩者是兩套範疇、性質都不同的占術。

若以荀爽八宮、升降說爲準，是屬於費直《易》之卜筮學派。虞翻納甲在魏晉時也捨離十二消息卦氣而依附八宮卦，回歸到卜筮範疇。干寶雖也言及類似孟、京之十二消息卦氣法，然就絕大部份之比例來講，是屬於卜筮範疇而非屬於卦氣範疇。

伍、就京房承習孟焦候陰陽異書來看

關於京房的師承學說之範疇，得根據《漢書》本傳和《儒林傳》最原始史料的記載。孟喜《易》學是從王孫上溯淵源自孔子之正統嫡傳，然他得到「《易》家候陰陽災變書」明顯受到到陰陽思想所影響，於是被正統儒者質疑取得的正當性。其後京房以爲其師焦延壽《易》學即孟氏學說，翟牧、白生卻不肯承認，都說它是非正統之說。然而正由於被排擠而列入異說，京房承孟喜《易》十二消息形式及焦延壽《易》之分卦直日說，並結合鐘律法創造六日七分候氣占法，以解釋災異人事的關係，顯得更有獨創性。〔註29〕

陸、從各學派後學之說的特色來看

費直所主筮法與孟、京消息卦氣說原本極爲不同，分析其各後學說之間，也有明顯的區別。從正史中歸納出京房後學，是否已提及「納甲」、「世爻」、「卦主」等學說，即可看出是否與荀爽、虞翻學說爲同一流派。

京氏學派代表有谷永、郎顗、鄭玄。總的來看，針對三者的《易》學思想及學說特徵，察其是否有超越出京氏《易》鐘律、卦氣、災異的範疇。若他們所談的只限於這些學說以及延伸的十二支位風角、星算等，而無提及任何與納甲、世應、六親等有關的體例，則由此所得到的這項線索，可說是最直接也最具公信力了。

從谷永、郎顗到鄭玄，這三位在漢朝時期京氏後學，足以代表所繼承京房學說的眞實情況。谷永談及五行有關的天官星辰異象占、京氏卦氣，又善

〔註29〕　參見本人所著《京房易學流變考》，頁53～59「第二章京房的師承、著作、學說及傳承」。本文第參章第壹節、第伍章第壹節亦有提及。

言災異，與京房最為近似。郎顗談風角、星筭、六日七分之說，又引《易緯》，正看出《易緯》在當時的影響。鄭玄《易》繼承京房《易》說另有十二消息辟卦，鄭玄又注《易緯》，《易緯》內容有泰半是承襲京房《易》說，所以鄭玄算是京氏《易》的後學。鄭玄原本習京房學說，他講十二消息六日七分，注《易緯・乾鑿度》闡發爻辰之義及太一行九宮思想。他們皆習京房《易》，未有類似宋欽宗以來學界所認為屬於京房《易》的八宮卦、納甲、世應的各條例，足見將《京氏易傳》認作京房《易》，其見解是有待商榷的。

柒、就誤解費直《易》來看

費直《易》章句之釋文多同於〈彖〉、〈象〉，但不意味著就捨棄卜筮之術。即使在《易傳》方面，〈繫辭〉、〈說卦〉也是義理、象數並陳。而義理、象數有明顯之區別，也是魏朝王弼以後的事，今學者但見施讎、孟喜、梁丘賀、京房立於學官，視之以「今文學派」而囿之象數，另視費直《易》為「古文學派」而囿之義理，似有使人本末混淆之嫌。史籍明載荀爽承襲自費直《易》，今學者卻將其荀爽八宮、升降說之「古文學派」占例，混同於京房之「今文學派」之中，如此一來，豈非有所矛盾？

從另一方面來看，《易傳》十翼內容所言及之卜筮乃儒家正統，至西漢孟喜、京房得陰陽災異書，孟、京所改變之卦氣法路線，在當時不為正統派學者所認同。〔註30〕荀爽為東漢人士，其八宮、升降說必然也多少受到《易緯》之影響，而漢《易》學大師鄭玄統一今古文之學，兼說《易緯》而備受尊重，

〔註30〕《漢書》卷八十八，第3597頁：「孟喜字長卿，東海蘭陵人也。父號孟卿，……孟卿以禮經多，春秋煩雜，乃使喜從田王孫受《易》。喜好自稱譽，得《易》家候陰陽災變書，詐言師田生且死時枕喜膝，獨傳喜，諸儒以此耀之。同門梁丘賀疏通證明之，曰：「田生絕於施讎手中，時喜歸東海，安得此事？」又蜀人趙賓好小數書，後為《易》，飾《易》文，以為「箕子明夷，陰陽氣亡箕子：箕子者，萬物方荄茲也。」賓持論巧慧，《易》家不能難，皆曰「非古法也」。云受孟喜，喜為名之。後賓死，莫能持其說。喜因不肯仞，以此不見信。……博士缺，眾人薦喜。上聞喜改師法，遂不用喜。」《漢書》卷八十八，第3601頁：「京房受《易》梁人焦延壽。延壽云嘗從孟喜問《易》。會喜死，房以為延壽《易》即孟氏學，翟牧、白生不肯，皆曰非也。至成帝時，劉向校書，考《易》說，以為諸《易》家說皆祖田何、楊叔、丁將軍，大誼略同，唯京氏為異黨，焦延壽獨得隱士之說，託之孟氏，不相與同。房以明災異得幸，為石顯所譖誅，自有傳。房授東海殷嘉、河東姚平、河南乘弘，皆為郎、博士。繇是《易》有京氏之學。」

未曾以義理言論來非議象數之說。從《後漢書》所言「玄作《易》注，荀爽又作《易傳》，自是費氏興而京氏遂衰」云云數語，得知與鄭玄同時之荀爽《易》學，當時亦被視爲正統卜筮系統演變後之流派，是以干寶承襲荀爽之八宮、升降說，也足以稱爲卜筮之流。

捌、由《京氏易傳》來看

自北宋晁說之獻出《京氏易傳》以後，受到幾位《易》學大家的認定，如南宋朱熹和清代惠棟都以爲是這本書是後京房所著，然而根據本人《京房易學流變考》一書之研究，有以下幾點足以翻案：

第一，從文本上看：吾人從史學角度及史料文本，推知《京房易傳》的律卦模式，與《京氏易傳》以八宮納甲模式，兩者在卦的排列不僅不同，前者以陰陽占候爲主軸，後者以卜筮爲說，兩者原貌本不相同。

第二，從脈絡上看：根據《漢書・儒林傳》及《後漢書・儒林列傳》，費直《易》是承襲田何來的，京房《易》與費直《易》，一是消息卦氣，一是有分野占筮，兩者也有根本上的不同。既然《京氏易傳》以八宮納甲之占筮模式爲主軸，吾人從史料文本得知講八宮世爻的荀爽，爲費直《易》做《易》傳而京房《易》遂衰落，推知兩者派別原本不相同。《京氏易傳》的主軸模式當爲承襲荀爽、費直之《易》說這一脈而來的。

第三，從後學領域上看：例如從京房學派的谷永、郎顗、鄭玄等人，費直學派的荀爽，以及與納甲支學說有關的虞翻、干寶等人，各有其不同領域。谷永、郎顗、鄭玄等人提及京房學說，並未言及八宮納甲之卜筮法；荀爽、虞翻、干寶言及八宮納甲卜筮法，卻也未提及習自京房或採自京房《易》說。由此看來，至少在漢魏晉時期，京房學說並無涉及八宮納甲之卜筮法。

第四，從用語上看：吾人從「八宮」、「納甲」等象數用語得知是晚出於東漢及其以後，從「卦主」、「適變」、「坤道」等義理用語得知是晚出於魏朝王弼時期，證明《京氏易傳》本非京房之著述。

第五，從注者上看：今存《京氏易傳》雖提爲陸績注，歷代史籍未曾著錄陸績注後京房之說，顯然也是出自僞託。

第六，從歷代評論上看：吾人遍察在晁說之以前的史籍及評論者，並未有將八宮世應納甲之說當做京房的學術。晁說之其前卦候是卦候，納甲是納甲，兩者學派之說極爲分明。從晁說之呈獻《京氏易傳》後，才有世人將八

宮卦納甲等術數托于京房。

第七，從歷代經籍史料上看：吾人以宋欽宗之前各經籍史料來做檢視，其內容有關於納甲、世應、飛伏等說，並未提及京房之相關詞句，而記載京房《易》說則限於鐘律、卦氣、災異和延伸的風角、五星、八風之說，荀爽等人所談又不屬於京房原本的《易》說，用這角度以驗證二系統區別所在，可明瞭京房《易》說和《京氏易傳》體例，其兩者淵源之明顯不同處。

由此觀之，《京氏易傳》與兩《漢書》之《京房易傳》和京房《易》說實錄，其範疇原本就不相同。《京氏易傳》乃晚出於京房時期之作，憑此數點便可推知，該書是根本不足以做爲京房著作或京房《易》條例之證據。

荀爽爲費直卜筮《易》之後學，而講升降、八宮世爻，顯然升降、宮世之說是爲卜筮範疇而非卦氣範疇。就卜筮與卦氣兩者來看，《後漢書》、《舊唐書》也將其範疇有所區分。京房承習焦延壽與孟喜有關聯的陰陽災變書，當時同門皆以爲不符合傳統卜筮《易》，就正統與異端兩者模式不相融來看，這也是引發翟牧、白生極力排斥京房，而視爲異端之說的主因。

虞翻雖五世皆傳孟氏《易》，《宋史》作者受《京氏易傳》影響，又將《隋書》所載之《周易集林律曆》改爲虞翻注《京房周易律曆》一卷。然而虞翻納甲並未採以孟、京十二消息卦形氣式，反而參照道教《參同契》月體納甲說，回歸到《說卦》八卦筮占形式，在晉代被納音所吸收而依附在荀爽八宮卦世爻裡。其後隋《五行大義》、唐《開元占經》更以《說卦》「父母六子」形式，來解釋八宮卦納甲的生成原理。

《晉書·干寶列傳》記載：「性好陰陽術數，留思京房、夏侯勝等傳。」今人謂干寶既然留思京房《易》傳，遂以爲干寶《易》學乃多習自京房之術，繼荀爽、虞翻諸賢，承襲其京房八宮、納甲、六親、升降之例。朱伯崑說干寶釋乾初九乃本於京房納甲，言訟卦則用京房八宮說。〔註31〕黃師慶萱亦謂干寶以八宮納甲解《易》者，皆京房之學。甚至宋清《易》大家朱熹、惠棟亦以爲《京氏易傳》載八宮納甲之書和條例爲京房所著。然而從許多跡證顯示，後學承傳京房只有卦氣、音律、風角、鳥鳴之術，而干寶八宮、納甲、六親、升降之例，多由費直《易》學演變而來，歷經荀爽宮世說、虞翻納甲、升降說，干寶雖偶而參引與京房《易》相近之消息條例、卦氣說，然而其承

<hr />

〔註31〕見《易學哲學史》第一冊頁173～174。

襲漢代《易》諸家之條例又絕大多數屬於卜筮流派範疇而非卦氣範疇。

　　《京氏易傳》在宋欽宗時出現，其前之經史子書，未曾記載京房與八宮、納甲、世應有關，而其後才有人將《京氏易傳》及其體例認爲是京房所創作。《京氏易傳》及其體例自宋欽宗時出現後始被認爲是京房所著，其前則史籍皆毫無此說。有學者根據《京氏易傳》認爲荀爽、虞翻、干寶所述之八宮世爻、納甲等爲京房《易》範疇，而全然將之視爲京房《易》繼承後學，實有修正之必要。

第捌章 《易》納音占流變史觀

　　納音法是《彖傳》《象傳》義理占之外的千古奇葩，其名義定於晉代葛洪（<u>284</u>
<u>年～363 年</u>）《抱朴子》，其前干寶（？～336 年）則用之於八宮四十八爻卦占。
其前身實變自三階段，其一是戰國《日書》至京房的六十律卦占形式，其二是
六十干支相配形式，其三是東漢至魏代的納甲占形式。京房六十律卦以陰陽五
音、十二律呂配爻，後十天干取代陰陽五音，十二地支取代十二律呂，這種六
十干支相配，唐代《開元占經》亦稱之爲納音。至三國虞翻確立以天干配八宮
卦之納甲占，後人在納甲形式基礎上在配以支辰，而爲干寶所用。其名義至清
代李道平才更爲「納十二支」，而有「納支」之名。最特別的是，它由《日書》
的日忌演變至京房候陰陽，而被正統筮占同門視爲異端之說，漢末荀爽發明宮
世說之後，納音又被匯入費直正統流派筮占法當中，而沿襲至今日。

壹、戰國——音律占的創始期

　　放馬灘秦簡《日書》甲種占卦其中 122 條，記述以六十律貞占卜卦的具
體方法內容。乙 151 條：「……以五音十二聲爲某貞卜……。」戰國《放馬灘
秦簡日書》乙種「占卦」條目下言「以五音十二聲爲某貞卜」，記述以六十律
貞占卜卦的具體方法內容。

　　關於五音，秦漢之際的《呂氏春秋》及《禮記·月令》已將五音和五行、
五味、五方、五色等相配，將屬於音律的五音與方位、顏色、味覺以及內在
屬性加以搭配，其效能是藉由音律的變化及特徵，即可推知某方位發生事情
及物體的顏色和內在屬性，藉由某方位吹來的風，或某方位的鳥鳴聲，而推
得某時地的災異。京房後學闡發此法演變出「風角」、「鳥鳴」之說〔註1〕，其

〔註1〕史籍《後漢書》謂郎宗「學京氏《易》，善風角、星筭、六日七分，能望氣占

原理是利用「風」的震盪達到「氣」和「律」的傳遞，而進行感通的連繫。

關於十二聲，即京房所謂十二律，古時用來校正樂音的器具。以十二個竹管製成，依管的長短來確定音階。從低音管算起，成奇數的六管稱「律」，包括黃鐘、太蔟、姑洗、蕤賓、夷則、無射；成偶數的六管稱「呂」，包括大呂、夾鐘、中呂、林鐘、南呂、應鐘。〔註2〕後來區分陰陽，成奇數的稱陽六律，成偶數的稱陰六律。〔註3〕

由此看來，我國音律起源甚早，而且在戰國時期已經應用在占術上。

貳、西漢京房《易》──音律占的大盛期

漢書記載孟喜自《易》家獲得候陰陽災變書，而焦延壽自稱曾詢問孟喜《易》，則焦延壽所得到的「隱士之說」，與「候陰陽災變書」當是同性質的東西。《周易孟喜章句》輯本「習坎」條下記載：「自冬至初，中孚用事，……有二變而歲復初，坎離震兌二十四氣次主一爻，……。」〔註4〕都是屬於候氣法的記載。而《漢書》提到焦延壽「分六十四卦，更直日用事，以風雨寒溫為候」，其說法長於災變此特點也於同孟喜。

《漢書·京房傳》又說：

> 京房字君明，東郡頓丘人也。治《易》，事梁人焦延壽。延壽字贛。……
> 其說長於災變，分六十四卦，更直日用事，以風雨寒溫為候：各有
> 占驗。房用之尤精。好鐘律，知音聲。〔註5〕

候吉凶」，而郎顗「少傳父業」，除了承襲京房六日七分、谷永以君德為重、脩德消災之說，並承襲翼奉十二辰風角，成為京房後學風角占災之術。

〔註2〕 摘自奇摩知識，〈何謂律呂〉，2010 年 4 月 7 日，取自 yahoo 網，網址：http://tw.knowledge.yahoo.com/question/question?qid=1405102215154。

〔註3〕 《史記·律書第三》：「王者制事立法，物度軌則，壹稟於六律，六律為萬事根本焉。」《索隱》按：律有十二。陽六為律，黃鐘、太蔟、姑洗、蕤賓、夷則、無射；陰六為呂，大呂、夾鐘、中呂、林鐘、南呂、應鐘是也。名曰律者，《釋名》曰「律，述也，所以述陽氣也」。〈律曆志〉云「呂，旅，助陽氣也」。

〔註4〕 《玉函山房輯佚書》的《周易孟氏章句》輯本，載有一行《六卦議》所引的「當據孟氏，自冬至初，中孚用事...」一段言語，此語並不能確定是援引自孟氏原本的《易章句》，可能是一行的己見而誤將京房卦氣說以為孟氏的話。見〔清〕馬國翰《玉函山房輯佚書·周易孟氏章句》，上海古籍出版社 1990 年版，第 77 頁。

〔註5〕 見卷七十五，頁 3160。

京房《易》是習自焦延壽的，到最後遂自稱師自孟喜。《漢書・京房傳》:「房本姓李，推律自定爲京氏。」〔註6〕其占以音律配卦爲基礎，以五音十二聲組合成六十律以配六十卦，以之占陰陽風雨寒溫。

推究音律配卦的起源，似可上溯到秦代以前。戰國《放馬灘秦簡日書》乙種「占卦」條目下言「以五音十二聲爲某貞卜」，可知京房《易》學雖富於新意，其學說框架實未遠離古代思想之傳統，然而理論之縝密、規模之宏偉，則遠超越古人。

《四庫全書總目提要》言:

> 漢《易》自田何以下無異說。孟喜……之學云出田王孫，而田王孫之徒以爲非。焦贛「直日用事」之例，云出孟喜，而孟喜之徒，又以爲非。劉向校書亦云「惟京氏爲異黨」。《漢書・儒林傳》源委秩然，可以覆案。〔註7〕

京房以爲其師焦延壽《易》即孟氏學說，翟牧、白生卻不肯承認，都說它是非正統之說。然而正由於被排擠在外而列入「異黨」，京房承襲孟喜《易》的十二消息及焦延壽《易》的分卦直日候氣說，並結合鐘律法創造六日七分占法用來解釋災異人事的關係，顯得更具獨創性，在兩漢的影響力，幾乎與筮占學派並駕齊驅。

其京房卦氣之內容結構，《後漢書・律曆志》引京房語說明云:

> 受學故小黃令焦延壽。六十律相生之法:以上生下，皆三生二，以下生上，皆三生四，陽下生陰，陰上生陽，終於中呂，而十二律畢矣。中呂上生執始，執始下生去滅，上下相生，終於南事，六十律畢矣。夫十二律之變至於六十，猶八卦之變至六十四卦。宓羲作《易》，紀陽氣之初，以爲律法。建日冬至之聲，以黃鐘爲宮，太蔟爲商，姑洗爲角，林鐘爲徵，南呂爲羽，應鐘爲變宮，蕤賓爲變徵。此聲氣之元，五音之正也，故各統一日。其餘以次運行，當日者各自爲宮，而商徵以類從焉。《禮運》篇曰「五聲、六律、十二管還相爲宮」，此之謂也。以六十律分期之日，黃鐘自冬至始，及冬至而復，陰陽寒燠風雨之占生焉。〔註8〕

〔註6〕卷七十五，頁3166。
〔註7〕見卷五，第73頁。
〔註8〕見前引《後漢書》志第一，第3000頁。

《禮記注疏・禮運》也提到：

> 然諸本及定本多作終於南事，則是京房律法。按漢元帝時郎中京房，
> 知五音十二律之數。……又黃鐘大蔟等七律，各統一日，自爲宮，
> 其餘五十三律，隨所生日六七等，爲其日之宮，則周一期日數，如
> 京房所述。〔註9〕

綜合以上所述，分析數點如下：

第一，「建日冬至之聲，以黃鐘爲宮，太蔟爲商……此聲氣之元，五音之正也，故各統一日。其餘以次運行，當日者各自爲宮，而商徵以類從焉。……黃鐘自冬至始，及冬至而復。」云云，指一年冬至時刻始復於黃鐘之律動形態，顯現出五行宮音的本性。其法大致上五音與十二律相配，每卦六日七分，是每宮一日餘，十卦約等於六十日餘，配一循環之六十律，一年六個循環。一年週期以冬至日爲始復，冬至日候氣律動狀態爲黃鐘，反應在性質屬於宮音的事物上；次日候氣律動狀態爲太蔟，反應在性質屬於商音的事物上；再次日候氣律動狀態爲姑洗，反應在性質屬於角的事物上。其餘依此類推。

第二，所謂「以上生下，皆三生二，以下生上，皆三生四」指律的長短，上下階段的加減關係，上生下則三分之減其一，故稱「三生二」；下生上，則三分之加其一，故稱「三生四」。〔註10〕足見其相生關係，是基於律數長短的增減，而非基於五行的生剋。

第三，京房云「紀陽氣之初，以爲律法」，按照《易緯》、《易漢學》、《周易集解纂疏》等書記載的六十卦氣圖，子月陽氣在四方伯是起於坎卦，在六十卦裡則是起於中孚卦。而非如後世爻辰說、八宮卦納音說所言，乃依照《說卦傳》第十章父母六子形式起於乾卦。

第四，依照《易傳》時位整合原則，天道也可以影響地道。所以冬至時刻，天道顯現以宮土的特質，氣候律動則爲黃鐘，則某方位也必然呈現其特殊的循環狀態，例如位於西方出生者爲商金的特質，則呈現太蔟的律動狀態。

第五，依照戰國秦簡《日書》或子彈庫《帛書》，它們已有講五行，無論

〔註9〕 見（漢）鄭玄注，（唐）孔穎達等注疏：《禮記注疏》卷二十二。（清）阮元校勘，用文選樓藏本校定，台北：藝文印書館，1955初版，第433頁。

〔註10〕《緯書集成・中・樂緯》頁568：「黃鐘中宮，數八十一，以天一、地二、人三之數以增減，律成五音中和之氣。增治上生，減治下生。上生者三分益一，下生者三分減一。益者以四乘之，以三除之（作者按，即乘以4/3），減者以二乘之，以三除之（作者按，即乘以2/3）。」

談「日忌」或「月諱」都分爲十二階段，而且有生、剋（勝）、沖（衝）等狀
態之描述。放馬灘秦簡《日書》也講五音十二律卦占〔註11〕，此無不使人懷
疑十二律之間的相沖（衝），或五音之間的生剋，京房也有採用。〔註12〕

　　然京房律法繁瑣逐漸失傳，至東漢章帝六十律已無人能爲。〔註13〕東漢
靈帝時，十二律更是無師可從。〔註14〕

參、《樂緯》《律歷》如是說

　　十二聲雖可上溯到秦代以前，在西漢京房時期應用於《易》至於極盛，
後世則以理論見長。然在兩漢之際對十二律原理的詮釋，與京房在聲律與時
期的配對及參數運用上，卻有所出入。例如《樂緯・樂諧圖微》有所解釋道：

　　　六律：黃鐘十一月，太簇正月，姑洗三月，蕤賓五月，夷則七月，

　　　無射九月。六呂：大呂十二月，夾鐘二月，仲呂四月，林鐘六月，

　　　南呂八月，應鐘十月。陽爲律，陰爲呂，總謂之十二月律。〔註15〕

《後漢書・律歷志》更詳細說明：

　　　夫五音生於陰陽，分爲十二律，轉生六十，皆所以紀斗氣，效物類

〔註11〕參見《秦簡日書集釋》。生：頁284；沖：頁27、29、34、36；剋（勝）：23、
　　　　113、156；五音十二聲：286
〔註12〕推測京房法以冬至時刻，氣候顯現天道形式的黃鐘律動，與地道形式的宮土
　　　　特質相感應。以此爲例，若此時在南方出生的某人，有微火的特質和蕤賓的
　　　　律動，占者在時位兩者沖折之間，取其含有某五音之一的姓字而加以平衡之，
　　　　或許這就是推律定姓氏的方法。
〔註13〕《晉書》第483頁：「《周禮》、《國語》載六律六同，《禮記》又曰：『五
　　　　聲、十二律還相爲宮』。劉歆、班固撰律歷志亦紀十二律，惟京
　　　　房始創六十律。至章帝時，其法已絕，蔡邕雖追紀其言，亦曰今
　　　　無能爲者。依案古典及今音家所用，六十律者無施於樂。」
〔註14〕《後漢書・律歷志上・律準》頁3015：「音聲精微，綜之者解。元和元年（作
　　　　者按：元和爲東漢章帝年號），待詔候鐘律殷彤上言：『官無曉六十律以準
　　　　調音者故待詔嚴崇具以準法教子男宣，宣通習。願召宣補學官，主調樂器。』
　　　　詔曰：『崇子學審曉律，別其族，協其聲者，審試。不得依託父學，以聾爲
　　　　聰。聲微妙，獨非莫知，獨是莫曉。以律錯吹，能知命十二律不失一，方爲
　　　　能傳崇學耳。』太史丞弘試十二律，其二中，其四不中，其六不知何律，宣
　　　　遂罷。自此律家莫能爲準施弦，候部莫知復見。熹平六年，東觀召典律者太
　　　　子舍人張光等問準意。光等不知，歸閱舊藏，乃得其器，形制如房書，猶不
　　　　能定其弦緩急，音不可書以曉人，知之者欲教而無從，心達者體知而無師，
　　　　故史官能辨清濁者遂絕。其可以相傳者，唯大榷常數及候氣而已。」
〔註15〕見《緯書集成・中》頁561。

也。天效以景，地效以響，即律也。陰陽和則景至，律氣應則灰除。是故天子常以日冬夏至御前殿，合八能之士，陳八音，聽樂均，度晷景，候鐘律，權土炭，效陰陽。冬至陽氣應，則樂均清，景長極，黃鐘通，土炭輕而衡仰。夏至陰氣應，則樂均濁，景短極，蕤賓通，土炭重而衡低。進退於先後五日之中，八能各以候狀聞，太史封上。效則和，否則占。候氣之法，爲室三重，戶閉，塗釁必周，密布緹縵。室中以木爲案，每律各一，內庳外高，從其方位，加律其上，以葭莩灰抑其內端，案曆而候之。氣至者灰動。其爲氣所動者其灰散，人及風所動者其灰聚。殿中候，用玉律十二。惟二至乃候靈臺，用竹律六十。候日如其曆。〔註16〕

由此看來，分析數點如下：

第一，《樂諧圖微》所謂「黃鐘十一月，太蔟正月……」指當月所候的氣律，即每月份氣候之異，顯示出其氣特有的律動狀態。十一月氣的波動頻率稱爲「黃鐘」，正月氣的波動頻率稱爲「太蔟」，其餘依此類推。此與京房每日一音律者，顯示兩者範疇有所不同。魏晉後直接把黃鐘代替爲支辰子，太蔟代替爲支辰寅，則使後人難以得知與律準相關聯之所在。

第二，《後漢書・律曆志》兼談音律候月氣及候日氣。所謂「冬至陽氣應，……夏至陰氣應」，是以十二月消息來區分陰陽之氣。十一月冬至子陽氣應，故通黃鐘；五月夏至午陰氣應，故通蕤賓。是以十一月黃鐘、十二月大呂、太蔟正月、二月夾鐘、三月姑洗、四月仲呂，皆應氣候的陽氣，陰漸衰、陽漸盛；五月蕤賓、六月林鐘、七月夷則、八月南呂、九月無射、十月應鐘，皆應氣候的陰氣，陽漸衰、陰漸盛。《樂諧圖微》的「陽爲律，陰爲呂」與上述不同。《漢書・律曆志》引京房語：「以上生下，皆三生二，以下生上，皆三生四，陽下生陰，陰上生陽，終於中呂，而十二律畢矣。」按照三分加減其一，是以吾人得知律呂之陰陽，乃因律數而區分陰陽。京房一卦六又八十分之七日，約一爻約一日餘，配七律，故其言「候日如其曆」，是與月律表述者有不同範疇。

第三，魏晉六十納音以六十干支組合，分五組配五音。到唐代六十干支區分陰陽，五音擴充爲陰陽五音，其納音乃分十組，以陽干支配陽五音、陰干支配陰五音。故《後漢書・律曆志》言：「夫五音生於陰陽，分爲十二律。」又鄭玄注《乾鑿度》云：「日十干者，五音也（鄭注：甲乙，角也。丙丁，徵

〔註16〕《後漢書・律曆志上・候氣》頁3016。

也。戊己，宮也。庚辛，商也。壬癸，羽也）。辰十二者，六律也（鄭注：六律益六呂，合十二辰）。」兩者相互補充，可成為魏晉唐納音理論基礎的宣言。

肆、戰國至魏——律占與筮占之間外在形式的轉變期

孟喜、京房候陰陽卦氣被同門視為異說，其學於是與正統筮占分道揚鑣。然而魏晉所發展六十干支和陰陽五音相配的「納音」理論而言，卻是源自京房六十卦五音配十二律呂。另外漢末魏朝的筮占派，逐漸演變出荀爽八宮世爻說與虞翻納甲說。「納音」理論到晉代道教之《抱朴子》則已發展為兩形式：一是繼承京房六十卦氣形式，二是近似《說卦》六子的六屬形式。至干寶時應用八宮世爻納甲納音法解釋《易》文，吾人已可由此看出，納音實已從異說匯入到正統之流，其間的轉變頗為可觀。以下分章節敘述。

干寶時納音已確立，然其附屬的八宮世爻納甲之外在形式條件已然成熟，它是源自戰國而逐步建構起來的，大約可區分四個階段項目如下：

一、《說卦》父母六子說

《說卦》第五章除了闡述八卦時位效能之外，對後世魏晉納音筮占學影響甚大則為第十章，其言：

> 乾，天也，故稱乎父。坤，地也，故稱乎母。震一索而得男，故謂之長男。巽一索而得女，故謂之長女。坎再索而得男，故謂之中男。離再索而得女，故謂之中女。艮三索而得男，故謂之少男。兌三索而得女，故謂之少女。

此段論述，可說京房律法斷絕之後，在晉代後世對於納音理論重新建構的主要依據。馬王堆漢墓出土漢文帝時《帛書周易》與之形式相近，而將《說卦》長、中、少改為少、中、長之次序。八宮卦序則完全按照《說卦》第十章形式。〔註17〕

二、《乾鑿度》爻辰說

八卦之六爻配置參數，由放馬灘秦簡《日書》開始至於京房，均配以五音十二律。後世筮占更有許多參數，如六親、干支、旬空等，其實都是先秦

〔註17〕朱伯崑在《易學哲學史》頁127認為八宮卦序，與漢墓出土的帛書本為同一系統。邢文在《帛書周易研究》頁71：「在『六子』的排序上，帛書取少、中、長，京房取長、中、少。」邢文所謂的「京房」即北宋以來，如朱熹、惠棟等將八宮卦視為京房占學之誤解。

《日書》以來雜占的條例，原本皆未配入卦之六爻當中。

至《乾鑿度》云：

> 乾陽也，坤陰也，並治而交錯行。乾貞於十一月子，左行，陽時六。
>
> 坤貞於六月未，右行，陰時六，以奉順成其歲。

徐芹庭先生說：「是爻辰之說，初具於《乾鑿度》，大備於劉歆三統曆。而鄭注《周禮》、韋昭注《國語》，亦足互徵云。」〔註18〕其說指爻辰法始於《乾鑿度》，其後劉歆三統曆爲之立論，鄭注《周禮》、韋昭注《國語》亦曾發揮其旨。《乾鑿度》說：「乾貞於十一月子。」察《周禮・春官太師》鄭玄注則說：「黃鐘，初九也，下生林鐘之初六。……」〔註19〕韋昭注《國語》也說到：「十一月黃鐘，乾初九也。十二月大呂，坤六四也。……」〔註20〕徐芹庭先生又引何秋濤《周易爻辰》之語，他說到：「爻辰之法，於古必有所受，推之鐘律，考之次舍，往往相協，則鄭之立義不可誣也。」〔註21〕是吾人可知爻辰法乾坤十二爻代表十二月辰之消息，乃按照十二律陰陽原理得來。其一爻代表一月，乾六爻分別配陽六律，坤六爻分別配陰六呂。與孟喜十二月卦而一卦代表一月，兩者時間階段範疇的表徵不相同。又與京房一爻代表一日餘，也有所不同。

由此觀之，支辰配於爻乃始於《乾鑿度》。又由前《後漢書・律曆志》引京房語及《禮記注疏・禮運》所述，吾人可知京房律法仍是以爻配五音十二律，尚未以干辰或支辰爲配爻之參數。所以從《乾鑿度》爻辰說之後，劉歆、鄭玄、韋昭才將黃鐘與支辰之子，同樣視爲乾初九之參數。《乾鑿度》之配支辰，可說是替納甲支筮占埋下伏筆。

三、漢末荀爽宮世說

從《周易集解》所載荀爽《易》來看，其注恆卦《彖傳》：「恆，震世也。」恆卦即爲震宮三世；其注解卦《彖傳》：「解，震世也。」解卦即爲震宮二世，顯然荀爽是講八宮卦世爻。

《後漢書・儒林傳》記載：「建武中，范升傳孟氏《易》，以授楊政，而陳元、鄭眾皆傳費氏《易》，其後馬融亦爲其傳。融授鄭玄，玄作《易》注，

〔註18〕見徐芹庭《兩漢十六家易注闡微》。臺灣，五洲出版社1975年版，第385頁。

〔註19〕見《周禮》，台灣，開明書店1984臺六版，第354～355頁所引。

〔註20〕見（清）李道平著：前引書，第15頁所引。

〔註21〕見徐芹庭《兩漢十六家易注闡微》，第383頁。

荀爽又作《易傳》，自是費氏興，而京氏遂衰。」足見鄭玄起初通曉京氏《易》，後師承馬融而作《易》注，而馬融乃爲費氏《易》作傳注，荀爽又作《易傳》，自是費氏興而京氏遂衰。是鄭玄後期以費氏《易》爲注《易》主軸，而《漢書》謂費氏《易》長於卦筮及以《彖傳》、《象傳》等釋《易》，與京《易》十二消息分卦值日有別。馬融、陳元、鄭眾及鄭玄後期所學皆爲，荀爽替費氏所作《易傳》，自然也是屬於費氏《易》筮占學範疇。

那麼，荀爽所講的八宮卦世爻，當然是也屬於正統筮占學派之流。

四、三國虞翻納甲說

《周易集解纂疏·諸家說易凡例》對於納甲的學說原理有所說明：

> 納甲者，乾納甲壬，坤納乙癸，震納庚，巽納辛，艮納丙，兌納丁，坎納戊，離納己。其說莫詳所始。魏伯陽《參同契》……載籍言納甲者，惟見于此。……蓋以六卦寓消息，而以水火爲用，即此義也。虞氏本此以說《易》。〔註22〕

《周易集解纂疏》在「東北喪朋，乃終有慶」一句下引虞翻曰：

> 陽喪滅坤，坤終復生，謂月三日，震象出庚，故「乃終有慶」。此指說《易》道陰陽消息之大要也。謂陽月三日，變而成震出庚，至月八日，成兌見丁，庚西丁南，故「西南得朋」。謂二陽爲朋，……二十九日消乙入坤，滅藏于癸，乙東癸北，故「東北喪朋」。謂以坤滅乾，坤爲喪也。〔註23〕

由此觀之，李道平不將納甲說當做是京房占學範疇，他認爲虞翻才是開始以之說《易》者。我們從晉代以後《抱朴子》納音理論，得知它雖然未配八卦，但觀其「子午屬庚」云云，可說納甲之干辰在先，後來納音之支辰才配上干辰。所以說，若沒有納甲形式，則只會停駐在乾坤爻辰形式，而無法擴展至另外六子的納音形式。

伍、晉代——納音占的應用及內在理論的重建

從《乾鑿度》爻辰說之後，劉歆、鄭玄、韋昭才將黃鐘與支辰之子，同樣視爲乾初九之參數。加上《乾鑿度》云：「五音六律七變由此作焉。故大衍

〔註22〕見李道平著，第74頁。
〔註23〕見（清）李道平著，第17頁。……

數五十，所以成變化而行鬼神也。」這可說是串聯起京房律法與筮法的宣言。《乾鑿度》又云：「日十干者，五音也（鄭注：甲乙，角也。丙丁，徵也。戊己，宮也。庚辛，商也。壬癸，羽也）。辰十二者，六律也（鄭注：六律益六呂，合十二辰）。」不僅可做爲納甲天干是從五音變來的證詞，也做爲納支辰是從納音變來的證詞。

一、晉朝干寶（？～336年）納音占的應用

干寶《易》占之說見於《周易集解》者，其注蒙卦：「蒙者離宮陰也，世在四。」噬嗑初九：「以震掩巽。」指噬嗑爲巽宮五世卦。其注益卦六三：「在巽之宮。」按益卦爲巽宮三世卦。其注井卦辭：「自震化行，至于五世。」指井卦爲震宮五世卦。其注豐卦：「豐坎宮，陰世在五。」指豐卦爲坎宮五世卦。注《序卦》：「需，坤之游魂。」指需卦爲坤宮游魂卦。足見納音所依附外在形式，其承接漢末荀爽的八宮卦世爻說，在干寶《易》占學上發揮無遺。

其注井卦初六：「體本土爻。」按納甲納支法巽初六值辛丑土。其注震卦六二：「六二木爻。」按納甲納支法震卦六二值庚寅木。其注乾卦九四：「四以初爲應，謂初九甲子，龍之所由升也。」其注蒙卦初六：「初六戊寅。」注比卦六三：「六三乙卯，坤之鬼吏。」按坤卦六三乙卯剋坤宮土，乃值六親之官鬼。足見干寶《易》占學已以納甲支辰當做參數，而非以音律。

由上觀之，干寶用納音來進行筮占，已符合《抱朴子》六屬「子午屬庚」云云的內在理論，其外在也演變到地道八宮卦納甲形式，而非如京房五音十二律形式，或《抱朴子》六十干支配六十卦形式。由於干寶較葛洪約早三十年亡故，是干寶納音筮占已成形在先，《抱朴子》不僅以道教身份發揮其理論，也保留演變自京房六十律卦而以六十干支配五音的形式。

二、晉朝葛洪（284年～363年）《抱朴子》──五音六屬名義的確立

《抱朴子·內篇·仙藥》言：

> 《抱朴子》答曰：……皆以五音六屬，知人年命之所在。子午屬庚，卯酉屬己，寅申屬戊，丑未屬辛，辰戌屬丙，巳亥屬丁。一言得之者，宮與土也。三言得之者，徵與火也。五言得之者，羽與水也。

七言得之者，商與金也。九言得之者，角與木也。若本命屬土，不
宜服青色藥；……。

一言宮。庚子庚午，辛未辛丑，丙辰丙戌，丁亥丁巳，戊寅戊申，
己卯己酉。三言徵。甲辰甲戌，乙亥乙巳，丙寅丙申，丁酉丁卯，
戊午戊子，己未己丑。五言羽。甲寅甲申，乙卯乙酉，丙子丙午，
丁未丁丑，壬辰壬戌，癸巳癸亥。七言商。甲子甲午，乙丑乙未，
庚辰庚戌，辛巳辛亥，壬申壬寅，癸卯癸酉。九言角。戊辰戊戌，
己巳己亥，庚寅庚申，辛卯辛酉，壬午壬子，癸丑癸未。〔註24〕

《中庸》云：「天命之謂性，率性之謂道。」每人天命不同，性亦相異。按
照漢代五行家的說法，人性因五行之組合而各不相同，皆有其本命所屬之
音，所顯現的氣和律也各有差異。所謂五音，即為五種由五行所構成相異之
氣的質性，以今語表述即是元素構成有所不同，其密度的差異也影響到震動
頻率的高低及傳導的急緩，形成相異的律動狀態。《抱朴子・內篇・仙藥》
說：「一言得之者，宮與土也。三言得之者，徵與火也。五言得之者，羽與
水也。七言得之者，商與金也。九言得之者，角與木也。」其「一、三、五、
七、九」即為代表屬性之數。可說替五音做原理上的註腳。以京房律法來講，
多至中孚卦陽氣初生，一卦卻又代表六又八十分之七日，故可由七組音律來
做階段性區分。依照《易傳》時位思維，若十二律呂從天道思維形式來，則
五行五音乃從地道思維形式來。每個五行五音和所相感應的律數，彼此也不
相同。

《抱朴子》所言「屬庚、屬己、屬戊、屬辛、屬丙、屬丁。」即所謂的
「六屬」，得知當時它雖然未配上八卦，但觀其前虞翻「震納庚，巽納辛，艮
納丙，兌納丁，坎納戊，離納己」的八卦納甲說，二者近似同物。與葛洪同
為晉代人士而稍前之干寶，其所用納音：子午辰納震卦，卯酉辰納離卦，寅
申辰納坎卦，丑未辰納巽卦，辰戌辰納艮卦，巳亥辰納兌卦，則「子午屬庚……」
云云，與之並無二致。

京房自語律法配置之序云：「建日冬至之聲，以黃鐘為宮，太蔟為商，姑
洗為角，林鐘為徵，南呂為羽，應鐘為變宮，蕤賓為變徵。此聲氣之元，五
音之正也，故各統一日。其餘以次運行，當日者各自為宮，而商徵以類從焉。」

〔註24〕2010 年 1 月 7 日摘自〔晉〕葛洪，《抱樸子內篇》，取自四川大學道教與宗教
　　　　文化研究所網。網址：http://www.daoism.cn/up/data/062bpzn.htm。

所謂五音，即宮、商、角、徵、羽。十二律，成奇數的六管稱「律」，包括黃鐘、太蔟、姑洗、蕤賓、夷則、無射；成偶數的六管稱「呂」，包括大呂、夾鐘、中呂、林鐘、南呂、應鐘。按照《周禮·春官太師》鄭玄注及《國語》韋昭注，六律及所配月份：黃鐘配子月、太蔟配寅月、姑洗配辰月、蕤賓配午月、夷則配申月、無射配戌月；六呂：大呂配丑月、夾鐘配卯月、中呂配月、林鐘配未月、南呂配酉月、應鐘配亥月。〔註25〕

是京房將宮、商、角、徵、羽五音與十二律依序相配，一音配一律各值一日，六十日餘一循環，等於一音各配十二律，故爲六十律。〔註26〕爻辰說興起後，漢魏時期當時十二律呂則僅只配月份，尚未以十二支辰代替。

參照《乾鑿度》所云「日十干者，五音也（鄭注：甲乙，角也。丙丁，徵也。戊己，宮也。庚辛，商也。壬癸，羽也）。辰十二者，六律也（鄭注：六律益六呂，合十二辰）。」按鄭注所云，將天干各分陰陽，則甲爲陽角、乙爲陰角、丙爲陽徵、丁爲陰徵、戊爲陽宮、己爲陰宮、庚爲陽商、辛爲陰商、壬爲陽羽、癸爲陰羽。其法乃陽五音配陽六律、陰五音配陰六律（即六呂）。謙《象傳》曰：「天道下濟而光明，地道卑而上行。」由此觀之，天干雖言及「天」，後世卻做爲地道思維之五音的替代參數；同樣，地支雖言及「地」，後世卻做爲天道思維之十二律的替代參數。

然而京房自語「宓羲作《易》，紀陽氣之初，……蕤賓爲變徵」云云，而黃鐘配宮屬於陽，則應鐘所配之變宮屬於陰；林鐘配徵爲陰，則蕤賓所配之

〔註25〕《周禮·春官太師》鄭玄注對「爻辰」加以說明：「黃鐘，初九也，下生林鐘之初六。林鐘又上生泰蔟之九二。泰蔟又下生南呂之六二。南呂又上生姑洗之九三。姑洗又下生應鐘之六三。應鐘又上生蕤賓之九四。蕤賓又上生大呂之六四。大呂又下生夷則之九五。夷則又上生夾鐘之六五。夾鐘又下生無射之上九。無射又上生中呂之上六。」《國語》韋昭注也提及：「十一月黃鐘，乾初九也。十二月大呂，坤六四也。正月泰蔟，乾九二也。二月夾鐘，坤六五也。三月姑洗，乾九三也。四月中呂，坤上六也。五月蕤賓，乾九四也。六月林鐘，坤初六也。七月夷則，乾九五也。八月南呂，坤六二也。九月無射，乾上九也。十月應鐘，坤六三也。」

〔註26〕（http://tw.myblog.yahoo.com/jw!RoHxZ2GBGw51Xq4JbQC126EAMZV1/article?mid=616）〈五音論〉：「五音又與五行有密切的聯繫。《樂緯》說：『孔子曰：丘吹律定姓一言得上曰宮，三言得火口徵，五言得水曰羽，七言得金曰商，九言得木曰角，此並是陽數。』則進一步明確瞭宮爲土、徵爲火、羽爲水、商爲金、角爲木的配比關係。宋朝沈括說：『一律含五音，十二律納六十也。』」沈括以律爲主軸，與京房以音爲主軸者異。

變徵爲陽。若按《易緯‧乾鑿度》鄭注說法來替換，黃鐘屬於陽支辰之子，配陽宮之戊，則京房律卦氣法乃以戊子爲陽氣之初。則初卦各爻之參數依次是：黃鐘配陽宮爲戊子、太蔟配陽商爲庚寅、姑洗配陽角爲甲辰、林鐘配陰徵爲丁未、南呂配陰羽爲癸酉、應鐘配陰宮爲己亥、蕤賓配陽徵爲丙午。

　　由此看來，京房律卦氣法陽氣之初爻以黃鐘配陽宮，若以干支替換則爲戊子，非但與《易緯‧稽覽圖》「甲子卦氣起中孚」說法不同，也與納甲法始於乾卦初九甲子者遠矣。後世謂納甲法爲京房占術，此又可證明非如是說。

　　由此觀之，京房律卦起初並未將音律視爲干支，其五音乃五種不同屬性，十二律指律動狀態，所謂「紀陽氣之初，以爲律法。建日冬至之聲，以黃鐘爲宮，太蔟爲商」云云，指的是冬至時刻，屬性爲宮音者律動狀態爲黃鐘；或者說冬至時刻，氣候之律動狀態呈現爲黃鐘，其屬性歸納爲宮音之物與之相感應。屬性爲商音者律動狀態爲太蔟，或屬性歸納商音者之物與太蔟之氣候相感應。其餘依此類推。

　　《易緯‧稽覽圖》所言「甲子卦氣起中孚」，或疑「甲子」爲紀日之干支，然而一年之始日未必然是「甲子日」，足見《稽覽圖》此說之意，除「起中孚」相同之外，仍意味著六十卦氣是始於甲子。京房以「黃鐘爲宮」講日律，後來韋昭等以月律配爻辰，其「子」當是從月律「十一月黃鐘」而來，「子」原本是的紀「十一月」的支辰，意思是十一月或子月的氣候狀態稱爲「黃鐘」，後世則更直接捨黃鐘之律準而以子代替。而盛於晉代的八宮卦納甲納音法之首卦乾，按照《說卦》第十章父母六子型式，其首卦取乾而遂與六十卦氣首卦中孚有異，其納干支又保留《易緯‧稽覽圖》所言「甲子卦氣起中孚」之「甲子」而以之爲首。

　　又《抱朴子》「一言宮。庚子庚午……九言角。戊辰戊戌……」云云，雖然以五音主軸，以五音區分五組，各配十二組干支，陽干配陽支，陰干配陰支，可說是鄭注《乾鑿度》云云的擴展。參之京房「黃鐘爲宮」初卦爻律之排序，此《抱朴子》唯六十組干支數與京房六十音律數目相等，而五音所配之干支組合，則與之不盡相同。推其因乃漢章帝京房律占法已失傳，靈帝時已無師可從，後人遂將六十甲子配於五音，遂與京房律占原貌有差異。

陸、隋唐──納音名義的進一步闡發

　　納音的名義在隋唐有更進一步的闡‧述，就其說使吾人得知，他們以六

十組干支配上五音，試圖保留京房六十律卦樣貌。然而魏晉當時八宮卦世爻納甲納音占的成熟，其納音術乃由戰國《說卦》父母六子、漢代《乾鑿度》爻辰說、魏代虞翻納甲說，和晉代道教《抱朴子》五音六屬說綜合而來，使得詮釋者不得不盡全力添枝加葉，以建構其說理。

隋代蕭吉《五行大義》言：

> 第四論納音數：
>
> 納音數者，謂人本命所屬之音也。音，即宮、商、角、徵、羽也。
> 納音者，取此音以調姓所屬也。《樂緯》云：「孔子曰：『丘吹律定姓。』
> 一言得土曰宮，三言得火曰徵，五言得水曰羽，七言得金曰商，九
> 言得木曰角。」此并是陽數。

史籍《漢書》說京房本姓李，推律定爲京氏，《抱朴子》則謂「以五音六屬，知人年命之所在」，兩者對音律的功能有分別之闡述。到《五行大義》更進一步將兩者說法做了整合。其「納音數」一詞，即變自《抱朴子》的「五音六屬」一詞；《五行大義》言「人本命所屬之音」，即《抱朴子》「知人年命之所在」之義；《五行大義》言「此音以調姓所屬」、「吹律定姓」，即〈京房傳〉所云「推律定爲京氏」。其術大致依生辰得其本命狀態，而尋求符合其音之姓字。依生辰得其本命五行，亦即每個人的循環狀態都不同，而「調姓所屬」即在調配某人適合其年命所屬五音之姓字。《五行大義》又言：

> 納音者，子午屬庚，震卦所直日辰也。丑未屬辛，巽卦所直日辰也。
> 寅申屬戊，坎卦所直日辰也。卯酉屬己，離卦所直日辰也。辰戌屬
> 丙，艮卦所直日辰也。巳亥屬丁，兌卦所直日辰也。

相較《抱朴子》「子午屬庚」云云，《抱朴子》但言其內容屬於「五音六屬」，尚未以「納音」稱之。《五行大義》不僅稱之爲「納音」，又進一步以之配八卦，所謂「子午屬庚，震卦所直日辰也」云云，即爲干寶八宮卦納音法之描述。是以今日八宮卦納甲支，震卦納庚，內卦從子始，外卦從午始；巽卦納辛，內卦從丑始，外卦從未始；坎卦納戊，內卦從寅始，外卦從申始；離卦納己，內卦從卯始；外卦從酉始；艮卦納丙，內卦從辰始，外卦從戌始；兌卦納丁，內卦從巳始，外卦從亥。換句話說，沒有三國虞翻「乾納甲壬，坤納乙癸，震納庚，巽納辛，艮納丙，兌納丁，坎納戊，離納己」之納甲說，《抱朴子》的「子午屬庚」等六屬將無法配上八宮卦。

《五行大義》又言：

　　一言得土者，本命庚子，子屬於庚數之一言，便以得之是也。三言
　　得火者，本命丙寅，寅屬於戊，從丙數至戊，凡三是也。五言得水
　　者，本命壬戌，戌屬於丙，從壬數至丙，凡五是也。七言得金者，
　　本命壬申，申屬於戊，從壬數至戊，凡七是也。九言得木者，本命
　　己巳，巳屬於丁，從己數至丁，凡九是也。六十甲子，例皆如是。
　　支屬八卦，爲納音者，皆以次而取對衝。如子午屬庚，子午相對衝
　　也。餘例悉然。

此段「子午相對衝」是源自戰國秦簡《日書》之日忌占例。《抱朴子》六十干
支分五組以配五音而來，爲重建京房六十律形式，《五行大義》詮釋「六十甲
子」與五音之關係，顯然是按照《抱朴子》之路線，並添加枝葉以解釋五行
屬性之數的原由。《抱朴子》對五音五行，及其屬性之數的關係所言之「一言
得之者，宮與土也。……」，六十干支歸屬五音所言之「一言宮。庚子庚
午，……」，與十二支辰六屬干辰所言之「子午屬庚，……」，在此企圖將《抱
朴子》這三個說法做整合，以便於遷就於八宮卦納音。

　　《五行大義》又言：

　　夫陽施陰化，故受氣定形，皆資於陰陽以養成之。是以人之所屬，
　　皆以陽數言也。所以子午屬庚之例者。乾爲父，坤爲母，共有六子。
　　故曰，乾將三男，震、坎、艮。坤將三女，巽、離、兌。陰陽相生，
　　故就乾索女，就坤索男。所以乾一索而得巽，曰長女。再索而得離，
　　曰中女。三索而得兌，曰少女。坤一索而得震，曰長男。再索而得
　　坎，曰中男。三索而得艮，曰少男。甲是陽干之始，乾下三爻取之。
　　壬是陽干之末，乾上三爻取之。乙是陰干之始，坤下三爻取之。癸
　　是陰干之末，坤上三爻取之。餘有六干，陽付其男，陰付其女。甲
　　乙之後，次於丙丁。故以丙付少男艮，以丁付少女兌。丙丁之後，
　　次於戊己。故以戊付中男坎，以己付中女離。戊己之後，次於庚辛。
　　故以庚付長男震，以辛付長女巽。所以從少而付老，自小及大，從
　　微至著故也。

這段說法，將原屬於虞翻納甲法，依照《說卦》第十章父母六子形式，重新
建立理論架構。

　　《五行大義》又言：

　　付干既訖，次付其支。震爲長子。故其卦初九，得乾之子，九四得

乾之午。震干庚，故子午屬庚。巽爲長女。子後次丑，故其卦初六，
得坤之丑。午後次未，六四得坤之未。巽干辛，故丑未屬辛。坎爲
中男。丑後次寅，其卦初六，得乾之寅。未後次申，六四得乾之申。
坎干戊，故寅申屬戊。離爲中女。寅後次卯，故其卦初九，得坤之
卯。申後次酉，九四得坤之酉。離干己，故卯酉屬己。艮爲少男。
卯後次辰，故其卦初六，得乾之辰。酉後次戌，六四得乾之戌。艮
干丙，故辰戌屬丙。兌爲少女。辰後次巳，故其卦初九，得坤之巳。
戌後次亥，九四得坤之亥。兌干丁，故巳亥屬丁。

六子取干，則乾坤之餘取支。並從乾坤而得。陽取於乾，陰取於坤，
皆受於父母。故六子併主，十二辰。人之納音，皆所繼焉。〔註27〕

這裡繼虞翻納甲法、《說卦》父母六子形式之後，將《乾鑿度》爻辰說與《抱
朴子》六屬再次整合爲八宮卦納音。

另外，《開元占經》也對納音有所詮釋：

納音：

甲子、壬申、甲午、庚辰、壬寅、庚戌爲陽商。

乙壬、癸酉、辛亥、乙未、辛巳、癸卯爲陰商。

丙寅、戊子、甲辰、甲戌、丙申、戊午爲陽徵。

丁卯、己丑、乙巳、乙亥、丁酉、己未爲陰徵。

戊辰、庚寅、壬午、壬子、戊戌、庚辰爲陽角。

己巳、辛卯、癸未、癸丑、己亥、辛酉爲陰角。

庚午、丙戌、戊申、戊寅、庚子、丙辰爲陽宮。

辛未、丁亥、己酉、己卯、辛丑、丁巳爲陰宮。

甲申、壬辰、丙午、甲寅、丙子、壬戌爲陽羽。

乙酉、癸巳、丁未、丁丑、乙卯、癸亥爲陰羽。

凡言宮、商、角、徵、羽日，皆依此。

《抱朴子》的五音尚未區分陰陽，《開元占經》變更爲陰五音和陽五音，陽五
音配陽律，陰五音配陰呂。此處甲子爲陽商，若上溯源頭乃《乾鑿度》「爻辰」
甲子起於乾初爻說，《稽覽圖》「甲子卦氣起中孚」說，皆與京房中孚卦以黃
鐘爲宮表陽氣有所出入。京房亦言「應鐘爲變宮，蕤賓爲變徵」，是以稱「變」
而未以「陰陽」相稱。《開元占經》又言：

───────────

〔註27〕見頁 15～18。

五音六屬法：

五音：一言宮，三言徵，五言羽，七言商，九言角。六屬：庚屬震，
辛屬巽，戊屬坎，己屬離，丙屬艮，丁屬兌。子午屬庚，壬未屬辛，
寅申屬戊，卯酉屬己，辰戌屬丙，巳亥屬丁。

此處「五音六屬」較《抱朴子》多了「庚屬震，辛屬巽，戊屬坎，己屬離，
丙屬艮，丁屬兌」，這些原本即爲納甲說內容。《開元占經》又言：

乾主甲子、壬午。甲爲陽日之始，壬爲陽日之終，子爲陽辰之始，
午爲陽辰之終。乾初在子，則四在午。乾主陽，內子外午，內爲始，
外爲終也。坤主乙未、癸壬。乙爲陰日之始，癸爲陰日之終，壬爲
陰辰之始，未爲陰辰之終。坤爲初在未，四在丑。坤主陰，故內主
未，外主壬。

震主庚子、庚午。震爲長男，乾初九主甲，對於庚，故震主庚，以
父授子，故主子午，與父同也。巽主辛丑、辛未。巽爲長女，坤初
主乙，乙與辛對，故巽主辛，以母授女，故主壬未，與母同也。坎
主戊寅、戊甲。坎主中男。故主中干、中辰。離主巳卯、巳酉。離
爲中女，亦主中干、中辰。艮主丙辰、丙戌。艮爲少男，乾上主壬，
對丙，故主丙辰、丙戌，是第五配。兌主丁巳、丁亥。兌爲少女，
坤上主癸，對丁，故主丁巳、丁亥，是第六配。

以地十二辰合十干，以十干所屬者命之，以其言數納其音，以主一
日，日辰相配，共得一音，此納音之法也。〔註28〕

這段綜合了乾坤爻辰、《抱朴子》六屬，完全融入《說卦》父母六子形式的八
宮卦中，較《五行大義》解釋又更爲詳細。至於各卦所坤卦納支辰的順序，
與爻辰說坤卦有異。對此，《周易集解纂疏・說易凡例》說到：

坤右行陰時六，始未而終巳者，鄭氏說也。始未而終酉者，京氏說
也。二家同于律辰。鄭氏本乎月律，……月律之行順，故爻辰亦順。
京氏本乎合聲，……合聲始終之序，不同于月律也。合聲之行逆，
故爻辰亦逆。〔註29〕

因爲坤卦納音按照合聲原理所以行逆，於是三陰卦所納之辰從坤卦得之，故
其順序亦爲行逆。

〔註28〕見《中國方術概觀》頁894～895。
〔註29〕見李道平著：前引書，第15頁。

依照史學原委，先是有《說卦》父母六子形式，然後有京房中孚初爻納配宮之黃鐘，以表六十卦氣之初陽狀態。接著《乾鑿度》有乾、坤配十二月律之爻辰說，然後表月之十二支辰取代十二律。接著漢末京房律占衰微，荀爽做費直《易傳》以八宮世爻解《易》。三國虞翻又變自《參同契》而創八宮納甲說以解《易》。至晉代採納甲說，除了以十二支配乾、坤，並擴充之以十二支配其餘六卦。以上諸例，干寶皆援用之以解《易》。其後晚於干寶之葛洪《抱朴子》開始針對京房律卦之後的納音建構其理論，除了保留京房六十卦形式而以配五音之外，又以六屬詮釋十二支配六干，並設立五音背後之五行屬性之數。隋代《五行大義》企圖將《抱朴子》諸理論做整合，又將八宮納甲納音與《說卦》父母六子形式締結起關係來，唐代《開元占經》做更緊密的解釋。然而虞翻納甲其實變自《參同契》月體消息之納甲說，而非取自父母六子形式。《五行大義》云云，只能解釋乾坤爻辰說之後，十二支辰如何擴充配至其餘六干六卦，算是後世詮釋學，它不全然符合十干配八卦的原始含義。

柒、北宋至今——京房《易》學誤解期

根據本人的最新考辨，北宋欽宗時《京氏易傳》出現世面，因書名之混淆，導致南宋朱熹、清惠棟、紀昀等人，誤解此書為京房所著，而書中八宮納甲占例等為京房所創。就史學之溯源考辨，這是不合史實的見解。

《周易集解》載干寶《易》，有關於八卦納甲納音部份。其注乾卦九四：「四以初為應，謂初九甲子。」其注蒙卦初六：「初六戊寅。」《開元占經》所陳述的，完全就是干寶那一套占術。干寶所用的八宮世爻取自荀爽，荀爽其學說則是上接到費直這一筮法學派的，是以八宮形式所配納甲納音，與變化自京房的學派的六十卦納音，兩者明顯有別。是以就筮占的實用性，八宮卦世爻納甲納音法，早在晉朝干寶時已成熟，但是理論詮釋方式之建構卻未曾歇息。從稍後於干寶的《抱朴子》到隋代《五行大義》，再到唐代《開元占經》即可看出。

納音理論及名稱按朝代也有些變化：

第一，京房值日卦氣等於以日為節氣階段，一卦六又八十分之七日，可配七組音律。每音各配以不同奇數表示不同屬性，每個屬性發生律動狀態亦異。從首卦中孚初爻陽氣開始，以黃鐘之律配宮音，十二律配五音，故六十

律一循環。

第二，東漢章帝京房律法衰微，憲帝時以無師可傳，道教葛洪《抱朴子》雖欲保留京房律法原貌，已不可行。其書除了闡明五音與五行屬性之數的關係，將六十干支區分五組以配五音，故此時實質上音律已被干支所取代。另外，十二律亦以十二支形式分屬六干，此時雖未言明配六子卦，其實是在替八宮卦納音做注腳。

第三，隋代《五行大義》在《抱朴子》「五音六屬」基礎上表明分屬六子卦，此說已道地是八宮卦納音的原理說明。他又援引《說卦》父母六子說，以解釋六子卦源自乾坤兩卦之原理。另外，他將《抱朴子》「五音六屬」說、五音五行屬性之數說，與六十干支做綜合詮釋。企圖將六十干支過渡到八宮卦納音，做個合理化解釋。

第四，《開元占經》將《抱朴子》的五音區分陰陽，變更爲陰五音和陽五音，陽五音配陽律，陰五音配陰呂。「五音六屬」較《抱朴子》多了「庚屬震，辛屬巽，戊屬坎，己屬離，丙屬艮，丁屬兌」納甲說之內容。八宮卦的父母六子形式解說，又較《五行大義》更爲詳細。

第五，今日稱爲「納支」者，其實在唐代之前一直以「五音六屬」或「納音」之名稱之。直到《周易集解纂疏·說易凡例》載有「納十二支」，才簡稱之而變爲「納支」。

至於納音占術方面，至少可羅列出四大轉變：

第一次轉變：吾人由惠棟、李道平所繪製的京房卦氣圖，乃在中孚卦陽氣之初爻階段，呈現出「黃鐘爲宮」的狀態。鄭注《周禮》、韋昭注《國語》之說法，乃以十二月律替《乾鑿度》爻辰說背書，其爻辰說「起於黃鐘」雖與京房之說法相近，但卻是納入乾卦之初爻。他們將京房日律變爲月律，首卦中孚變爲首卦乾，這是納音形式在東漢時期的第一次大轉變。

第二次轉變：《後漢書·律曆志》言：「夫五音生於陰陽，分爲十二律。」強調了其音律的陰陽區別性。鄭注《乾鑿度》：「甲乙，角也。……辰十二者，六律也。」云云，則強調了其音律與干支之間的可替代性，此說是後世納甲納音的伏筆，代表音律參數的消失，而被歸納於五音的六十干支所取代，此即《抱朴子》所稱之「五音六屬」之「五音」。這是納音形式在漢魏之際的第二次大轉變。

第三次轉變：後來三國虞翻納甲說行於世，乾坤兩卦沿襲爻辰說，坤的

支辰始於未辰，由月律之行順改爲合聲之行逆，而十干辰除甲壬納入乾、乙癸納入坤之外，將十二支辰分爲六組而分屬於其餘六干，即《抱朴子》所稱之「五音六屬」之「六屬」。於是原屬於五音之六十干支，僅取其四十八組干支，再按《說卦》父母六子形式配以八宮卦，六子中三陽卦行順仿乾，三陰卦行逆仿坤。這是納音形式在魏晉時期的第三次大轉變。

第四次轉變：北宋欽宗時《京氏易傳》出現世面，導致南宋朱熹等人誤解此書爲京房所著，而書中八宮世爻納甲納音占例等爲京房所創。

由以上研究看來，京房「黃鐘爲宮」云云之卦氣說，在用義、範疇和配合形式方面，顯然與爻辰配月律或八宮卦納甲納音法兩者，相較其基本面，均有所不同。黃宗羲《易學象數論》謂《易》至孟喜、京房始流爲方術，其實早在戰國放馬灘《日書》已存在此術。〔註30〕由於京房律法東漢時已衰微而無師可傳，晉代《抱朴子》六十干支分五組以配五音，只能勉強算是保留京房律法外在形式，《抱朴子》它的重點還是放在隸屬於八宮卦納音之六屬理論上。所以，隋代的《五行大義》及唐代的《開元占經》，均努力詮釋八宮卦納音與《說卦》父母六子之間的結構關係，也努力詮釋其六十干支與八宮卦納音之間的轉變關係。它們是屬於後世詮釋學，從晉代之後的納音理論雖然日趨完備，它可以提供某些史學脈絡上的線索，但也可能受後世思維之影響，以史學衡量之，卻未必全然符合前代之史實。

以下列納音占沿革表：

時　代	出　處	內　容	附　註
戰國（創始期）	1.放馬灘秦簡《日書》甲種	記述以六十律貞占卜卦的具體方法內容。	
	2.《呂氏春秋》及《禮記‧月令》	已將五音和五行、五味、五方、五色等相配，將屬於音律的五音與方位、顏色、味覺以及內在屬性加以搭配。	其效能是藉由音律的變化及特徵，即可推知某方位發生事情及物體的顏色和內在屬性，藉由某方位吹來的風，或某方位的鳥鳴聲，而推得某時地的災異。

〔註30〕2010 年 7 月 6 日參考自劉蔚華，〈象數學〉，智慧藏。取自中國大百科全書網。網址：http://203.68.243.199/cpedia/Content.asp?ID=57778。

漢代（大盛期）	1.京房音律卦占	其法大致上五音與十二律相配，每卦六日七分，是每宮一日餘，十卦約等於六十日餘，配一循環之六十律，一年六個循環。一年週期以冬至日為始復，冬至日候氣律動狀態為黃鐘，反應在性質屬於宮音的事物上；次日候氣律動狀態為太蔟，反應在性質屬於商音的事物上。其餘依此類推。所謂「以上生下，皆三生二，以下生上，皆三生四」指律的長短，上下階段的加減關係，其相生關係，是基於律數長短的增減，而非基於五行的生剋。	子月陽氣在四方伯是起於坎卦，在六十卦是起於中孚卦。（後世爻辰說、八宮卦納音說起於乾卦）
	2.《樂緯·樂諧圖微》	每月份氣候之異，顯示出其氣特有的律動狀態。十一月氣的波動頻率稱為「黃鐘」，正月氣的波動頻率稱為「太蔟」，其餘依此類推。	此與京房每日一音律者，顯示兩者範疇有所不同。
	3.《後漢書·律曆志》	兼談音律候月氣及候日氣。以十二月消息來區分陰陽之氣。十一月冬至子陽氣應，故通黃鐘；五月夏至午陰氣應，故通蕤賓。是以十一月黃鐘到四月仲呂，皆應氣候的陽氣，陰漸衰、陽漸盛；五月蕤賓到十月應鐘，皆應氣候的陰氣，陽漸衰、陰漸盛。	其引京房語按照三分加減其一，是以吾人得知律呂之陰陽，乃因律數而區分陰陽。京房一卦六又八十分之七日，約一爻約一日餘，配七律，故其言「候日如其曆」。是與月律表述者有不同範疇。
戰國至魏（律占與筮占之間外在形式的轉變期）	1.《說卦》父母六子說	乾，天也，故稱乎父。坤，地也，故稱乎母。震一索而得男，故謂之長男。巽一索而得女，故謂之長女。坎再索而得男，故謂之中男。離再索而得女，故謂之中女。艮三索而得男，故謂之少男。兌三索而得女，故謂之少女。	馬王堆《帛書周易》將《說卦》長、中、少改為少、中、長之次序。八宮納甲卦序與之相同，卦序起於乾卦。
	2.《乾鑿度》爻辰說	乾陽也，坤陰也，並治而交錯行。乾貞於十一月子，左行，陽時六。坤貞於六月未，右行，陰時六，以奉順成其歲。	與孟喜十二月卦而一卦代表一月，時間範疇不相同。又與京房一爻代表一日餘

		爻辰法乾坤十二爻代表十二月辰之消息，乃按照十二律陰陽原理得來。其一爻代表一月，乾六爻分別配陽六律，坤六爻分別配陰六呂。	也不同。為八宮世爻說乾坤兩卦配參數的始祖。
	3.漢末荀爽八宮世爻說（簡稱宮世說）	荀爽注恆卦《象》：「恆，震世也。」恆卦即為震宮三世；其注解卦《象》：「解，震世也。」解卦即為震宮二世。	荀爽作《易傳》，自是費氏興而京氏遂衰。 八宮卦序源自《說卦》父母六子說；有宮世說，其後才得以配納甲。
	4.三國虞翻納甲說	陽喪滅坤，坤終復生，謂月三日，震象出庚，故「乃終有慶」。此指說《易》道陰陽消息之大要也。謂陽月三日，變而成震出庚，至月八日，成兌見丁，庚西丁南，故「西南得朋」。謂二陽為朋，……二十九日消乙入坤，滅藏于癸，乙東癸北，故「東北喪朋」。謂以坤滅乾，坤為喪也。	有納甲說，其後才配以納音（支）。
晉代（納音占的應用及內在理論的重建期）	1.干寶納音占的應用	注蒙卦：「蒙者離宮陰也，世在四。」噬嗑初九：「以震掩巽。」指噬嗑為巽宮五世卦。其注井卦初六：「體本土爻。」按納甲納支法巽初六值辛丑土。其注震卦六二：「六二木爻。」按納甲納支法震卦六二值庚寅木。	已符合《抱朴子》六屬「子午屬庚」的內在理論，其外在也演變到地道八宮卦納甲形式，而非如京房五音十二律形式，或《抱朴子》六十干支配六十卦形式。
	2.葛洪《抱朴子》五音六屬名義的確立	《抱朴子·內篇·仙藥》言：……皆以五音六屬，知人年命之所在。子午屬庚，卯酉屬己，寅申屬戊，丑未屬辛，辰戌屬丙，巳亥屬丁。一言得之者，宮與土也。三言得之者，徵與火也。五言得之者，羽與水也。七言得之者，商與金也。九言得之者，角與木也。若本命屬土，不宜服青色藥；……。	以五音統合京房六十律；六屬原理形式源自《說卦》第十章，而內容與納甲相同。

		一言宮。庚子庚午，辛未辛丑，丙辰丙戌，丁亥丁巳，戊寅戊申，己卯己酉。三言徵。甲辰甲戌，乙亥乙巳，丙寅丙申，丁酉丁卯，戊午戊子，己未己丑。五言羽。甲寅甲申，乙卯乙酉，丙子丙午，丁未丁丑，壬辰壬戌，癸巳癸亥。七言商。甲子甲午，乙丑乙未，庚辰庚戌，辛巳辛亥，壬申壬寅，癸卯癸酉。九言角。戊辰戊戌，己巳己亥，庚寅庚申，辛卯辛酉，壬午壬子，癸丑癸未。	「一、三、五、七、九」代表屬性之數。這裡替五音做原理上的註腳。
隋唐（納音名義的進一步闡發）	隋代蕭吉《五行大義》	第四論納音數：納音數者，謂人本命所屬之音也。音，即宮、商、角、徵、羽也。納音者，取此音以調姓所屬也。《樂緯》云:「孔子曰:『丘吹律定姓。』一言得土曰宮，三言得火曰徵，五言得水曰羽，七言得金曰商，九言得木曰角。」此并是陽數。	其始有「納音數」一詞，即變自《抱朴子》的「五音六屬」一詞。京房推律定為京氏，《抱朴子》則謂「以五音六屬，知人年命之所在」，兩者對音律功能均有闡述。到《五行大義》更進一步做了整合。
		一言得土者，本命庚子，子屬於庚數之一言，便以得之是也。三言得火者，本命丙寅，寅屬戊，從丙數至戊，凡三是也。五言得水者，本命壬戌，戌屬於丙，從壬數至丙，凡五是也。七言得金者，本命壬申，申屬戊，從壬數至戊，凡七是也。九言得木者，本命己巳，巳屬於丁，從己數至丁，凡九是也。六十甲子，例皆如是。支屬八卦，為納音者，皆以次而取對衝。如子午屬庚，子午相對衝也。餘例悉然。	《五行大義》詮釋「六十甲子」與五音關係是按照《抱朴子》之路線，並添加枝葉以解釋五行屬性之數的原由。《抱朴子》對五音五行與其屬性之數的關係，六十干支歸屬五音，及十二支辰六屬於干辰，在此企圖將這三個說法做整合，以便於遷就於八宮卦納音。
		夫陽施陰化，故受氣定形，皆資於陰陽以養成之。是以人之所屬，皆以陽數言也。所以子午屬庚之例者，乾為父，坤為母，共有六子。故曰，乾將三男，震、	此將原屬於虞翻納甲法，依照《說卦》第十章父母六子形式，重新建立理論架構。

坎、艮。坤將三女，巽、離、兌。
陰陽相生，故就乾索女，就坤索
男。所以乾一索而得巽，曰長
女。再索而得離，曰中女。三索
而得兌，曰少女。坤一索而得
震，曰長男。再索而得坎，曰中
男。三索而得艮，曰少男。甲是
陽干之始，乾下三爻取之。壬是
陽干之末，乾上三爻取之。乙是
陰干之始，坤下三爻取之。癸是
陰干之末，坤上三爻取之。餘有
六干，陽付其男，陰付其女。甲
乙之後，次於丙丁。故以丙付少
男艮，以丁付少女兌。丙丁之
後，次於戊己。故以戊付中男
坎，以己付中女離。戊己之後，
次於庚辛。故以庚付長男震，以
辛付長女巽。所以從少而付老，
自小及大，從微至著故也。

付干既訖，次付其支。震爲長
子。故其卦初九，得乾之子，九
四得乾之午。震干庚，故子午屬
庚。巽爲長女。子後次丑，故其
卦初六，得坤之丑。午後次未，
六四得坤之未。巽干辛，故丑未
屬辛。坎爲中男。丑後次寅，其
卦初六，得乾之寅。未後次申，
六四得乾之申。坎干戊，故寅申
屬戊。離爲中女。寅後次卯，故
其卦初九，得坤之卯。申後次
酉，九四得坤之酉。離干己，故
卯酉屬己。艮爲少男。卯後次
辰，故其卦初六，得乾之辰。酉
後次戌，六四得乾之戌。艮干
丙，故辰戌屬丙。兌爲少女。辰
後次巳，故其卦初九，得坤之
巳。戌後次亥，九四得坤之亥。
兌干丁，故巳亥屬丁。

六子取干，則乾坤之餘取支。並
從乾坤而得。陽取於乾，陰取於
坤，皆受於父母。故六子併主，
十二辰。人之納音，皆所繼焉。

這裡繼虞翻納甲
法、《說卦》父母六
子形式之後，將《乾
鑿度》爻辰說與《抱
朴子》六屬再次整合
爲八宮卦納音。

		納音：甲子、壬申、甲午、庚辰、壬寅、庚戌爲陽商。乙壬、癸酉、辛亥、乙未、辛巳、癸卯爲陰商。丙寅、戊子、甲辰、甲戌、丙申、戊午爲陽徵。丁卯、己丑、乙巳、乙亥、丁酉、己未爲陰徵。戊辰、庚寅、壬午、壬子、戊戌、庚辰爲陽角。己巳、辛卯、癸未、癸丑、己亥、辛酉爲陰角。庚午、丙戌、戊申、戊寅、庚子、丙辰爲陽宮。辛未、丁亥、己酉、己卯、辛丑、丁巳爲陰宮。甲申、壬辰、丙午、甲寅、丙子、壬戌爲陽羽。乙酉、癸巳、丁未、丁丑、乙卯、癸亥爲陰羽。凡言宮、商、角、徵、羽日，皆依此。	《抱朴子》的五音尚未區分陰陽，《開元占經》變更爲陰五音和陽五音，陽五音配陽律，陰五音配陰呂。此處甲子爲陽商，若上溯源頭乃《乾鑿度》「爻辰」甲子起於乾初爻說，《稽覽圖》「甲子卦氣起中孚」說，皆與京房中孚卦以黃鐘爲宮表陽氣有所出入。京房亦言「應鐘爲變宮，蕤賓爲變徵」，是以稱「變」而未以「陰陽」相稱。
2.唐代《開元占經》		五音六屬法：五音：一言宮，三言徵，五言羽，七言商，九言角。六屬：庚屬震，辛屬巽，戊屬坎，己屬離，丙屬艮，丁屬兌。子午屬庚，壬未屬辛，寅申屬戊，卯酉屬己，辰戌屬丙，巳亥屬丁。	此處「五音六屬」較《抱朴子》多了「庚屬震，辛屬巽，戊屬坎，己屬離，丙屬艮，丁屬兌」，這些原本即爲納甲說內容。
		乾主甲子、壬午。甲爲陽日之始，壬爲陽日之終，子爲陽辰之始，午爲陽辰之終。乾初在子，則四在午。乾主陽，內子外午，內爲始，外爲終也。坤主乙未、癸壬。乙爲陰日之始，癸爲陰日之終，壬爲陰辰之始，未爲陰辰之終。坤爲初在未，四在丑。坤主陰，故內主未，外主壬。震主庚子、庚午。震爲長男，乾初九主甲，對於庚，故震主庚，以父授子，故主子午，與父同也。巽主辛丑、辛未。巽爲長女，坤初主乙，乙與辛對，故巽主辛，以母授女，故主壬未，與母同也。坎主戊寅、戊甲。坎主中男。故主中干、中辰。離主巳卯、巳酉。	這段綜合了乾坤爻辰、《抱朴子》六屬，完全融入《說卦》父母六子形式的八宮卦中，較《五行大義》解釋又更爲詳細。至於各卦所坤卦納支辰的順序，與爻辰說坤卦有異。由《周易集解纂疏·說易凡例》得知坤卦納音按照合聲原理所以行逆，於是三陰卦所納之辰從坤卦得之，故其順序亦爲行逆。

		離爲中女，亦主中干、中辰。艮主丙辰、丙戌。艮爲少男，乾上主壬，對丙，故主丙辰、丙戌，是第五配。兌主丁巳、丁亥。兌爲少女，坤上主癸，對丁，故主丁巳、丁亥，是第六配。 以地十二辰合十干，以十干所屬者命之，以其言數納其音，以主一日，日辰相配，共得一音，此納音之法也。	
北宋欽宗至今（誤解期）	《京氏易傳》	以八宮世應納甲納音爲主幹。	因書名之混淆，導致南宋朱熹、清惠棟、紀昀等人，誤解此書爲京房所著，而書中八宮納甲占例等爲京房所創。

結　論

　　陽陰為分析此世界之總原理，〈繫辭〉說「太極生兩儀」，又說「利貞者，性情也」，又云「樞機之發，榮辱之主也」，是故《易傳》乃以性情為樞機，而聖人性情又以意為主宰，故知若以天道為陽、地道為陰，則聖人意之所在，而意之所在即太極所在，這就是管輅強調性與天道相通的道理。因此我們可知天道、地道之二元，也是肇始於聖人理解之道，是以《說卦》所謂「順性命之理，立天之道，曰陰曰陽；立地道之，曰柔曰剛；立人之道，曰仁曰義」，知「蓍之德圓熟而神」，即指時架構之思維，乃源自「日往月來、寒暑相推」的感覺而來；「卦之德方以知」，即位架構之思維，乃源自「剛柔相濟、天地定位」的概念而來。而晝明夜暗、春暖夏熱，乃天下人視覺及觸覺的共象。象的順序，即其理的所在；象之累計，即其數的所在。

　　物象按照理做成階段性的順序，動態上即天道時之所在，靜態上則地道位之所在，前者如日夜、四時、八節氣、十二時辰、二十四節氣等，後者如四方、四正、四維、五位、八方。所以天圓移時，乃聖人仰觀星辰、體會氣象變化而來。地方定位，乃聖人俯察地理、群分類聚而來。由此觀之，制定天下之理，乃由聖人之意得之。爻者，象也，象也者，像也。是卦可模擬天道往來反復之圓，故有孟、京十二消息之卦；卦能模擬地道廣大分野之位，故類《說卦》八方正維之卦。是知戰國秦簡《日書》、帛書《月曆》，以十二時辰階段用之於列日忌、月諱之期。孟喜則以十二消息建制十二月卦、七十二候，京房更之以十二辟領四十八雜卦，而配之以音律為占，均屬於天道實務化之卦氣占學。

　　而坤卦辭曰「西南得朋，東北喪朋」，使人誤以為卦象只有地道區域化的特性而已。然而謙〈象〉說「天道下濟而光明，地道卑而上行」，這說明了此

世界原本渾然一體，而二分現象是透過聖人之意來統攝的。〈說卦〉第五章則說：「萬物出乎震。震，東方也。齊乎巽。巽，東南也……」，其「帝出乎震、齊乎巽」云云，說明了在地道概念之外也具備了天道時序的性能。但我們僅僅曉得孟、京十二卦依附消息之節氣，是爲卦氣，殊不知〈說卦〉八卦也是帶有階段性的循環現象。是以〈說卦〉第五章說「兌，正秋也」，將卦直接配上節氣，更足以稱爲卦氣。推而擴大之，在漢魏之際由月體消息變化而成的八宮納甲占，也算是卦氣的形式。東漢太一行九宮卦，以及漢末與之類似的世爻行八宮卦，不僅擁有地道方位特質，也具備了天道時序的階段特性，當然也足以稱做卦氣。

太極可生陰陽，是卦氣亦有天地形式之別。京房十二辟卦爲天道形式之卦氣而下濟於地道，《易傳》八卦爲地道形式之卦氣而上行於天道。是以時爲主軸不能缺位的橫面，反之亦然。因此《易傳》大衍之法，以著草起筮數而立卦爻之象，著者喻時故得其圓，而卦者喻位故得其方也。京房律卦之占，視其五音之數以察其物的質性，聞其律呂之數以得其週律。五音者，五行也，五方位物體質性相異，所發出之律也各具其狀。凡物體必有其質性，移動呈現其時序，變化必產生音響，音響藉由大氣傳遞，大氣者乃溝通天地人三才之媒介。因此，察其氣候時序狀態，依循卦象變化，便足以尋找物體的質性形狀及時位所在。律卦是從天道方面察其蒙氣遮閉太陽的情況，或由地道方面尋求風角、鳥鳴之方位，以得其災祥時位所在，而由卦象變化做爲媒介，視其少陰之雜卦是否侵犯辟卦，藉以做爲人道方面君王言行修德之依據。

由此觀之，律卦之占以律呂之數貫通天地，詳察律呂更迭所引發象數方面的變化，依循之以審視人道之變化，以做爲君王改過遷善的警訊。大衍筮法則不然，以著起數而掌握在人，乃由人道夬決天道之數及地道之象。

然而，孰令天地交而萬物通者耶？氣也；氣之週期之狀者，律呂也；氣之起伏現於眼前者，形色也；氣之發振而入乎耳者，聲音也；氣之變化而怦然感之者，吾人之性也。是我們可知，其貫通天地者，音律之數也；荀卿所云君子理其天地，而《易傳》所言聖人觀其會通以行其典禮，其意盡在此矣。

作《易》者須體性純然，繼承者須謹守善道，京房、管輅皆爲《易》占之優秀繼承者，悉知透曉音律卦象數理的變化，能藉由鳥鳴、風動和卦爻變化以明人事的災祥。其所具備的資質有八：知幾入神的能力、知《易》是以簡御繁、知物象變化起於性情之動、知不同性情可得不同之理象、知《易》

可依理起數以得其象、知變動不居顯示出人道之有常、知《易》使人知懼以正德利用厚生、知《易》在落實人道之和，以及知藉四聖道以推廣事業。然而本性清明方能參贊化育，此孟、荀、《中庸》之教也。是以崇德方能廣業，崇德則謙己虛心，以順天地之道而動，聖人感通其理而得以參贊天地變化之道，故云順性命之理方能立三才之道也，這就是《說卦》的本意所在。

　　兩漢音律卦氣占者，莫善於京房。但是史籍記載西漢有兩位京房，漢武帝時的前京房是楊何的弟子，善長於筮占；元帝時的另一位京房，原姓李，善長於推律，改姓為京，於是姓名同於武帝的京房。北宋以前筮占是筮占、律占是律占，兩者各專擅其術而未曾被懷疑過。因為北宋時《京氏易傳》現世，南宋《易》朱熹等《易》大家未詳查而以八宮納甲為京房《易》，即使有學者曾經質疑元帝時京房不類占事知來，但是歷代的《易》大家，如清朝惠棟與《四庫提要》評家紀昀，也與朱熹同調。於是隸屬於和前京房同一流的《京氏易傳》占術條例，遂混同於後京房範疇裡。是《京氏易傳》占術條例當歸入前京房後學範疇，這疑點的釐定是合乎史學角度的。

　　管輅是魏代術數《易》學大家，自學京房《易》，是以他擅長候卦氣、風角、鳥鳴，雖未曾自詡為京房後學，事實上亦足以稱之。他浸染於玄風，而不以注解《周易》為重。史籍將之歸入術士之流，他卻奉行儒家德教，不似王弼之掃象數而趨附義理。他義理象數並重，可說是漢代象數，尤其是京房律卦占的最佳註腳代言人。他的思想集儒道玄而獨樹一幟，只可惜漢末京氏《易》衰微而有書無師，王弼用費直《易》本形成一股風潮，至唐代孔《正義》又盡採王弼《易注》為藍本，管輅《易》說遂黯然失色。

　　以《易傳》所言「繼之者善也，成之者性也」來評論京、管，兩者同樣是律卦占學大師，《周易》的優秀繼承者，其管輅重德薄利而視死日如歸日，符合《易傳》之教，此則京房所不能及也。俗語說《易》為君子謀，不為小人謀。「京房不量萬乘之主，下不避佞諂之徒，欲以天文、洪範，利國利身，困不能用，卒陷大刑，可謂枯龜之餘智，膏燭之末景，豈不哀哉！」管辰夕惕若厲之語，言猶在耳，能不引以為戒嗎？是《易》者通曉未來，編織人的宿命而莫可逃乎？非如此也！按照《易傳》聖人之意，彼陰與陽乃心識樞機之所發動，《易》者，乃預先提供未來可資參酌的鑑鏡也。然而京房欲以〈考功課吏法〉迫壓群臣，眾人生違逆之心，又焉能致局勢之和以全其身也？故知繼之者善或不善，乃心識樞機使然，有德則人和之，失德則人害之，德不

崇而心不謙，猶自招盜匪，此非關卦占也。

至於京氏《易》後學立為博士旋又被廢，乃由於費氏的怨望；京氏《易》情勢漸趨衰微，是因為費直後學做費《易》傳注；京氏《易》六十律卦形式被逐步取代，也是肇因於費直後學荀爽的八宮世爻占學。

京氏《易》家之學立於博士至於官學，費氏遂有所怨，後學爭立，范升奏請廢京氏博士以息爭鬥。又馬融、鄭眾、鄭玄、荀爽相繼為費氏注《易》作傳，京氏《易》遂衰，是東漢末葉費氏取代京氏《易》者，其功一也。

費氏《易》以十二次分野州土，載於《晉書》。《晉書》雖為信史，然此《周易分野》說不見於《漢書》，其流莫可稽考，僅知戰國秦簡《日書》已有十二時辰之形式，故歸屬其說於費氏後學。來知德《周易集註》載有費直〈八卦分野圖〉，乃就《周易分野》說增益以八卦，亦可視費氏後學為之。唯費直以十翼解《經》而無章句，必然涉略過《說卦》第五章八卦時位卦氣之說，吾人察看其後學荀爽又發明八宮卦世爻說，則八卦為費直《易》學範疇，更顯得順理而成章。八宮卦世爻說建立之後，魏晉納甲法依父母六子之理，納音法按五音六屬之理得以配入，整合成為八宮卦納甲法而流傳至今，是以費直其人及《易》後學，於象數方面有承先啟後之影響，其功二也。

費直《易》以《傳》解《經》而無章句，純粹又不雜他說，文本合於古文，由魏代王弼《易注》沿襲至唐代孔氏《正義》，成為國學範本矣，於《易傳》義理之保存及維護，其功三也。

《京氏易傳》占術以八宮卦世爻為主軸而且晚出於京房，在《易緯》就足以找到根本證據，那就是《易緯》裡有與之相似的條例，但其狀態都是未發展成熟。例如八宮卦，還維持在太一行九宮卦形態。世爻則尚未和八宮卦相配，「應」的條例僅只於講初四、二五、三上之對應，也尚未和世爻相配。《易緯》裡可看出六十卦氣與八卦氣兩形式並陳，在比例上前者篇幅已不如後者，顯然八卦氣形式有逐步取代六十卦氣形式的趨勢。

至於荀爽、虞翻、干寶，今人多視為京房《易》後學。然而荀爽為費直《易》作傳，則八宮世爻占學乃隸屬於費直《易》。虞翻納甲法占學，乃變自東漢《參同契》「月體納甲」，則其納甲法是源自於東漢道教。干寶雖然偶而引用到與京房《易》相近的說法，然而不曾用京房《易》做為注《易》文本，其引用漢代荀爽、虞翻《易》諸家的條例，絕大多數乃屬於卜筮流派的範疇。學者根據《京氏易傳》這部書，認為荀爽、虞翻和干寶所述及的八宮世爻納

甲支爲京房《易》範疇，而全然將荀爽、虞翻、干寶《易》的八宮納甲學說視爲京房《易》之繼承。

　　然而將屬於古文經學的荀爽歸入今文經學的京房範疇，這就產生流派認知上的歧誤，就連清代漢《易》大師惠棟也將納甲條例認爲始創於虞翻，卻仍將八宮納甲法視爲京房《易》占術，這豈非矛盾至極？再從《易緯》內容上看，找不到任何成熟的八宮納甲條例，可見八宮納甲法的整合必然晚出於元帝時京房，從漢末荀爽八宮世爻說發跡以後，至魏晉時期才趨於成熟。所以，荀爽、虞翻和干寶三位前輩學者，自然不能隸屬於元帝時京房後學。

　　京房律卦占繁瑣遂使常人難以理解，在《易緯》記載之時六十音律已徒具形式，至漢末已無師可傳，魏代管輅雖自習京氏《易》成爲大師，其實已被六十干支配五音給取代。而爲了迎合當時興起的八宮卦結構，音律占發展出「五音六屬」納音原理。「五音」基本上沿襲自京房律卦，卻配了五行及參數。「六屬」則是乾坤爻辰法的擴大，在虞翻納甲法形成之後，此納音才配上乾坤及另外的「六屬」卦，然後再配上荀爽八宮世爻，至干寶集其大成。隋唐以後「納音」於是有兩種：一是「六十干支配五音」的納音，一是「五音六屬」的納音，均源自道教《抱朴子》之說。其乾坤及「六屬」卦原理，更溯源自《說卦》第十章而以父母六子結構來說明之。

　　由此觀之，律卦占淵遠流長，戰國放馬灘秦簡《日書》即有其相似內容，十二階段天道形式也發源於當時。取代京房律法的納音法，其所配納甲的八宮消息卦以及世游八宮卦，均發展自《說卦》八卦。兩漢之際，京氏律卦占挾博士官學之勢盛行許久，卻因費氏後學的反擊而使京氏《易》博士被廢。東漢期間，眾後學紛作費《易》傳注，加上京律繁瑣蕪雜，徒有其書而已無師可傳。是以魏代管輅自習京氏律卦《易》占，頗有中興之勢，奈何以一介平民，只被視爲玄學術士，其情勢遂由掃象數而獨抒義理的王弼所掩蓋。加上王弼用費《易》本，唐孔《正義》又採王弼《易注》以做爲國學藍本，於是蔚然成爲風潮，京氏律占終難回天。是以京房六十律卦，晉代時轉而更易爲六十干支配五音，京房律法又被簡易的「五音六屬」之納音原理所取代。其荀爽之八宮世爻占學乃承費直《易》，虞翻納甲法占學變自《參同契》「月體納甲」而依附八宮世爻，干寶集大成以釋《易》，皆於本文還其原貌，將之排除在京房後學行列之外。而北宋《京氏易傳》經由辨正，當上溯干寶、虞翻、荀爽、費直這一系統，理當承接漢武帝前京房、子夏，乃回歸至孔門八

卦筮占之流。元帝時後京房，則講陰陽災異而隸屬於卦氣之流，承接焦延壽、孟喜之學。因此，孟喜詐言得自田何的《易》家候陰陽災變書，也可視做銜接戰國秦簡《日忌書》之冊。

參考文獻

1. 〔日〕中村璋八、安居香山，《乾鑿度》、《乾坤鑿度》、《通卦驗》、《是類謀》、《稽覽圖》、《乾元序制記》——《緯書集成（上）》，河北：河北人民出版社，1994 年。

2. 〔日〕中村璋八、安居香山，《樂緯》、《樂諧圖微》——《緯書集成（中）》，河北：河北人民出版社，1994 年。

3. 中國科學院圖書館整理，《續修四庫全書總目提要》，北京：中華書局，1993 年。

4. 〔清〕王先謙，《漢書補注》，北京：中華書局，1983 年。

5. 〔魏〕王弼，《周易略例》，王弼集校釋，樓宇烈校釋，北京：中華書局，1980 年。

6. 〔清〕王洪緒輯，《卜筮正宗》，臺南：大孚書局，1982 年。

7. 王葆玹，〈西漢易學卦氣源流考〉，方立天主編：《中國哲學史研究》第 4 期，總第 37 期，1989 年。

8. 王葆玹，《今古文經學新論》，北京：中國社會科學出版社，1997 年。

9. 王葆玹著，《玄學通論》，臺北：五南圖書公司，1996 年。

10. 王明，《抱朴子內篇校釋》，新編諸子集成第一輯，北京：中華書局，1985 年。

11. 王明編，《太平經合校》，北京：中華書局，1960 年。

12. 王鐵，〈略述京氏《易》的學術影響〉，孔孟學報，第七十期。

13. 〔漢〕司馬遷，《史記》，〔劉宋〕裴駰集解，〔唐〕司馬貞索隱，〔唐〕張守節正義，中華書局，1975 年。

14. 〔春秋〕左丘明，《國語》，〔三國〕韋昭注，臺北：里仁書局，1980 年。

15. 印順，《佛法概論》，上海：上海古籍出版社，1998 年。

16. 朱伯崑，《易學哲學史》，臺北：藍燈文化事業股份有限公司，1995 年。

17. 朱熹，《卦辭》、《爻辭》、《文言》、《象傳》、《彖傳》、《繫辭》、《說卦》、《序卦》、《雜卦》──《周易本義》，臺北：皇極出版社，1980 年。

18. 〔清〕朱彝尊，《經義考》，北京：中華書局，1998 年。

19. 江弘遠，〈漢代兩京房《易》術考〉，中臺學報，20：1，2008 年。

20. 江弘遠，《京房易學流變考》，臺中：瑞成書局，2006 年。

21. 江弘遠，〈構築當代《易》學研究方法之反──以惠棟對京氏《易》之誤解為例〉，中臺學報十九卷第一期，2007 年，頁 1～24。

22. 江弘遠，《惠棟易例研究》，臺灣師大碩士畢業論文，1988 年。

23. 江弘遠，《惠棟易例研究》，上冊，下冊，花木蘭出版社，2010 年。

24. 〔清〕阮元，《校刻十三經注疏本》，北京：中華書局，1996 年。

25. 〔清〕阮元校勘，《周禮，禮記》，《十三經注疏》，臺北：新文豐出版社，2001 年。

26. 〔清〕阮元校勘，《十三經注疏》，臺北：藝文印書館，1955 年。

27. 余培林，《新譯老子讀本》，臺北：三民書局，2001 年。

28. 吳小強，《秦簡日書集釋》，湖南：岳麓書社，2000 年。

29. 〔秦〕呂不韋，《呂氏春秋》，〔漢〕高誘注，陳奇猷校釋，臺北：華正書局，1988 年。

30. 沈延國，《京氏易傳證僞》，中國語文學研究，民國叢書第四，50 年，上海書局，1940 年。

31. 〔梁〕沈約，《宋書》，臺北：鼎文書局，1980 年。

32. 〔清〕李光地，《周易折中》，臺北：眞善美出版社，1981 年。

33. 〔清〕李道平，《周易集解纂疏》，北京：中華書局，1994 年。

34. 〔唐〕李淳風，《乙巳占》，李零編：中國方術概觀，北京：人民中國出版社，1993 年。

35. 李威熊，《中國經學發展史論》，上冊年，臺北：文史哲出版社，1988 年。

36. 李零，《中國方術續考》，北京：東方出版社，1993 年。

37. 李零，《長沙子彈庫戰國楚帛書研究》，北京：中華書局，1985 年。

38. 李漢三，〈陰陽五行說探源〉，臺北：幼獅學誌，1，1，1962 年。

39. 李德順，《學術講座薈萃》第十二輯，北京：中國社會科學院研究生院教務處主辦，2003 年。

40. 〔明〕來知德，《周易集註》，新校慈恩本，台北：夏學社出版事業有限公司，1986 年。

41. 〔唐〕房玄齡等,《晉書》,洪北江主編:《廿五史》,臺北:洪氏出版社,1975年。

42. 周春才,《漫畫中醫養生圖典》,台北:先智出版社,2001年。

43. 林瑞漢,《中國通史》,臺北:大中國圖書公司,1996年。

44. 林忠軍,《象數易學發展史》,齊魯書社,1994年。

45. 屈萬里,〈先秦漢魏易例述評〉,台北:幼獅學誌,1,1,1959年。

46. 〔南朝宋〕范曄,《後漢書》,北京:中華書局,1962年。

47. 〔南朝宋〕范曄,《後漢書》,〔唐〕李賢等注,〔晉〕司馬彪補志,洪北江主編:《廿五史》,臺北洪氏出版社,1975年。

48. 胡自逢,《周易鄭氏學》,台北:文史哲出版社,1990年。

49. 〔漢〕班固,《漢書》,北京:中華書局,1962年。

50. 〔清〕紀昀、永瑢,《四庫全書總目提要》,上海商務印書館據萬有文庫版本印行,1933年。

51. 〔清〕馬國翰,《玉函山房輯佚書》,上海:上海古籍出版社,1990年。

52. 〔明〕馬端臨,《文獻通考》,臺北:中華書局,2003年。

53. 高亨,《周易大傳今注》,山東:齊魯書社,2002年。

54. 高亨,《周易古經今注》,北京:中華書局,1984年。

55. 〔宋〕晁說之輯,《京氏易傳》,〔明〕程榮纂輯:漢魏叢書,吉林:吉林大學出版社,1992年。

56. 高懷民,《兩漢易學史》,廣西:廣西師範大學出版社,2007年。

57. 徐芹庭,《兩漢十六家易注闡微》,台北:五洲出版社,1975年。

58. 徐芹庭,《魏晉七家易學之研究》,台北:成文出版社,1977年。

59. 張立文,《帛書周易註釋》,鄭州:中州古籍出版社,1992年。

60. 康德,《自然科學的形上基礎》,上海:上海人民出版社,2003年。

61. 黃錦鋐,《新譯莊子讀本》,臺北:三民書局,1974年。

62. 黃暉,《論衡校釋》,新編諸子集成一,臺北:洪氏出版社,1990年。

63. 黃慶萱,《魏晉南北朝易學書考佚》,臺灣師大博士論文,1972年。

64. 郭彧,《京氏易傳導讀》,山東:齊魯書社,2002年。

65. 郭建勳注譯,《文言傳》、《說卦傳》、《繫辭傳》、《象傳》、《象傳》——《新譯易經讀本》,臺北:三民書局,1996年。

66. 〔元〕脫脫等,《宋史》,洪北江主編:《廿五史》,臺北:洪氏出版社,1975年。

67. 〔晉〕陳壽,《三國志》,〔宋〕裴松之注,洪北江主編:廿五史,臺北:洪氏出版社,1974年。

68. 陳鼓應，〈彖傳的道家思維方式〉，北京：哲學研究期刊，1994 年。

69. 〔元〕脫脫等，《宋史》，洪北江主編：廿五史，臺北：洪氏出版社，1975 年。

70. 程建軍，《中國風水羅盤》，江西：江西科學技術出版社，2005 年。

71. 〔清〕惠棟，《易例》、《易漢學》──《惠氏易學》，臺北：廣文書局，1971 年。

72. 〔清〕趙爾巽等，《清史稿》，北京：中華書局，1975 年。

73. 〔清〕董誥等編，《全唐文》，北京：中華書局影印，1983 年。

74. 〔宋〕歐陽修、宋祁，《新唐書》，洪北江主編：《廿五史》，臺北：洪氏出版社，1977 年。

75. 〔後晉〕劉昫撰，《舊唐書》，洪北江主編：《廿五史》，臺北：洪氏出版社，1977 年。

76. 劉玉建年，《兩漢象數易學研究》，廣西：廣西教育出版社，1996 年。

77. 〔宋〕黎靖德編，《朱子語類》，王星賢點校，台北：華世出版社，1987 年。

78. 鄧球柏，《帛書周易校釋》，長沙：湖南出版社，1987 年。

79. 戴璉璋，《易傳之形成及其思想》，臺北：文津出版社，1997 年。

80. 〔唐〕瞿縣悉達，《開元占經》，李零編：《中國方術概觀》，北京：人民中國出版社，1993 年。

81. 錢穆，《兩漢經學今古文平議》，北京：商務印書館，2001 年。

82. 盧央，《京房評傳》，南京：南京大學出版社，1998 年。

83. 韓強，《王弼與中國文化》，貴州人民出版社，2001 年。

84. 顧文炳，《易道新論》，上海：上海社會科學院出版社，1996 年。

85. 顧頡剛，《中國上古史研究講義》，台北：文史哲出版社，1989 年。

86. 〔隋〕蕭吉，《五行大義》，上海：上海書店出版社，2001 年。

87. 〔清〕嚴可均輯，《全上古三代秦漢三國六朝文》，北京：中華書局，1958 年。

88. 謝冰瑩，1986）編譯，《大學》、《中庸》、《論語》、《孟子》──《新譯四書讀本》，臺北：三民書局。

89. 〔北齊〕魏收，《魏書》，洪北江主編《廿五史》，臺北：洪氏出版社，1977 年。

90. 戴璉璋，《易傳之形成及其思想》，臺北：文津出版社，1997 年。

91. 〔唐〕魏徵，《隋書》，洪北江主編：《廿五史》，臺北：洪氏出版社，1974 年。

92. 〔唐〕孔穎達,《周易正義序》,《十三經注疏·周易·引言》,1815 年阮元刻本,2010 年 2 月 13 日摘自中央研究院漢籍全文資料庫網,網址:http://hanji.sinica.edu.tw/index.html?。

93. 〔明〕王守仁,《傳習錄》,取自維基文庫,維基網,網址 http://zh.wikisource.org/w/index.php?title=%E5%82%B3%E7%BF%92%E9%8C%84&variant=zh-tw,2009 年 1 月 14 日。

94. 百度百科,〈荀爽〉,取自百度網,網址:http://baike.baidu.com/view/56226.htm,2010 年 2 月 9 日。

95. 〔秦〕呂不韋,《呂氏春秋》,中華文化網 01,諸子百家,網址:http://ef.cdpa.nsysu.edu.tw/ccw/01/lubuwa.htm。

96. 〔清〕李鼎祚,《周易集解》,取自香港人文哲學會,網上隋唐哲學經典,人文電算中心人文網,網址:http://humanum.arts.cuhk.edu.hk/～hkshp/cclassic/suitang/ZhouYiJiJie.htm,2008 年 12 月 19 日

97. 奇摩知識,〈何謂律呂〉,取自 yahoo 網,網址:http://tw.knowledge.yahoo.com/question/question?qid=1405102215154,2010 年 4 月 7 日。

98. 奇摩部落格,〈五音論〉,取自 yahoo 網。網址:http://tw.myblog.yahoo.com/jw!RoHxZ2GBGw51Xq4JbQC126EAMZV1/article?mid=616,2010 年 4 月 2 日。

99. 徐醒民,〈讀易簡說──象數義理〉,取自大方廣網,網址:http://www.dfg.cn/big5/chtwh/dyjs/dyjs-05.htm,2010 年 2 月 13 日。

100. 〔戰國〕荀子,《荀子》,取自諸子百家,中華文化網,網址:http://www.chinapage.com/big5/classic/sz.htm,2009 年 1 月 14 日。

101. 國學數典論壇,〈管輅別傳〉,取自 BBS 網,網址:http://bbs.gxsd.com.cn/viewthread.php?tid=1580&extra=page%3D1,2010 年 3 月 10 日。

102. 張弘毅,〈人在山中〉,取自禪說阿寬電影插曲,蔚藍水平線網,網址:http://www.wretch.cc/blog/sibasin/7638834,2009 年 1 月 13 日。

103. 章太炎,《國學講義──文學略說》,天下文壇──學術論衡,網址:http://yuhsia.com/tx/ccb/topic_view.cgi?forum=5&article_id=0005071130132912&page=50。

104. 〔晉〕葛洪,《抱樸子內篇》,取自四川大學道教與宗教文化研究所網。網址:http://www.daoism.cn/up/data/062bpznp.htm,2010 年 1 月 7 日。

105. 連鎮標,〈郭璞易學淵源考〉,取自山東大學《易》學與中國古代哲學研究中心,網址:http://zhouyi.sdu.edu.cn/yixueshiyanjiu/lianzhenbiao.htm,2010 年 1 月 2 日。

106. 〔清〕黃宗羲,《明儒學案》,取自維基文庫,維基網,網址:http://zh.wikisource.org/w/index.php?title=%E6%98%8E%E5%84%92%E5%AD%

B8%E6%A1%88/%E6%B2%B3%E6%9D%B1%E5%AD%B8%E6%A1%
88%E4%B8%8A&variant=zh-tw，2009 年 1 月 14 日。

107. 維基百科，〈制約〉，取自維基網。網址：http://zh.wikipedia.org/zh-tw/
%E5%88%B6%E7%B4%84，2010 年 4 月 7 日。

108. 維基百科，〈荀爽〉，取自維基網，網址：http://zh.wikipedia.org/zh-tw/
%E8%8D%80%E7%88%BD，2010 年 2 月 15 日。

109. 維基百科，〈費直〉，取自維基網。網址：http://zh.wikisource.org/zh-hant/
%E5%AD%90%E5%A4%8F%E6%98%93%E5%82%B32010 年 4 月 8 日。

110. 維基百科，〈後漢書〉，取自維基網。網址：http://zh.wikipedia.org/zh-tw/
%E5%90%8E%E6%B1%89%E4%B9%A6，2010 年 1 月 13 日。

111. 魏伯陽，《周易參同契》，取自天涯在線書庫，網址：http://www.tianyabook.
com/zongjiao/daojiao/016.htm，2008 年 12 月 21 日。

112. 〔東漢〕魏伯陽，《參同契》第四章，取自全真仙宗網，網址：
http://www.qztao.url.tw/chou-yi04.htm，2010 年 2 月 2 日。

113. 《五音論》，取自 yahoo 網，網址：http://tw.myblog.yahoo.com/
jw!RoHxZ2GBGw51Xq4JbQC126EAMZV1/article?mid=616，2010 年 4
月 2 日。

114. 〈歷代史料筆記叢刊〉，取自漢籍全文資料庫，中央研究院漢籍電子文獻，
網址：http://www.sinica.edu.tw/ftms-bin/ftmsw3，2008 年 12 月 19 日。

115. 《噶瑪蘭廳志》，中央研究院——漢籍電子文獻 1999 修訂。
http://www.sinica.edu.tw/ftms-bin/ftmsw3?ukey=-1128415193&rid=-6。

116. 劉蔚華，〈象數學〉，智慧藏。取自中國大百科全書網。網址：
http://203.68.243.199/cpedia/Content.asp?ID=57778，2010 年 7 月 6 日。